In Memory of Jeff Porcaro

、ジェフが恋しい。
あのソウルフルな、弾けるスタイルが恋しい。
この本を読めば、彼がどんなに陽気で楽しくて、
音楽に身を捧げつくしたミュージシャンだったかわかるはずだ。
ファンも、プロのミュージシャンも、大きな夢を抱いたドラマーも、
絶対に読まなくてはいけない本だ。

——ドナルド・フェイゲン

こんなに見事にジェフという人間の内面を描き出し、
アイコン的存在になる過程を裏側まで
見せることができるのは、ロビン以外にあり得ない。
僕たちみんなが、彼と知り合えたおかげでずっと幸せになれた。
彼はどんなミュージシャンにも、どんな曲にも、
さらに優れたサウンドを加えてくれた。
そんなことができたのは、何よりも彼が誠実で広い心を持っていたからこそだ。
この本では彼のそんなところもたっぷり見ることができる。
ジェフのような素晴らしい人には、もう出会えない。

——ヴィニー・カリウタ

ジェフ・ポーカロは、誰もがドラムの前に座らせたがる、
「必ずお呼びのかかるミュージシャン」になるべくして生まれてきた人だった。
飽くことを知らないリスナーで、貪欲なまでに音楽を学び、
なんでも貪るように取り込んでいく。
彼とスタジオで組むと、決まって最高の冒険ができた。
誰にも考えつかないようなものを作り出し、
曲に素晴らしいフィーリングを持ち込んでくれる。

——ピーター・フランプトン

IT'S ABOUT TIME
by
Robyn Flans

Japanese translation published by arrangement with
Hudson Music LLC through The English Agency
(Japan) Ltd.
Translated by Yoko Shimada
Published in Japan
by
Disk Union Co., Ltd.

ジェフ・ポーカロ
イッツ・アバウト・タイム

伝説のセッション・ワークをめぐる真実のストーリー

ロビン・フランズ 著
島田陽子 訳

DU BOOKS

目次

Photos by Lissa Wales

序文
ミュージシャンのプレイは内面を示す

ジム・ケルトナー

僕がジェフと出会ったとき、彼はまだ17歳だった。僕は29歳。それだけ歳の差があったので、僕には彼が弟のように思えていた。だが、その弟は38歳4ヶ月という若さで逝ってしまった。僕は50歳3ヶ月になっていた。

僕の弟は音楽界の巨人と言える存在にまで成長し、そして既に成し遂げた多くの業績に新たなものを加えようとしていた。まさにここからというその矢先に断ち切られてしまったのだ——彼はずば抜けたプロデューサーになりつつあったのに。彼にはその力があったのに。

彼は数多くの優れたプロデュース作品で絶対欠かせない役割を果たし、そこで自分も腕を磨いていった。彼の残した素晴らしい遺産は、この先もしっかり受け継がれていくだろう。〈ロザーナ〉に代表されるような、信じられないほどの創造性と美しい構成を併せ持つドラム・パートは、永遠に語り継がれていくはずだ。

そして当然、そうあるべきなのだ。

だがドン・ヘンリーの〈ニューヨーク・ミニット〉での、あの絶妙にシンプルなプレイ。僕はこれからもあれを聴くたび心を乱されるに違いない。まして、昏睡状態に陥った母のいる病院に電話をかけたとき、保留中に流れていたのがこの曲だったのだから。まるでジェフが僕に話しかけ、落ち着かせようとしているかに思えた。

ジェフリーのドラミングや音楽的感性全般、あるいは彼がありとあらゆる素晴らしいミュージシャンたちと組んで大ヒットさせた数々のアルバム、そういうことについて語ろうと思えば、このままいつまでも続けられる。しかし偉大なアーティストの例に漏れず、彼の仕事はきちんと記録に残されているし、それもわかりきったことだろう。ジェフは歳を重ねる前に逝ってしまったけれど、僕にとっては間違いなく老練達者で大好きな友人の1人だった。

彼は愛に溢れた大家族で育った。強い絆で結ばれたこの一家は、全員揃ってとんでもない才能の持ち主だった。父親のジョー・ポーカロはスタジオ・ミュージシャンとして桁外れのキャリアを築いた人で、偉大な映画作曲家たちの楽曲でもプレイしている。弟のスティーヴも飛び抜けて秀でたソングライターであり、キーボーディストとしても活躍している。もう1人の弟、マイケルも最高のベーシストだし、妹のジョリーンは俳優にして素晴らしいデザイナーだ。そして母親アイリーンは僕の妻シンシアはじめ、多くの女性にとって最高の刺激と励みを与えてくれる存在だ。

やがてジェフも素晴らしい妻スーザンと共に家庭を築き始め、クリス、マイルズ、ニコという3人の息子の父となった。ジェフは息子たちに大きな愛を注ぎ、本当にいい父親だった。彼という人はとにかくもう、並外れて心が優しかったと思う。僕らは何度も深い会話を交わした。いつでも誰かを何かしらの形で助けている彼を、なんて素敵な奴なのかと僕は愛おしく感じていた。彼は惜しみなく与える人だった。前からずっと思っていることなのだが、結局ミュージシャンのプレイとは、その人の内面を示しているのではないだろうか。身につけた経験、先生や師匠から受けた影響、自分で選び取ってきたもの、そのすべてが結びついたものが、その人のプレイだ。僕にとってジェフのプレイは、まさしく彼の内側にいる人間そのものだった。

ジェフと最後に会ったのは1992年5月13日の朝、パイステ（スイスのシンバル・メーカー）の写真撮影の現場で、ジョーとエミール（・リチャーズ）と僕が一緒だった。このときジェフはちょっと腕が痛いと漏らしていた。スティックを強く握りすぎているせいで手根を痛めたのかもしれないというので、

「君のグリップはジャズ・プレイヤー式じゃないか」と僕は言った。力を抜いた柔らかい握り方だけれど、しっかりスティックをグリップしている。本当の問題がどこにあったのか、そのときは誰ひとり夢にも思わなかっただろう。

これをロサンゼルスの自宅で書いている現在、2020年初夏、僕らはまさに新型コロナウイルスの世界的大流行の渦中にある。そしてロサンゼルス市街での大規模な抗議活動が激化して非常事態とされたため夜10時から翌朝5時までは外出禁止だ。人種関係の改善、特に有色人種に対する公正な扱いを求めるデモは全世界に広がっている。そして、これでもまだ足りないというように、マグニチュード5・5の地震まで起きた。

ロビン・フランズと僕とは、彼女が『モダン・ドラマー』誌でライターとして活動を始めた頃からの付き合いだ。その大事な友人が、僕の素晴らしい弟ジェフ・ポーカロの本を書いてくれた。ロビンの文章を通して、皆さんが少しでも、彼を身近に感じてくれたらと思う。

左からエミール・リチャーズ、ジェフ・ポーカロ、ジョー・ポーカロ、ジム・ケルトナー。
1992年5月13日、パイステ社でのフォト・セッション

Photo by Jack White, courtesy of Rich Mangicaro

はしがき
さあ、あの〝タイム〟の話をしよう

何より大切なのはタイムだ――ジェフ・ポーカロのタイムは完璧だった。この本のために話を聞いたミュージシャンも、プロデューサーも、誰もが口を揃えてそう言っていた。彼がすごかったのはタイム・キープだけではない。タイム・フィールも素晴らしかったのだ――彼のグルーヴ、あの海より深い、煌めくグルーヴ。彼の触れた音楽には必ずそのタイム感とグルーヴが注ぎ込まれていた。どこでどうリズムを刻めばいいか彼はちゃんとわかっていたし、あのグルーヴは彼という存在を成り立たせる、極めて需要な要素だった。

そして今、本書を皆さんにお届けできるタイミングに恵まれた。私はジェフ・ポーカロの軌道に入りこめた幸運な人間の1人である。数限りない時間をインタヴューに費やし、実際、私が彼にインタヴューを行った数は、この地球上のどんなジャーナリストよりも多いに違いない。

彼は必ず電話に出てくれたし、忙しいときにはいつもかけ直してくれた。初めてインタヴューしたときから、既に私たちは友達になっていたと思う。カリスマ性があって、優しくて、活力に満ちたこの人に会えば、好きにならずにいる方が難しい。誰かと話すとき、彼はその人だけをちゃんと見る。彼の熱意とエネルギーは周りに伝染し、それにほとんどの人が言うだろうけれど、ジェフという人はめちゃくちゃ素敵だった。部屋に入ってくるときの颯爽とした、弾むような歩き方も、その身なりも、喋り方も。

自分が夢中になっているものを伝えようとするとき、彼は「これがすごいんだ……」とか、「これを聴いて」という、父親譲りの決まり文句を前置きに、何かを見せたり、他のドラマーのパフォーマンスを褒めたりし始める。とにかく、誰か他の人が物凄く素晴らしいことをやると伝えずにはいられないのだ。目をまん丸に見開き、そのうち興奮のあまり両手を振り回し始めて、部屋中の酸素が吸い込まれそうな勢いで話し続ける。そしてその物語を語り終えると、彼はあの、よく〝したり顔〟などと言われた笑顔を浮かべ、彼独特の豪快な笑い声を上げる。あの笑い声をボトルに詰めて売ったら100万ドル稼げる、といつも私は言ったものだ。

彼は常に生命力の塊だった。たまたま私が彼の家にいた日、ジェフの友人でドラム・メカニックのポール・〝ジェイモ〟・ジェイミソンが〈アフリカ〉のヴォーカルなしのミックスを何本か持ってきて、私たちはそれをバックに部屋中を踊り回った。

この本には何年もかけて取り組んできた。満足できるものになりそうもないと何度か諦めかけることもあった。シェールに取材を断られたときもそうだった。ジェフリーの物語の中でもとりわけ大きな部分を占めているソニー&シェールのエピソードが足りなくなるに違いないと一度は途方に暮れた。マイク・ポーカロの病状が悪化し、この本への協力が叶わなくなったときは、彼の力が

1982年に撮影された著者とジェフの写真
Photo by Rick Malkin

なければ到底続けられないと思った。もう1人の弟、スティーヴから、彼よりマイクの方がジェフと親しかったと聞いていた。2人は年も近いから、当然と言えば当然だろう。そのマイクから話を聞けないとなれば、もうこれ以上は無理だという気持ちになった。

でもそのたびに私は自分を奮い立たせた。ジェフのために――ずっとそれが私を進ませる原動力だった。彼を称え、私がこの世から消えた後もずっと、彼のことを覚えていてもらえるように。私たちのひ孫の、そのまた子どもの世代が、今の私たちがチック・ウェブやベイビー・ドッズを語るように、偉大なドラマー、ジェフ・ポーカロのことを思い出してほしい。そしてこの本を、幾ばくかでも参考にしてもらえたら。その頃まで紙の本が存在していますように!

この本では、ジェフの子ども時代、音楽生活、人間関係、どれに関しても音楽と関わる部分だけを取り出すことにした。また、遺族を敬う思いから、彼の私生活やその死について深くは触れまいと決めた。彼を失った衝撃については、インタヴューした一部の人の話を載せてはいるけれど、私がこの本で本当に語りたいのは彼の素晴らしい人生なのだ。ジェフの結婚生活に関しては、彼の妻スーザン・ゴーイングスがいつか本に書く気になるかもしれない。ジェフとスーザンの子どもたち、クリストファー、マイルズ、ニコのことを含め、彼の人生のその部分については、彼女に委ねることにした。

現実逃避の陽気な本を目指したというわけではない。ジェフはジェフだ。それは変えられないし、変えたいとも思わない。彼はさまざまな物語を残し、その幾つかについては詳細に語ってくれた。だがもちろん私は、噂やら、彼を利用した話やらに興味はない。彼は複雑な面を持つ人間だった、それは私が話を聞いた人たちの多くが認めていたし、確かに時にはちょっと奇妙な振る舞いや、暗いユーモアを覗かせることもあったかもしれない。だが彼の優しさを示す話はすべて真実だ。その一部をこの本で知ってもらえるだろう。

本書を書いている間、既に世間に知られていること以上の情報を提供できないなら、これを読むべき本として売り込んだりするまい、とも思っていた。私が心に留めてきたさまざまな声と、掘り起こしてきたものを、筋金入りの大ファンすら知らなかった宝物として提供できたらと思う。そして、読んで良かったと思ってもらえますように。

私がこの本を書いたことをジェフが許してくれるように祈っている。彼は自分のことを大袈裟に語られるのが嫌いだった。でも誰かがやらなくてはいけないとなったら、私がその役を引き受けることは認めてくれるはず、それは確かだ。私たちはお互いに深く尊重しあっていたし、私はそのことを今も大切に胸にしまっている。

さあもう、あの〝タイム〟の話に入ろう……。

洗礼式にて。ジェフの名づけ親となったエミール・リチャーズと赤ん坊のジェフを抱くアイリーン
Courtesy of Joleen Porcaro-Duddy

1歳のジェフ
Courtesy of Joleen Porcaro-Duddy

5歳のジェフ
Courtesy of Joleen Porcaro-Duddy

1960年頃のポーカロ兄弟たち。左からスティーヴ、マイク、ジェフ
Courtesy of Joleen Porcaro-Duddy

1960年頃、自宅キッチンにて。上段左からまだ幼いジョリーン、ジョー、ジェフ、マイク。前にいるのはスティーヴ
Courtesy of Joleen Porcaro-Duddy

1972年のクリスマスに"JEFF"の名前の入ったシンバル・バッグをもらう。隣にいるのは祖母と弟のマイク

Photo courtesy of Joleen Porcaro-Duddy

手前からジョリーン、マイク、ジェフという兄弟写真。1973年頃にシャーマン・オークス、ヴァレーハート・ドライヴの自宅ガレージ・スタジオで撮影されたもの

Courtesy of Joleen Porcaro-Duddy

70年代中頃に参加したスティーリー・ダンのツアー・ショット
Courtesy of Barney Hurley

1982年8月15日に米コネチカット州ハートフォードで行われたポーカロにとってのホームタウン公演のステージ。
マイク・ポーカロ（右）に対するジェフの兄弟愛が伝わる1枚

Photo by Bob Dinsmore Photography

1982年、ドラムに向かうジェフ

Photo by Rick Malkin

息子のマイルズにドラムを教えるパパ
Courtesy of Susan Porcaro Goings

1987年、息子クリストファーの幼稚園
初日に
Courtesy of Susan Porcaro Goings

ジェフとジム・ケルトナー。1983年にカリフォルニアのアナハイムで行われたウィンターNAMMで一緒の時間を楽しむ
Courtesy of Barney Hurley

同じくNAMMで出会ったスティーリー・ダン関係の盟友たち。左からジェフ、ジェフ・バクスター、デニー・ダイアス、エリオット・ランドール、ウォルター・ベッカー

Courtesy of Elliott Randall

ロサンゼルスのNAMMコンヴェンションでのジェフとジェイモ。ジェフが大きな影響を受けたドラマーの1人、バーナード・パーディ（中央）と

Courtesy of Paul Jamieson

ジェフは家族や親戚へのサプライズに、このクリスマス・カードの撮影を企画し、自分でもとても誇りに思っていた。ジェフが眼鏡をかけていない写真は珍しい。一番上からマイク、その下の列の左から、スティーヴ・ダディ、スティーヴ・ポーカロ、ジャネット(スティーヴ・ポーカロの最初の妻)。前列左からジョリーン、スティーヴとジャネットの娘ヘザー、ジェフ

Photo by Maraphotography.com

第 1 部

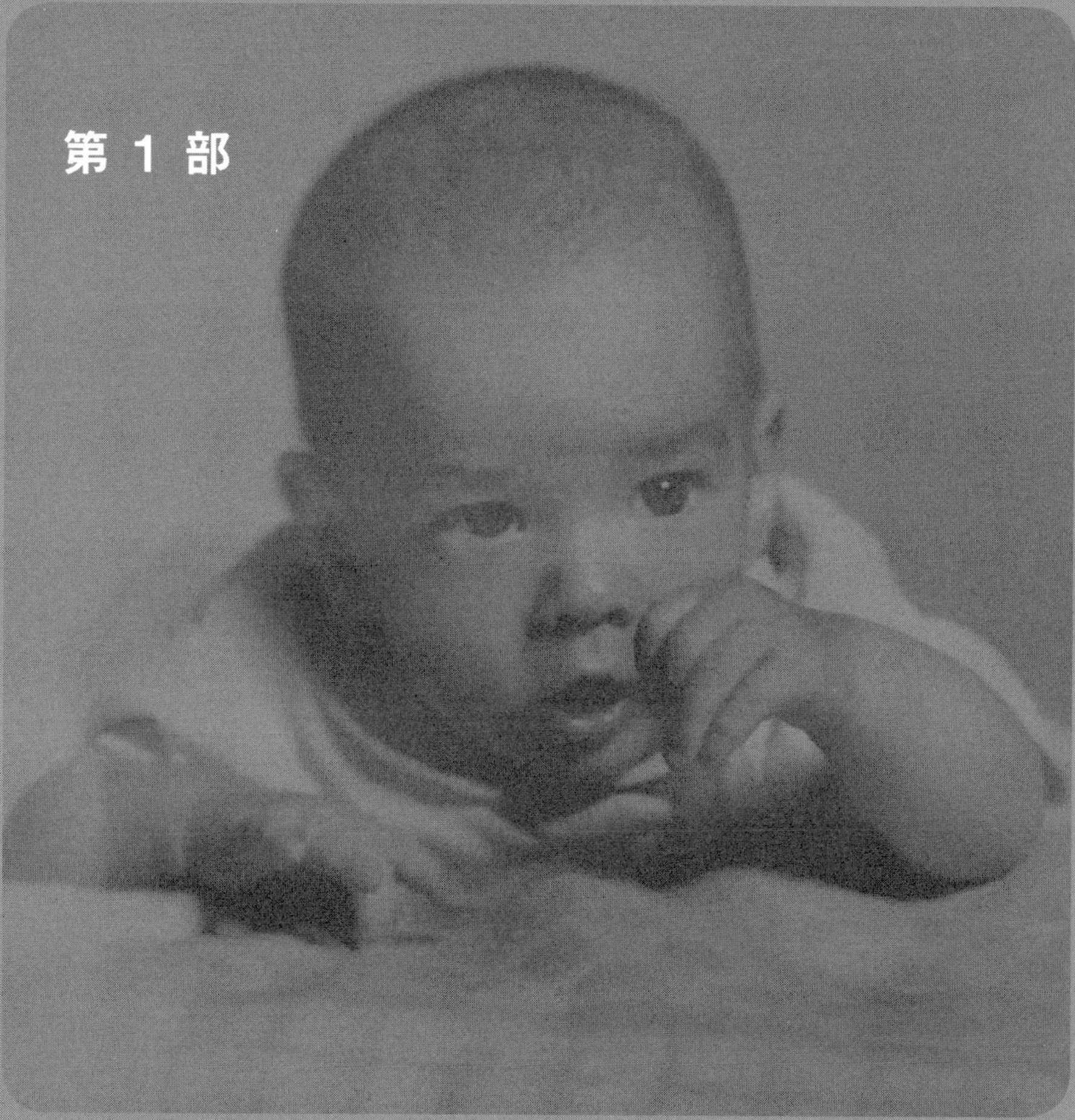

Jeffrey Thomas Porcaro born on April 1st, 1954

Photo courtesy of Joleen Porcaro-Duddy

デヴィッド・ハンゲイトとの出会い

Destiny

ノースハリウッドにあるレオン・ラッセルの自宅スタジオで、ベーシスト、デヴィッド・ハンゲイト[*1]のヘッドフォン越しにドラムの音が響いてきた。1972年1月、これが運命の夜となる。

2小節も行かないうちにハンゲイトは思った。

「こいつは天才だな」

まだテキサスからロサンゼルスに越してきたばかりだった22歳のベーシストは、このときドラムをプレイしているのがジム・ケルトナー[*2]だと思っていた――そもそも、そう聞かされていたのだ。当時、既にケルトナーは伝説の存在で、ジョー・コッカー、ジョン・レノン、ボブ・ディラン、ジョージ・ハリスンなど(他にも多数)、錚々たるメンバーとレコーディングを行っていた。この夜、ハンゲイトがテキサスの大学時代からの知り合いだったアーティスト、サル・マーケスのレコーディングに参加する気になったのも、ケルトナーの存在があったからだ。マーケスはトランペッターで、それまでロビー・クリーガー、ウッディ・ハーマン、バディ・リッチなどと組んでいたが、のちにフランク・ザッパが出演したテレビ番組『トゥナイト・ショー』のバンドにも参加することになる。

テイクの合間、ハンゲイトのヘッドフォンにドラマーの声が入った。「ベーシストは誰?」

「イラついてるのか、それとも僕が気に入ったのか、わからなかった」とハンゲイトは振り返る。

「僕がそれだけ不安だったってことだよ」

日が昇り始めた頃にトラックを録り終わり、ハンゲイトはケルトナーに会いに行った。ところが、そこで目にしたのは彼の予想とはまったく違う男だった。ポーカロという若者である。

「声の低い、ちっちゃな奴がいたんだ」とハンゲイト。

まだ誰ひとり知る由もなかったが、この瞬間に1つの歴史が始まった――彼ら2人にとって、そしてここから何世代と続くリスナーたちにとって、歴史の大きな1ページが開かれたのである。笑顔で挨拶を交わして別れた後も、ハンゲイトには強い印象が残っていた。「あのスネア・ドラムだよ」とハンゲイトは端的に言う。「焦点のボケた写真と、くっきり鮮やかな写真の差みたいに、まるっきり違っていた」

パーカッショニストのボビー・トレス[*3]がサル・マーケスのセッションのプロデュースのためスタジオに現れたのは、ビーチ・ボーイズとのツアー終了後だった。当時、トレスは既にジョー・コッカーとのツアーや、ケニー・ロジャース、スプーキー・トゥースなどのアーティストとのレコーディングを経験していた。

[＊1] セッション・シーンの腕利きベーシストとしてでジェフとの信頼関係を築き、TOTOのオリジナル・メンバーとなる。4作目『TOTO Ⅳ～聖なる剣』リリース後にバンドを脱退。2015年作『TOTO ⅩⅣ～聖剣の絆～』には、サポートとしてレコーディングに参加している。1948年生まれでTOTOの中では年長組。

[＊2] 1960年代半ばよりセッション・ドラマーとしてのキャリアをスタートし、ジョン・レノン、ジョージ・ハリスン、リンゴ・スター、オノヨーコ、エリック・クラプトン、ピンク・フロイド、ジョー・コッカー、アルバート・キング、ライ・クーダー、カーリー・サイモン、レオン・ラッセル、ジャクソン・ブラウンなど、ビッグ・ネームとのセッションを多数含め、参加作は雄に千を超えるまさにスタジオ・シーンのレジェンド。近年でもルーファス・ウェインライトやパフューム・ジーニアスといった若い世代の作品にドラミングを残している。

[＊3] ラテン&ジャズ・シーンのセッション・パーカッショニストとして活動し、ドクター・ジョンやジャクソン・ブラウンなどのレコーディングに参加。ジョー・コッカーのマッド・ドッグス&イングリッシュメンのツアーでは、ジム・ケルトナーらとトリプル・ドラム＋ツイン・パーカッションの打楽器アンサンブルを展開。

「（ドラマーの）リッキー・ファッター[*4]があるパーティーで僕のプレイを聴いて、僕を推薦してくれたんだ」とトレスは振り返る。「僕がツアーに参加している間、サルは他のミュージシャンから随分とひどい言われ方をしてたらしくてね、もう気の毒に思えるくらいに。確かに彼は反感を買う性格だけど、そこまで言わなくてもいいだろうと。彼からは、何曲か自分で書いた曲があって、それをレコーディングしたいと言われていた。セッションのいきさつだけど、僕はこれの前にジョー・コッカーのツアーに参加していてね、最初はグリース・バンドで、その後はマッド・ドッグス&イングリッシュメン。ツアーが終わってからLAに移って、それから3ヶ月半、レオン・ラッセルの家にただで住まわせてもらってたんだ」

　トレスはジェフのセッション・デビューとなったジャック・ドハティ[*5]のセッションでジェフと知り合い、それをきっかけにジェフのグループ、ルーラル・スティル・ライフでプレイすることになる。

「彼はまだハイ・スクールの学生で、僕は彼の学校のイベントに出演してたんだ。確か彼のプロム・パーティーでもプレイしたよ」

　トレスによれば、そもそもマーケスのセッションにケルトナーが参加する予定はなかったそうだ。単純に予算面から到底無理だったのだ。全員がノーギャラでの参加で、ドラマーは当初からポーカロと決まっていた。

「レオンに自宅スタジオを使わせてもらえるか聞いたら、今度もただで貸してくれると言ってくれてね」とトレス。「僕はディーン・パークスとも組んだことがあって、それ以来親しくしていたんだ。彼は抜群のギタリストだから、サルのアルバムでプレイしてほしいと頼んだんだよ。デヴィッド・ハンゲイトを連れて来たのは彼で、僕はジェフに声をかけた。ジェフはすぐ乗ってくれた」

ディーン・パークス[*6]は1970年にカリフォルニアに移り、ソニー&シェールのバンドに加わっていた。このデュオがノース・テキサス州立大学の学生たちに地元のコンサートでバックを務めさせたのがきっかけである。ハンゲイトもテキサスのソニー&シェールのステージに出ていたが、このときは大学に残る道を選んだ。彼が大学卒業後、LAに出てソニー&シェールのバンドに加わることになるのはもう少し先の話だ。一方のパークスもこのマーケス・セッションまでボーカロとは一切接点がなく、さらになぜか彼もケルトナーがセッションに来るはずだと聞いていたので、違うドラマーと知るとがっかりしていた。

パークスの耳には当時のジェフが少し未熟に感じられた。彼の表現によれば「ちょっと頑張りすぎ」だったという。「ちょっとプレイしすぎだったかな。他の誰のプレイでも聴いたことがないような、素晴らしいテクニックを持っていたのは確かだけど。僕は趣味でこっそりドラムをやってるものだから、いつもドラマーの後ろに座るようにしてたんだ。見ていたらボーカロはビートをすべてサブディヴィジョン（細分化）できてしまうし、普通は右足がバス・ドラム、左手がスネア・ドラムでやるところを、どんなコンビネーションのプレイにも自在に変えてしまえるんだ。ほとんどのドラマーが苦労して身につけるプレイでも、彼は当時から熟練者のレベルだった。それだけの能力を持っているだけに、ちょっと使いすぎになって

［＊4］1952年生。デニス・ウィルソンの後にビーチ・ボーイズに加入し、さらにその後にはビートルズのパロディ・バンドであるラトルズでなぜかジョージ役を務める。ボニー・レイットの諸作や90年代のボズ・スキャッグスの作品などにも参加。

［＊5］ジャック・ドハティの71年作『The Class Of Nineteen Hundred And Seventy One』のセッション。

［＊6］1946年生のセッション・ギタリスト。70年代に頭角を現し、スティーリー・ダン『彩（エイジャ）』『幻想の摩天楼』『うそつきケイティ』やマイケル・ジャクソン『スリラー』などでツボを得た滋味深いギター・プレイを披露。松任谷由実や中島みゆきのアルバムにも参加。ジェフとの共演も数多い。

しまうかな、と僕には思えたんだよ」。だが、そうは言っても、と彼は続ける。「慌ただしいのとは違う。プレイをすごく楽しんでいたね」

その後、セッションで何度か組むうちに、ジェフが自分でその部分を修正しているのがわかったとパークスは言う。

「ジェフはその後、ビートのシンプルな部分を目立たせて、それ以外の部分をソフトにするように変えていた。そうやって、彼の好きなケルトナーのうねる感じを身につけていったんだ。1年もたたないうちにそれができるようになっていたね。だけどシーンに登場した頃の彼はまだ、僕らが広く知るようになるジェフ・ポーカロではなかった」

「僕はこの仕事を始めてほんとに間もない頃にジェフとばかり組んでいたから、他のドラマーと組むようになると、どうプレイしたものか勉強しなおさなきゃならなかった」とハンゲイトは素直に認める。「ジェフと組めば、今どのポイントにいるか、何の不安もないんだよ。僕がちょっと引っ張っても、あるいはちょっと緩めても、ジェフなら気分良くやらせてくれる。彼のレベルに負けないように、ひどいプレイにならないようにしなければと、そこはいつも大変だったけど、演奏すること自体はすごく楽だった」

父ジョー・ポーカロの立身

Beginnings

ジェフリー[*7]はドラマーになるべくして生まれてきた。彼の両親、ジョー・ポーカロ[*8]とアイリーン・ポーカロも、息子が1歳半のとき、その運命に気づく。夜になると、ジョーはジェフをベビーベッドに寝かせ、いつも小さなヴィクトローラのレコード・プレイヤーにマイルス・デイヴィスの〈バグス・グルーヴ〉をかけていた。「それから僕らもベッドに入る。するとそのうち、ジェフリーの歌声が聴こえてくるんだよ。本当に歌ってるんだ、マイルスのソロに合わせて」。ジョー・ポーカロは当時を振り返る。「それにジェフリーはしょっちゅうリノリウムのフロアにしゃがみこんで、ドラム・スティックで床を叩いていてね。下に住んでる大家さんに箒で天井を突つかれて、『うるさい！』って怒鳴られたもんだよ」

そのドラム・スティックは父親のものだった。ジョーは5歳からドラムを始め、ボーイスカウト・クラブで作った靴箱を台に靴磨きをして金を稼ぎ、自分でレッスン代を払っていた。ジョーの父親もドラマーで、両親と息子3人、娘2人の一家は、コネチカット州ハートフォードのイーストサイド、フロント・ストリートにある雑貨店の上

[＊7] ジェフ・ポーカロのこと。本名のジェフリー・トーマス・ポーカロ（Jeffrey Thomas Porcaro）から来ている。

[＊8] 1930年生。ジェフ、マーク、スティーヴというミュージシャンになったポーカロ兄弟の父であり、ドラマー／パーカッショニストであり、後年は後進を育てる教育者としても多大な功績を残す。著書に『Joe Porcaro's Drumset Method :Groovin' with Rudiments』などがある。2020年、享年90歳で逝去。

で4部屋のアパートメントに住んでいた。トイレはついているものの、風呂に入りたければコネチカット・ブルーヴァードの公衆浴場に行くしかなかった。ジョーがアイリーンと出会ったのは、まだそんな生活を続けている頃のことだった。

21歳になったジョーは、ハリー・グロスの経営するバジェット・ドレス・ショップで働いていた。女性が夏の間預けに来る毛皮のコートを管理するのも仕事の1つで、地下の冷蔵保管庫から出してきては犬の毛繕いに使うような特別なブラシで手入れし、女性客たちが引き取りに来るときのために記録をつけておく。他にも床掃除をしたり、時にはグロスの妻のために買い物を引き受けたりもした。グロスは店を2軒経営していて、商品をその一方から一方に運ぶのもジョーの仕事だった。片方の店は街の反対側のファーミントン・アヴェニューにあり、ジュリアス・ハート・スクール・オブ・ミュージックに近かった。

「行き来する時間をうるさく決められてはいなかったから、コーヒーを買って、僕の先生、アル・リパックに持って行く。彼はハート・スクール・オブ・ミュージックでも教えていたんだよ。それでしばらく一緒にコーヒーを飲んで、スタジオで彼の授業を聞いていた」とジョーは当時を振り返る。「ある日、2人でランチに行こうと廊下を歩いていたときだ。アイリーンはその学校に通ってたんだよ。フルート奏者でね、音楽教師のコースをとっていた。クラリネットのレッスンを受けていて、そのときちょうどレッスンを受けに行くところだったんだな。見た瞬間に思ったんだ、『見たか、あの可愛い子。おれはあの娘と結婚する』」

別のある日、ジョーはアイリーンが友人のサディと学生ラウンジにいるところに行き合わせた。チェロとピアノを弾くサディはジョーの近所に住んでいて、アイリーンを紹介してくれた。これで決まりだった。ジョーは彼女を誘い、2人でスタン・ケントンのコンサートに出かける。

アイリーンの方では、会った瞬間に稲妻に打たれたような感覚までは味わわなかったらしいが、ジョーは早くも2回目のデートでプロポーズした。ジョーの幼馴染みのパーカッショニスト、エミール・リチャーズ[*9]のプレイを観に行ったときだ。

「考えてみるって答えたの」と、アイリーン・ポーカロは笑う。

ジョーは店での仕事に加え、20歳のときから、当時まだ創設されたばかりのハートフォード交響楽団でプレイしていた。最初の数年間はギャラも出なかった。サンクスギヴィングの休暇を使ってメイン州に住むアイリーンの家族に初めて会いに行ったときも、借りた車に彼女を乗せていかなくてはならなかった。次に2人で実家に行ったとき、アイリーンは父親に、もう音楽教師になるつもりはないと伝える。結婚したいから、と。

「私が18歳のとき。その1年後に結婚したの」

1953年に2人は結婚した。そのときの蓄えは75セントだったとジョーは言う。チャールズ・ストリートにある4階建てアパートメントの最上階の部屋を月13ドル60セントで借りた。エレベーターがなく、4階まで階段を上らなくてはいけなかったが、「ラッキーなことに」トイレはついていた。

「シャワーなし、バスタブなし。だからやっぱりコネチカットまで行くしかなかった」とジョーは振り返る。「10セントでライフブイ（石鹸の商標名）を1個とタオルがつくんだが、若い奴と見るとごまかす人がいるから、すごく気をつけなくち

[＊9] 1932年生。米コネチカット州ハートフォード出身。打楽器奏者としてジョージ・ハリスン、ジョージ・デューク、クインシー・ジョーンズ、フランク・ザッパ、フランク・シナトラな多種多様な現場に参加し、自身のリーダー作も精力的に発表。パーカッションの収集家としても有名で、ジェフに楽器を貸すこともあった。

ゃならなかった」

3部屋のアパートには暖房がなく、2人は石油ストーブ1台きりで過ごしていた。そういう中で、1954年4月1日、ジェフリー・トーマスが誕生する。ジョーとアイリーンが結婚してから1年3ヶ月後のことだった。パーカッショニストのエミール・リチャーズは、7歳頃にジョーと校庭で出会って以来の友人で、2人ともカトリック教徒だったことから、ジェフリーのゴッドファーザーになってほしいと頼まれた。リチャーズは今でも、洗礼式でジェフの頭を支えていたことを覚えている。

天性のアーティスト

Moving On Up

　ジェフが生まれた頃、ジョーは既に保険会社CEOの運転手の職を得て、そのかたわら交響楽団のメンバーとしての活動も続けていた。ジェフがこの世に生を受けた1年後にはマイクも生まれる。「CEOをバス停や電車の駅まで送ったり、奥さんを買い物に連れて行ったりするのが仕事で、おかげで今度も学校に寄る時間ができた」とジョーは当時を語る。「ちょうどその頃、バンド・リーダーでサックス・プレイヤーのタイニー・クインという人が、夏の間の土日だけビーチで演奏する仕事に雇ってくれた。みんなでブースに座ってビール飲んでね」。それからジョーはコネチカット時代のニックネームを思い返しながら続ける。「僕は彼からスキニーって呼ばれてたんだ。『スキニーはどこに住んでるんだ？』って訊かれて、「『チャールズ・ストリートです』と答えた。『どんな生活をしてるんだい？』。『妻と子どもがいて、3部屋のアパートメント住まいです』。すると彼が言うんだ、『公営住宅に住んだらどうだ？　ブルームフィールド・アヴェニューの近くにボウルズ・パーク団地がある。2階建てで、バスタブとシャワーつきだ』。聞いたとたん、『バスタブとシャワー？　ぜひ！』と答えたね」

　ひと月後、ポーカロ一家は新しい家に移った。1棟に4世帯が入る作りで、中央に広場があり、子どもはそこで遊ぶことができた。民族も宗教も多様になるように意図して建てられた住宅だっただけに、住民は黒人、ユダヤ人、プロテスタントにカトリックと様々だった。近くには学校もあった。スティーヴ・ポーカロ[*10]が生まれたのは1957年、このアパートメント住まいの頃で、シンバルとハイハットに被せる消音材と一緒にジョーがレモの練習用キットを買ってきたのもここだった。これがジェフにとって初めてのドラム・セットとなる。

「団地住まいだとドラムを叩けないんだよ。近所の人たちが発狂しかねないからね。でも幸い僕はドラム・ショップでプレイできた。アル・リパックが大学で教えていたから、僕が代わりに店の面倒を見ていた時期があったのさ」。さらにジョーは、ジェフがいつでもその練習キットを叩いていたとつけ加える。

1960年にはこのアパートメントでジョリーンが生まれる。ジョリーンが1歳くらいになると、一家は広場の向かいの、寝室3部屋のアパートメントに移った。この新しい家に越すとすぐにジョーはドラム・セットを置いた。

「最初のアパートメントは1階だったんだが、2軒目は1階と2階があって、大きな地下室もついていた。ジャズ好きの黒人一家がいてね。僕がミュージシャンだと知ると遊びに来るようになった。よくみんなで裏庭に出てのんびりジャズ聴いて、外で食事していたっけ」とジョーは振り返る。

「当時はチャビー・チェッカーが人気で、そこの子どもたちが遊びに来るとうちの子たちと一緒に地下室で踊ってたよ。ジェフはすごくダンスがうまかった」

[＊10] ジョー・ポーカロの三男で、キーボード／シンセサイザー・プレイヤー。ソングライターとしてもマイケル・ジャクソン〈ヒューマン・ネイチャー〉や映画音楽など、多くの楽曲を世に出している。2016年に自主制作したソロ作『Someday/Somehow』にはシャノン・フォレストやレニー・カストロといったTOTO縁のアーティストが参加し、M⑥〈Back To You〉ではジェフが残したドラムを聴くこともできる。

隣に住んでいたジョーの弟ドミニク（ニックと呼ばれていた）も、この屋外料理仲間の1人だった。彼の息子でジェフの4歳年下のマーク・ポーカロは、なぜジェフがあの細部までこだわるリズムを早くから身につけることができたのか、伯母アイリーンの考える説を聞いたことを覚えている。「ジェフが赤ん坊の頃、ゲップをさせるときにビバップ・ジャズのリズムで背中を叩いていたんだって。だからあんな物凄い感覚が身についたんじゃないかって言うんだよね」

いとこのマークがドラマーの道を選んだのはジョーとジェフ2人の影響だった。まずハートフォード交響楽団でプレイするジョーを見たこと。それからついに、マークが13歳、ジェフが17歳のとき、祖父に連れられてカリフォルニアに行き、ジェフのプレイを見たこと。「それでもう決まりだった」とマークは言う。

ジェフの生まれついての才能が災いし、幼稚園で音楽の成績がDになったこともアイリーンは忘れていない。「曲に合わせて手を叩きながら歩くお遊戯をよくやっていたんだけど、みんな1拍目と3拍目で手を叩くのに、ジェフは2拍目と4拍目で叩いてたのよ」と彼女は振り返る。「その先生に、彼のゴールド・ディスクを全部送ってあげたいと思わない？」

だがジェフはずっと美術にも心を惹かれていた。彼は6歳の頃にはもう水彩画を始めていて、南北戦争の戦闘シーンを細部まで丁寧に描いていた。「ある年の夏、美術教師の息子と仕事で組んだことがあったんだ」とジョーは振り返る。「それでたまたまその教師と話す機会があって、そのときに、『自分の子だからそう思うのかもしれないんですが、僕の息子の1人がね、すごく絵が上手いんです。見てもらえるかな？』と言ってみたんだ。『もちろん』と承知してくれたから、持って行って見せたんだよ。そしたらその人が、『すぐ先生

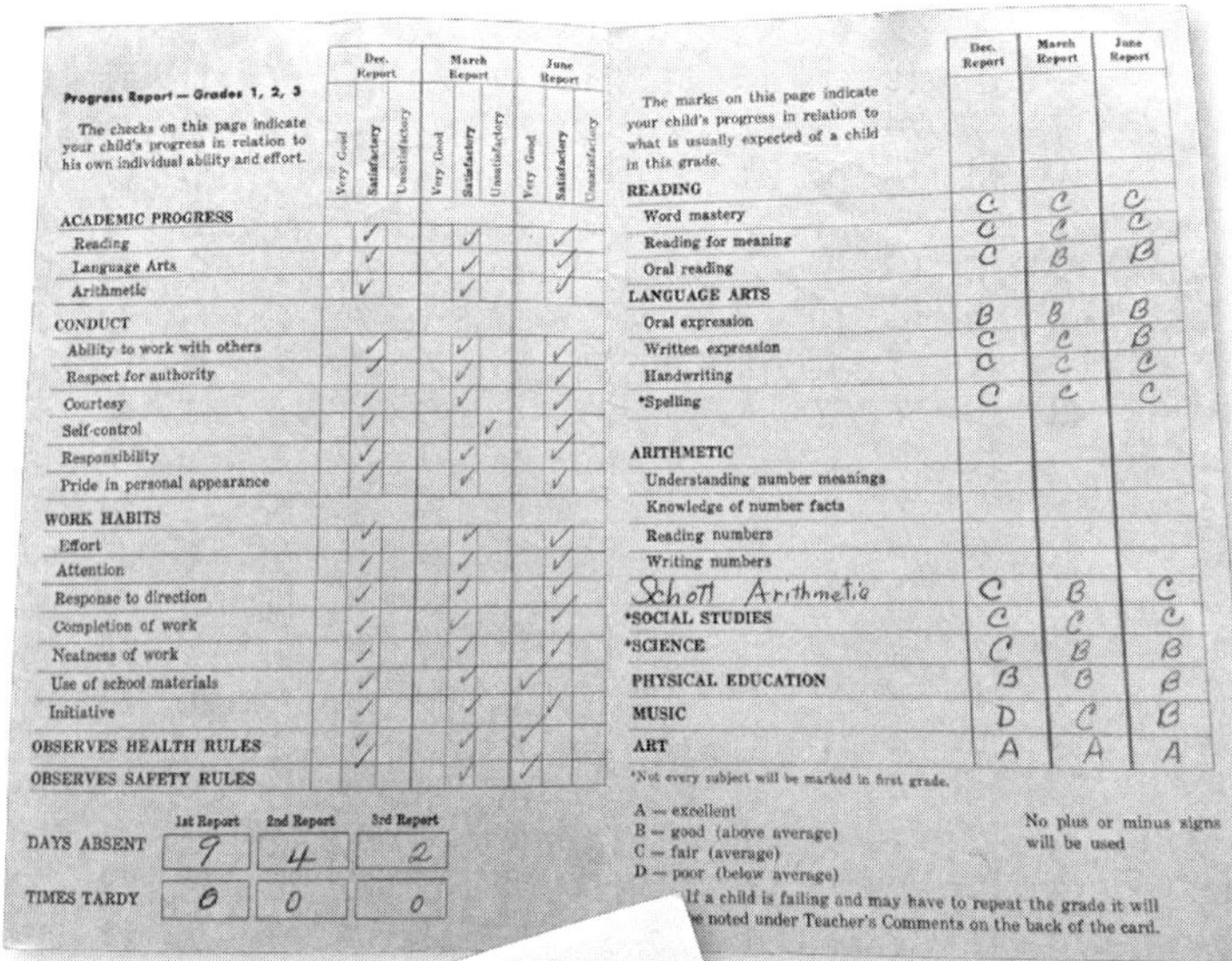

Progress Report — Grades 1, 2, 3

The checks on this page indicate your child's progress in relation to his own individual ability and effort.

	Dec. Report	March Report	June Report
ACADEMIC PROGRESS			
Reading	✓	✓	✓
Language Arts	✓	✓	✓
Arithmetic	✓	✓	✓
CONDUCT			
Ability to work with others	✓	✓	✓
Respect for authority	✓	✓	✓
Courtesy	✓	✓	✓
Self-control	✓	✓	✓
Responsibility	✓	✓	✓
Pride in personal appearance	✓	✓	✓
WORK HABITS			
Effort	✓	✓	✓
Attention	✓	✓	✓
Response to direction	✓	✓	✓
Completion of work	✓	✓	✓
Neatness of work	✓	✓	✓
Use of school materials	✓	✓	✓
Initiative	✓	✓	✓
OBSERVES HEALTH RULES	✓	✓	✓
OBSERVES SAFETY RULES	✓	✓	✓

	1st Report	2nd Report	3rd Report
DAYS ABSENT	9	4	2
TIMES TARDY	0	0	0

The marks on this page indicate your child's progress in relation to what is usually expected of a child in this grade.

	Dec. Report	March Report	June Report
READING			
Word mastery	C	C	C
Reading for meaning	C	C	C
Oral reading	C	B	B
LANGUAGE ARTS			
Oral expression	B	B	B
Written expression	C	C	B
Handwriting	C	C	C
*Spelling	C	C	C
ARITHMETIC			
Understanding number meanings			
Knowledge of number facts			
Reading numbers			
Writing numbers			
Schott Arithmetic	C	B	C
*SOCIAL STUDIES	C	C	C
*SCIENCE	C	B	B
PHYSICAL EDUCATION	B	B	B
MUSIC	D	C	B
ART	A	A	A

*Not every subject will be marked in first grade.

A — excellent
B — good (above average)
C — fair (average)
D — poor (below average)

No plus or minus signs will be used

If a child is failing and may have to repeat the grade it will be noted under Teacher's Comments on the back of the card.

３年生のときの通知表。
音楽の成績に“D”がつけられた

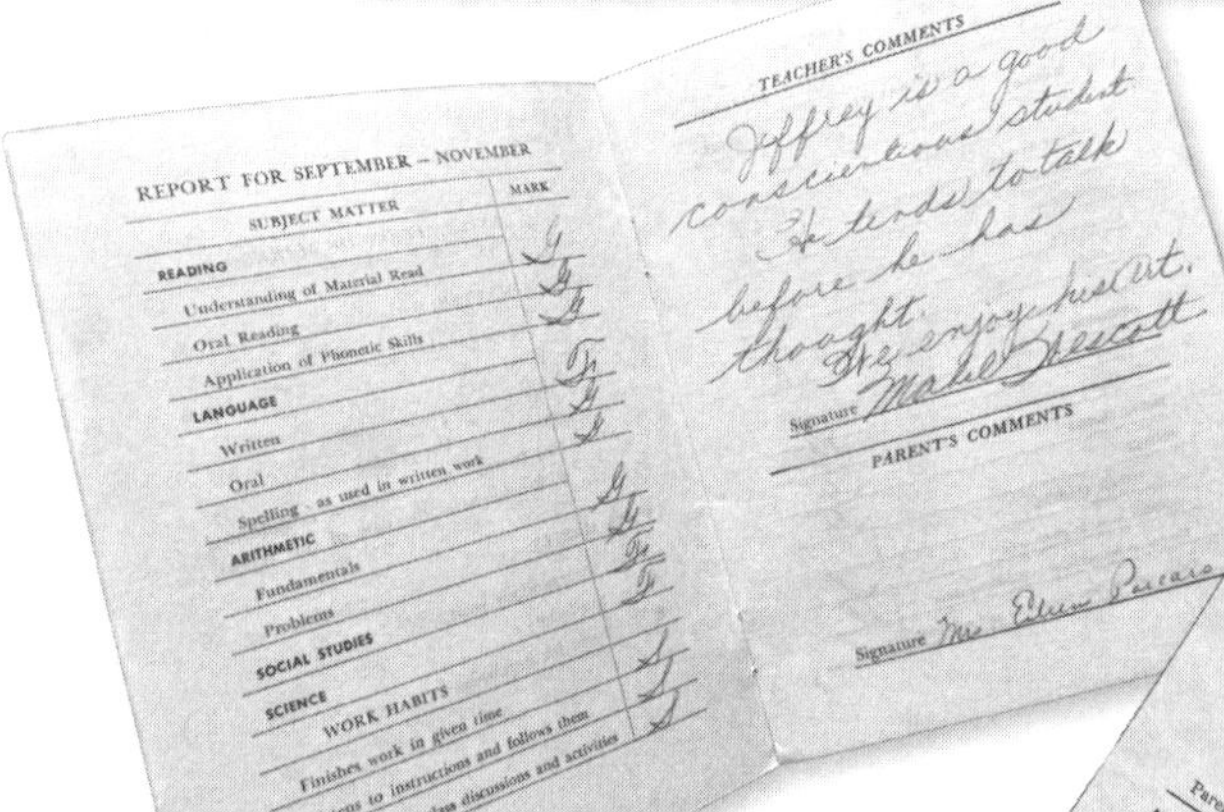

REPORT FOR SEPTEMBER – NOVEMBER

SUBJECT MATTER	MARK
READING	
Understanding of Material Read	G
Oral Reading	G
Application of Phonetic Skills	F
LANGUAGE	
Written	G
Oral	G
Spelling - as used in written work	G
ARITHMETIC	
Fundamentals	G
Problems	F
SOCIAL STUDIES	G
SCIENCE	
WORK HABITS	
Finishes work in given time	S
Listens to instructions and follows them	S
Takes part in class discussions and activities	S

TEACHER'S COMMENTS

Jeffrey is a good conscientious student. He tends to talk before he has thought. He enjoys his art.

Signature Mabel Prescott

PARENT'S COMMENTS

Signature Mrs. Ellen Porcaro

４年生のときの通知表

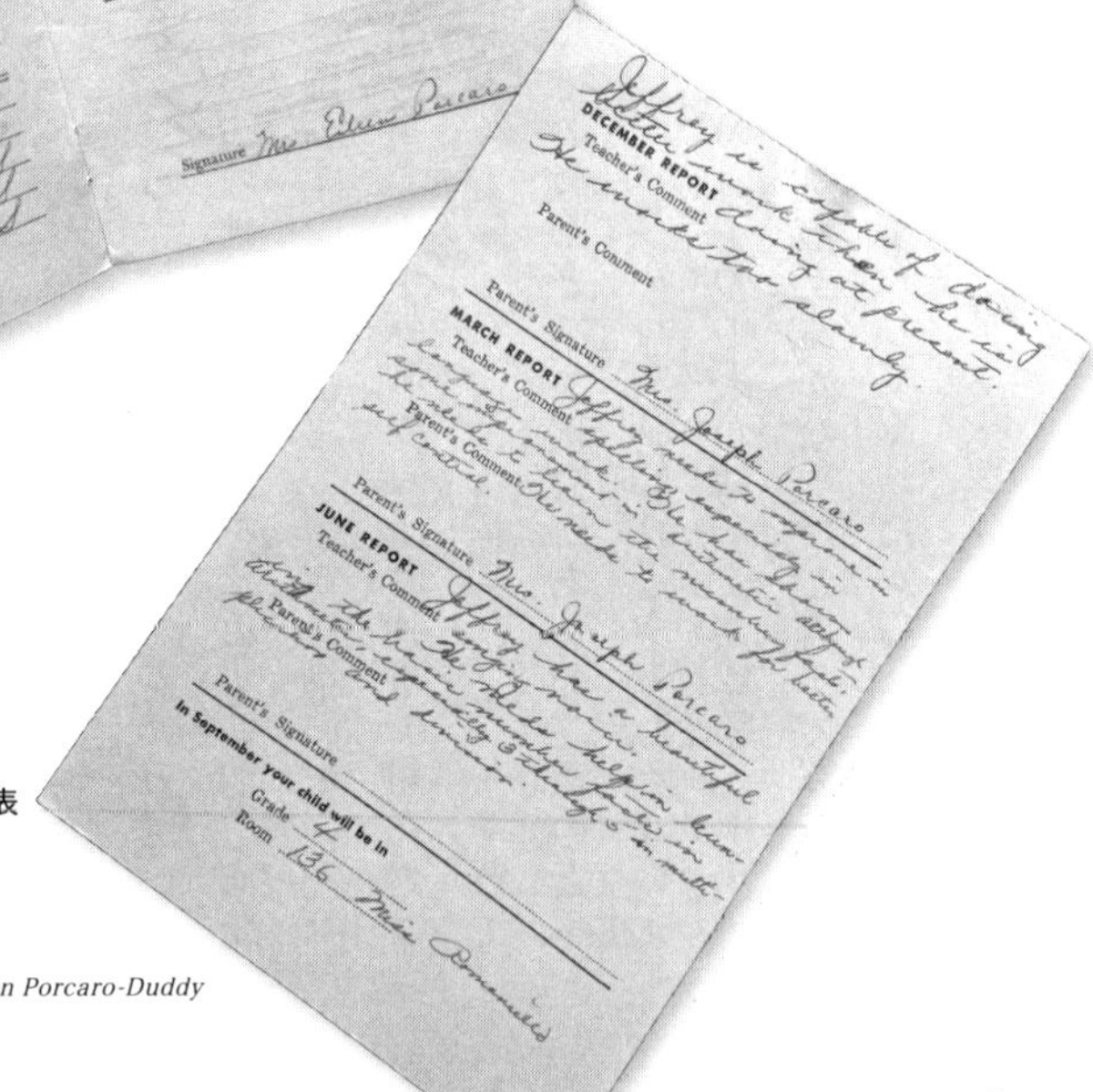

DECEMBER REPORT
Teacher's Comment Jeffrey is capable of doing better work than he is doing at present. He works too slowly.
Parent's Comment
Parent's Signature Mrs. Joseph Porcaro
MARCH REPORT
Teacher's Comment
Parent's Comment
Parent's Signature Mrs. Joseph Porcaro
JUNE REPORT
Teacher's Comment
Parent's Comment
Parent's Signature
In September your child will be in
Grade 4
Room 136 Miss Romanelli

５年生のときの通知表

Report card images courtesy of Joleen Porcaro-Duddy

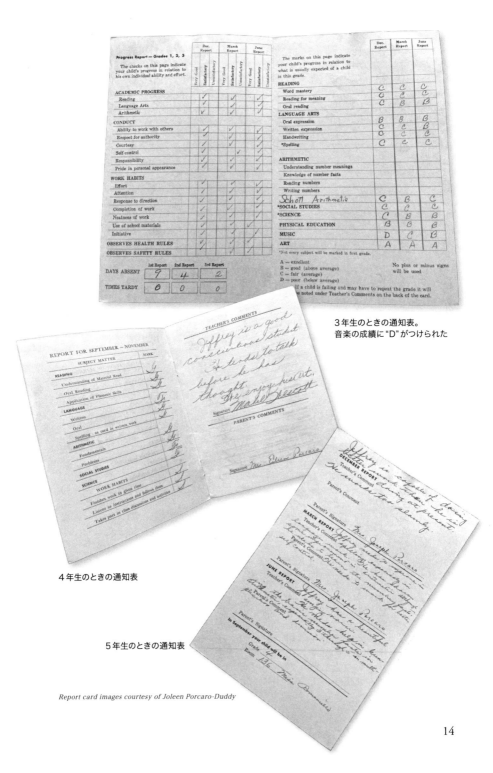

につけなさい』と言うんだ。それにジェフは装飾も得意でね。自分のアパートメントを持つようになると、何から何までまばゆいくらい見事に調えてたよ」

ジェフの南北戦争への興味は一生続くものとなる。ジョーはジェフが5歳くらいの頃、一緒にクリスマスのプレゼントを買いに行くと、彼が南北戦争の人形セットを選んだことを覚えている。「その当時、とても精巧なおもちゃの兵隊セットを売ってたんだよ。プラスティックでできた人形の兵隊でね」とスティーヴ・ポーカロは振り返る。「〝バトル・オブ・ブルー・アンド・グレイ〟っていう南北戦争のセットは、とりわけよく出来ていて、ジェフはしょっちゅうそれで遊んでたよ」「いつもそれをリヴィングの真ん中に持って来て床に広げるんだ。うっかり誰かが蹴飛ばそうものなら、すごい剣幕で怒ってね」とジョーは言う。大人になってからのジェフは北軍、南軍の小さな兵隊の人形に色をつけ、ヒドゥン・ヒルズの自宅のアンティーク・キャビネットに飾っていたという。「相当凝った趣味だったよ。少しでも手がブレればあんなものに色を塗れないし、しかも出来栄えが素晴らしかった」。ジョーは説明を続ける。「戦闘シーンが好きだったわけじゃないんだ。こっちの棚には南軍の騎兵隊、別の棚には北軍と、あちこちの棚に飾られてててね、本当に見事だったよ――制服だって、将軍は普通の兵士とちゃんと

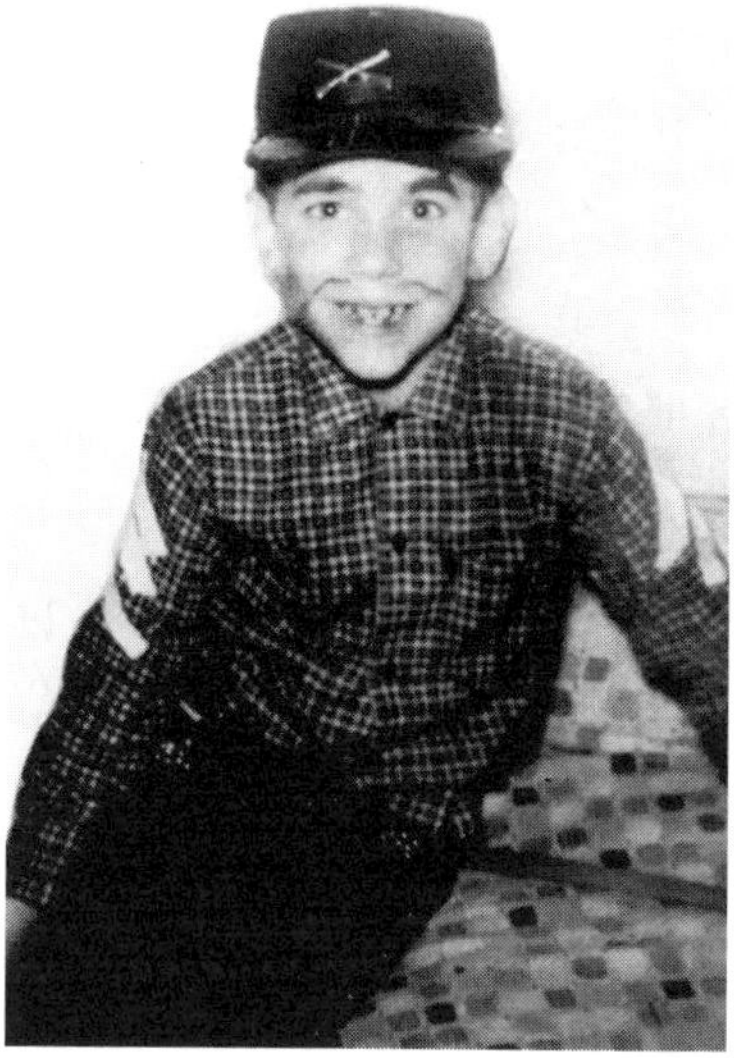

9歳の頃のジェフ。ハロウィーンの仮装で南北戦争の兵士に扮している
Courtesy of Joleen Porcaro-Duddy

違うものになってるし。ほんとにのめり込んでいたね」

ジェフが子どもの頃、ジョーとアイリーンは美術と音楽のどちらの興味も伸ばしてやろうとしていた。ジェフが8歳くらいになると、ジョーは交響楽団で演奏するときに息子も連れていき、楽器を運ぶのを手伝わせた。それからまもなく、アル・リパックのドラム・ショップにも連れて行くようになる。ジョーは毎週土曜日そこでドラムを教えていた。

「特に夏とか、キャンセルが出ることがあってね。すると先生が、『おいジェフ、レッスンしてやろう』と声をかけてくれるんだ。僕も手が空いてれば教えたし、僕の師匠のアル・リパックがレッスンをしてくれることすらあった。だから素晴らしい教師陣に恵まれたわけだよ。アーティ・パレッタなんていう、トニー・パスターと組んでた偉大なドラマーまでいた。店にはドラム・セットもいろいろ置いてあったから、機材の勉強もできた」

ジョーがトミー・ドーシー・バンドとツアーに出ていたときにジェフと弟のマイク[*11]は校内コンテストに出場した。1958年か59年頃のはずだ。

「〈二人でお茶を（Tea For Two）〉をやったの。チャチャね。ジェフがコンガで、マイクがボンゴだったと思うけど、もしかしたら逆だったかもしれない」とアイリーンは言う。「優勝して賞金3ドルをもらってきたわ」

息子たち全員が初めはドラムに興味を持ったが、次第にそれぞれの楽器を見つけていった。実のところジェフは、タイムやグルーヴに関してはマイクのドラムの方が「はるかに上」だったと私に明かしたことがある。だがやがてマイクはギターを始め、さらにその後ベースに移った。スティーヴは早いうちからピアノを弾いていた。そして音楽学校に通っていたアイリーンが、息子たちの練習をみる役を務めた。

「私が部屋に入っていくと、ジェフがドラム・パッドを用意するの。私も音楽の知識はあったから、ジェフがきちんとできているかどうか判断できた。バディ・リッチの教本で練習していたわね。それから私はマイクのベースとスティーヴのピアノを見に行くの」

1962年頃には、ジョー[*12]は完全にミュージシャンとしての仕事だけで稼げるようになっていた。週に4日か5日、夜にクラブなどカジュアルな店でプレイし、さらにこの頃にはハートフォード交響楽団からもギャラが出ていた。充分な蓄えもできた一家は、ブルームフィールドのボウルズ・パーク近くに1万1500ドルの家を購入し、コリーとジャーマンシェパードの混血の犬を飼ってトビーと名づけた。この家に移ると、ジェフはジョーのドラムで練習するようになった。

スティーヴ・ポーカロはジェフが当時も変わらずマイルス・デイヴィスの〈バグス・グルーヴ〉から影響を受けていたと振り返る。「小学校1年の頃、ジェフはよくマイルス・デイヴィスの〈バグス・グルーヴ〉をかけて、レコードに合わせてプレイしていた。その集中の度合いが半端じゃなくて、その様子を見ただけでも、あの歳じゃ考えられないレベルだってわかったよ」

ジョーはある年のメモリアル・デイ（戦没者追悼記念日）を覚えている。ジェフは10歳くらいで、ボーイ・スカウトに入っていた。その年、彼がドラムをやっていることを知っていたスカウトのリーダーから、フィールド・ドラムを使わせてもらえないかと頼まれる。「僕の父親の持っていたラ

[＊11] ジョー・ポーカロの次男で、ジェフの弟。ジェフと共にセッション・ミュージシャンの道に入り、ベーシストとして活躍。長年、TOTOのメンバーとしても活動したが、難病である筋萎縮性側索硬化症（ALS）にかかり2015年に逝去した。

[＊12] 公共楽団での仕事の他にもセッション・ドラマーとして仕事を得ており、この頃にはボビー・ハケット『Blues With A Kick』やマイク・マイニエリ『ブルース・オン・ジ・アザー・サイド（Blues On The Other Side)』といったアルバムに参加している。

ディックのフィールド・ドラムを借りてね。メモリアル・デイのパレードで、ジェフがボーイスカウト30人か40人の先頭を歩いたんだ。彼の叩くビートはボ・ディドリーのビートだったよ」

多くの才能に恵まれたジェフは、やはり10歳くらいの頃、ブルームフィールドのメタコメット・グラマー・スクールの校内ミュージカルで主役に選ばれる。アイリーンは劇のタイトルを覚えていないが、ジェフがロビン・フッドの衣装を着ていたことは記憶している。彼は母親が客席の一番後ろでこっそりリハーサルを覗いているのに気づくとひどく怒ったそうだ。

「劇の主役で、歌も歌わなくちゃいけなかったでしょ。本番前に見られたくなかったのね」

ジェフは歌声も素晴らしかった？　「というより、まともに音程が取れるのはジェフだけだったよ」とジョーは言う。「それにあの子はリズム感も良かったし」

1964年2月9日は、アメリカの多くの家庭と同様、ポーカロ家にとっても重要な夜となった。ビートルズがTV番組『エド・サリヴァン・ショー』に初登場し、これにポーカロ家の男の子たちは大きな衝撃を受けたのである。1週間後には、彼らは全校集会でビートルズの歌を披露していた。アイリーンが調達したカツラを被り、マイクはジョーのレモの練習用キットを叩き、スティーヴとジェフは紛い物のギターで演奏した。

スティーヴはこのときのことをよく覚えている。「『エド・サリヴァン・ショー』でビートルズを見てから1週間もしないうちにカットアウト・ギターを手に入れた。近所に住んでた誰かの父親が、ぺらぺらのベニヤ板をくり抜いてギターを作ってくれたんだよ。それで隣の子とマイクとジェフと僕で、ビートルズのカツラをかぶって、ブルームフィールド・ビートルズ結成だ」とスティーヴは言う。「『エド・サリヴァン・ショー』から1週間と経っていなかったんだから、それだけすごい影響を受けたってことだよね。僕ら全員、心の中でテレビを指して、『僕もこれをやりたい』って言ってたのさ。それからたぶん次の週には、マイクとジェフは父さんの友達にギターを習い始めてた。

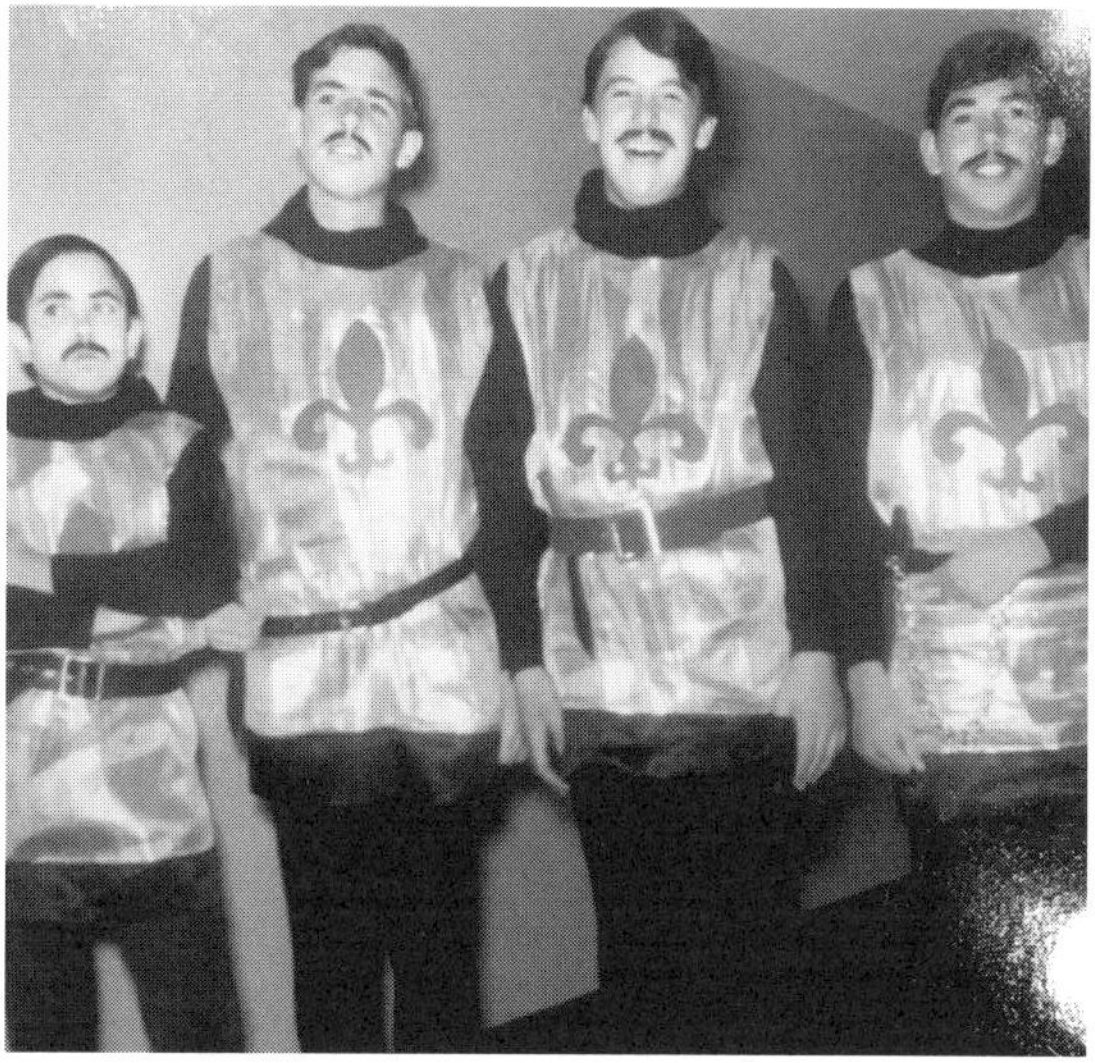

ジュニア・ハイ・スクールの校内劇で、友人ケリー・モリスと『スリーピング・ビューティ』の近衛兵役を演じる。中央の背の高い近衛兵がケリー・モリス
Courtesy of Kerry Morris

ジェフはわりとすぐやめてしまったけど、マイクはしばらく続けてたね。そこからベースにつながったんだと思う」

しばらくの間、音楽仲間だったとはいえ、兄としてのジェフとは複雑な関係だったとスティーヴ

1964年にビートルズが初めてエド・サリヴァン・ショーに出演した後、ハリボテのギターを携えてブルームフィールド・ビートルズの活動が始まった。左からジェフ、ジョン・エプスタイン、マイク、スティーヴ
Photo courtesy of Steve Porcaro

は言う。

「マイクとジェフは1つしか歳が違わなかったけど、子どもの頃は3歳の差が20歳にも思えるもんなんだよ」。スティーヴはそう振り返る。「マイクと僕は2歳違いだった。子供の頃の写真を見ると、ジェフとマイクはクリスマスに同じプレゼントをもらってて、お揃いのカウボーイ・ハットを被って、あれもこれもお揃いで写ってる。2人は年子だったからね。でも僕はまだ赤ん坊みたいな感じだった」

「しょっちゅう典型的な兄弟喧嘩をやってたよ」とスティーヴは認める。「ジェフと僕はよくぶつかっていた。マイクが間に入って仲裁するような感じだった。そういう力関係のまま続いていたんだよね。その後、ジェフの部屋に入れてもらえなくなったのも覚えてる。レコードに触るんじゃないってことでさ。僕はいつもいつも入り込んでいじっていた。ジェフの部屋には最高にいいステレオがあって、レコードのコレクションも最高だったんだよ。僕はよくそこに行ってはシカゴのファースト・アルバムとセカンド・アルバムを聴いていた」

スティーヴはそういう厄介な関係になったのも2人の性格の違いのせいだと考えている。だが互いに歳を重ねる中で、愛情と支え合う気持ちが常に根底にあったことは間違いないと強調する。「ジェフと僕とはまるで違っていた。まあどちらの兄とも僕は違うんだよね。僕らはいつだってお互いすごく愛していたんだけど、近くにいるとうまくいかないんだ」とスティーヴは明かす。「例えばどちらも家にいるときは、僕らは何かにつけぶつかっていた。だけど彼がハイ・スクールの途中でソニー&シェールの仕事をすることになって、家を出てアパートメント暮らしを始めた途端、彼は世界一クールな兄になり、僕らは信じられないほどいい関係になったんだ。ところが一緒にバンドをやり始めると――特に僕がシンセサイザーとシーケンサーとドラム・マシンを持ち込んで、そういうものをTOTOの音楽に取り入れようとしたときだね、ジェフはそういうマシンが大嫌いで、僕がそういう類いに時間をかけるのが気に入らなかった。ジェフにとっては、そういうものはプレイじゃないし音楽じゃないんだよ。それでも彼がどこかで僕を誇りに思ってたのもわかってた。みんなに僕のことを自慢したり、推薦したりしてくれてたんだよね。おかしな関係だったな。だけど僕には理解できたんだ。『TOTOⅣ～聖なる剣（TOTO Ⅳ）』のときはうまくバランスが取れていた。どのバンドでも同じだけど、正しい組み合わせで、いい化学反応が生まれているときにはうまくいくんだよ。だけど一旦バランスが崩れると、そのマジックが消えてしまうんだ」

ジョリーン・ポーカロと兄ジェフとの関係は、マイクの場合とはまるで違っていた。彼女は2歳の頃からジェフのことを記憶している。彼女にとってジェフはまさに世界一の兄だった。もちろん他の2人も素晴らしい兄ではあったけれど、とにかくジェフが飛び抜けた存在だったのだ。ジェフは自分の家族に女の子が加わったと大喜びで、実際にあれこれ世話をしていた。

よちよち歩きの頃、彼らはみんなニックネームをつけられた。名前が発音しづらいというだけの理由の場合もあり、例えばジェフは、弟や妹には「f」が言いづらいためジェシーになった。なぜかマイクは「ミーム」で、スティーヴは「TT」、ジョリーンは「ドードー」――ときには「グープス（ベトベト）」と呼ばれることもあった。その渾名がついた訳は秘密なので言えないそうだが、大人になってからもジェフはジョリーンを「ジョー」とか「グープス」とか、「ベイブ」と呼んでいたという。

「子どもの頃は友達みたいな感じだったな。ジェフは私のためになんでもやってくれるお兄さんで」とジョリーンは振り返る。「そういう写真をたくさん見ているせいなのか、実際の記憶なのかわからないけれど、ジェフはすべてやってくれる一番上のお兄さんだった。スティーヴにはいじめられたわ。マイクは優しくて、いつでも〝それで構わないよ〟って感じだったけど、ジェフは一番偉いお兄さんで、守ってくれる人だった。父と母が週末ゆっくり寝ていたりすると、いつも彼が私を起こして着替えさせて、シリアルを作ってくれてね。それから一緒にテレビのアニメを見るの。本当によく遊んでくれた。クリスマスの朝も彼がクリスマス用のドレスを着せてくれたのを覚えてるわ。他の兄たちはパジャマのままなのに。絶対忘れられない思い出ね」

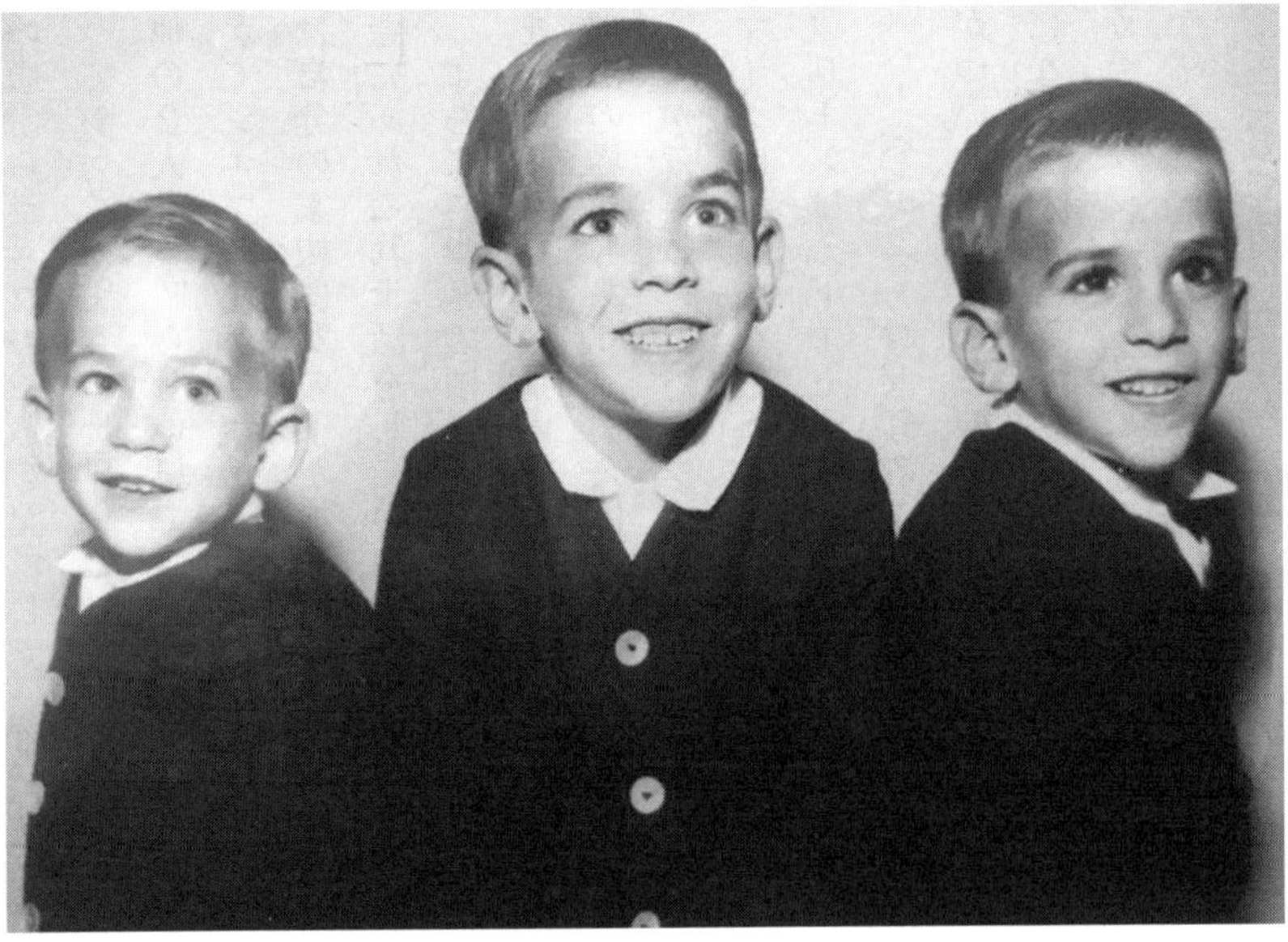

1960年11月のポーカロ兄弟。左からスティーヴ、ジェフ、マイク
Courtesy of Joleen Porcaro-Duddy

音楽的原点

California,
Here We Come

1966年、ジョーはカリフォルニアの下見を兼ね、友人のパーカッショニスト、エミール・リチャーズを訪ねた。リチャーズは1959年にロサンゼルスに移るとスタジオ・ミュージシャンとして仕事を始め、当時は既にジュリー・ロンドン、ペギー・リー、ナット・キング・コール、ナンシー・ウィルソン、エラ・フィッツジェラルド、ボビー・ダーリン、ディジー・ガレスピーなど、数多くのアーティストのレコーディングに参加し、かなり名前を知られるようになっていた。ジョーはリチャーズの家に泊めてもらい、スタジオにもついて行った。コネチカットに戻ると、彼はもう少し時間を置いてじっくり考え、そして1年後、家族を連れてロサンゼルスに引っ越すことを決めた。

1966年8月、ボーカロ家は全員車に乗り込み、途中ホリデイ・インに泊まりながらカリフォルニアに向かった。ロサンゼルスに到着すると、家が決まるまでの間、ジョーとジェフ、アイリーンはホテルに滞在し、兄2人は同じ年頃の子どもがいる友人宅に泊まった。兄たちは大喜びしていたはずだとジョリーンは言う。既に音楽に夢中になっていた彼らにとって、LAは憧れの場所だったのだから。だが一方、このイタリア系家族にとって、移住は大転換を意味していた。まだ6歳だったジョリーンは、コネチカットを離れたことがトラウマにも似た辛い記憶になっているという。

「いとこはみんな私より年下だったの。同い年が1人、1歳年上が1人いたけれど、そのくらいの年頃だとみんな親友みたいな感じだった。だってイタリアの家族は週に2回は親戚で集まるんだもの」とジョリーンは振り返る。「木曜の夜と日曜は祖母の家でパスタ。みんな大の仲良しだった。兄たちもいるとはいえ、歳も少し離れていたし、みんなはいつでも兵隊ごっこしてるし、引っ越す頃には音楽も始めてたでしょ。でも親戚の集まりに行けば他の子たちと遊べて、おじさんやおばさんたちも遊び相手になってくれた。だから、知ってる人が誰もいない場所に行くなんて……」

ジョリーンは今でもコネチカットの最後の家をはっきり記憶している。2階には兄3人の部屋として特別室のように大きな部屋があり、ツイン・ベッドが3台、1列に並んでいた。

ジョーはカリフォルニアでも家族みんなで暮らせる一軒家を見つけようと思っていた。

「ジェフと僕に弟たちもいるんだから、アパートメントでは絶対無理だろう」とジョーは言う。「それで新聞を持って、友達のフレディの車でバーバンクまで乗せてもらってね。広告に出ていた家を1軒ずつ覗いていった。そのたび彼が『いや、今ひとつだな』とか、『ここまでは要らないだろ』とか言う。2時間走りまわった挙句、バーバンクのオリーヴに不動産屋の看板を見つけて、そこに寄ってくれと言ったんだ」

ジョーはその業者に、ガレージに防音装備をつけられる借家を探していると話した。少し値が張るが、3部屋で月135ドルの家があると言われ、彼はハリウッド・ウェイから1ブロック、コルドヴァ・ストリートにあるその家を見に行くことにした。

「近くまで来ると家が見えてきた。小さなかわいい庭がついていて、レモンの木が植えられててね。それにすごくきれいできちんと手入れされていた」とジョーは振り返る。「すぐそばにコロンビア・ピクチャーズがあって、リヴァーサイド・ドライヴを行けばアラメダにNBCスタジオがある。『あなたもNBCでお仕事するようになるかもしれませんね』とその不動産屋に言われたけど、ほんとにそれが現実になって、何度かあそこでジャック・スパーリングの代わりにギグをやったよ。隣の通りには公営プールもあった」

カリフォルニアに向かう途中、ワゴンで休憩中。ジェフたち兄弟の他、ワゴンの持ち主の家族も同乗している
Photo courtesy of Joleen Porcaro-Duddy

カリフォルニアに来て間もない頃の出来事の中でも、ジェフの発案でパレードをしたことが特に思い出に残っているとジョリーンは言う。「みんなでワゴンや自転車に乗ってパレードをしたの。私もおしゃれしてね。彼はいつでもそういうことをやるのよ。みんなをまとめるのが上手で、影響力もすごいし、想像力もすごいし、ほんとリーダーに向いてた」

カリフォルニアに引っ越してきた初めの年、バーバンクのコルドヴァ・ストリートにあった借家の前に立つジェフ
Courtesy of Joleen Porcaro-Duddy

古いラグを買い、釘でガレージのドアに打ちつけて外に音が漏れないようにすると、ジョーはそこにマリンバとティンパニを持ち込んだ。間もなくジェフはミュージシャンたちと知り合うが、その中の1人に、同じブロックに住んでいた若い俳優、ロン・ハワードがいた。ジェフはこの話を口にしたことがなかったが、ジョーはハワードが来てプレイしたことを覚えている。当時、テレビ・ドラマ『メイベリー110番（The Andy Griffith Show）』でアンディ・グリフィス演じる主人公の息子、オーピー・テイラーを演じていたハワードは、長じて優れた映画監督となり、『バックドラフト』『ダヴィンチ・コード』などの作品を発表した。2002年の『ビューティフル・マインド』では、アカデミー最優秀監督賞を受賞している。

ロン・ハワードは、彼らとジャムを行ったのは1度きりながら、それが彼の人生における記念碑的な出来事になったという。彼も同じコルドヴァ・ストリートに住んでいた。ポーカロ家についてはあまりよく知らなかったそうだが、バーバンクのデヴィッド・スター・ジョーダン・ジュニア・ハイ・スクールでハワードとジェフは同学年だった。できる限り他の子と変わらない子ども時代を送らせたいと考える両親の方針で、ハワードはドラマの収録がないときには公立学校に通っていた（撮影中はスタジオで教師が教えた）。中学の頃、廊下でジェフとすれ違うこともあったとハワードは振り返る。彼と小学校から中学、高校までずっと一緒だった親友（今でも親しい仲だ）、ノエル・サルヴァトーレも、同じブロックに住んでいた。ハワードはある日彼に連れられてポーカロ家を訪れる。

「ドラマの中でギターを弾いてほしいとアンディ・グリフィスから言われていて、ちょうどギターを習うところだった」とハワードは振り返る。

「ほんの少しなら楽譜を読めるし、音も出せるんだけど、演奏となるとからっきしでね。コードをきちんと押さえられないし、どこがどうなってるんだかまるでわからない。友達のノエルはすごく社交的な奴で、ポーカロの子たちとバンドをやりたいって言って、僕にも、『バンドをやりたくないか？　結婚式とかで演奏できるぜ』って声をかけてきたんだ。『いいよ』と答えはしたものの、僕は自分が下手だとわかってるから、実は気が進まなかった」

サルヴァトーレはアコーディオンを、当時11歳か12歳だったハワードは子ども向けの小さなギブソン・ギターを抱え、ポーカロ家のガレージでリハーサルに加わった。ジェフがドラムで、ハワードの記憶ではマイクがエレクトリック・ギターを弾いていたはずだという。

「楽譜を見ながら、みんなでビートルズの曲を何曲かやってみた。僕はコードが弾けないし、本当に何の役にも立たなくてね」とハワードは笑う。「ジェフ・ポーカロにはとにかく驚くばかりだったよ」

ハワードがドラマで共演していたグリフィスはギタリストとしても名高く、またダーリングスという名前でゲスト出演していたのも、実はディラーズという素晴らしいバンドだった。そういったミュージシャンたちと親しく接していたハワードには、ミュージシャンを見極める目が備わっていた。

「だから、あそこでみんなとプレイしたときに違いがわかった。僕はずっと、本物のプレイができるミュージシャンたちを間近で見ていたからね」とハワードは言う。「これは子どものキック・ボールみたいな遊びのレベルじゃないと思った。ミュージシャンとしての彼らは、子役としての僕のレベルまで既に達していた。僕が校内劇に出るべきではないように、彼らのバンドに僕は必要ないってわかったんだよ」

　ハワードは完全に腰が引けていたと素直に認める。「ノエルに言ったんだ。『参ったな、こいつらのプレイは本物だ！　こりゃ遊びじゃないよ』って。彼らは次々に曲をこなしていく。ジェフは完全にロックしてる。彼らはこういう曲を実際ちゃんとプレイできるのに、それに引き換え僕はもう完全な能なしじゃないかって思った。それでも、みんな僕をからかったりしなかったよ。馬鹿にしてニヤニヤ笑ったりする奴はいなかった。だから恥をかかされたとかでは全然なかったんだけど、僕はギターを小さな布のキャリー・バッグにしまって、犬が尻尾を隠すみたいにうなだれて、２度と人前でギターを弾くものかと誓った。僕のロックンロール・キャリアはあそこで始まり、同時に終わったんだよ」

　ポーカロ兄弟はとても優しく、ハワードがドラマで演じていた役をからかいの種にすることもなかったという。

「そんなのどうでもいいじゃないかって感じでね。あの頃、僕は周りの子から〝ドーピー・オーピー《おばかなオーピー》〟ってしょっちゅうからかわれていたんだけど、彼らは僕をジョークのネタになんかしなかった。学校ではずいぶんそういう目に遭っていたんだけどね」

　その後、ハワードがポーカロ家のガレージに行くことはなかったが、何年も後、彼らがＴＯＴＯとして世に出ていたことを知り、瞬時に当時の記憶が蘇ってきたという。「すごく鮮やかに、確かな記憶として残ってたんだ。僕にとって、常にあれがとても大きな転換軸として働いていたというか、今ではギターを弾くのがセラピーみたいになってるんだよね。いつまで経ってもまるで上手くならないし、他の人と演奏するなんて無理だけど」とハワードは謙虚に言う。「でも、ギターはもう人生の友になってるよ」

ジェフはいつでもそう謙虚ではいられなかったらしい。彼はときどきちょっと〝偉そうな口〟をきくこともあったと、エミール・リチャーズは、ポーカロ家に遊びに行った日を振り返る。その頃、ジョーはちょっとした収入源として自宅でドラムを教えていて、その日もちょうど生徒が帰ったところだった。

「ジェフリーが入ってきて、『僕がやってみせたのを全部そのまま父さんの生徒に教えることないだろ?』ってジョーを責めたんだ。それで僕は叱ったんだよ。『父親になんて口の利き方をするんだ? 今の君があるのは、すべてお父さんのおかげなんだぞ』と」

ただリチャーズも、子どもの頃のジェフに少し慢心が覗いたにせよ、それも当然だったろうと認める。「あの歳で既にあれほどいいプレイができていたんだからね」

リチャーズはジェフと長年の間、いろいろと音楽のことを語り合ったが、インプロヴィゼーションについて力説するとジェフはイライラしていたという。ジェフは音楽をさらに高めていくことだけを求めていて、ソロ・プレイヤーになる気もなければ、バンドでスターになりたいとも考えていなかったとリチャーズは振り返る。その手の話をすると、返ってくる答えはいつも同じだった。「僕はリズムをキープしたいだけなんだよ。僕はタイム・キーパーになりたいんだ」

「その点では、まさに最高の存在になったね」とリチャーズは言う。

中学時代には毎日学校から帰ると欠かさず練習していたと、ジェフは1983年にその様子を聞かせてくれた。「ガレージに行ってヘッドフォンつけて、〈恋のブーガルー（Boogaloo Down Broadway）〉をやるんだ。あの曲のドラムが最高で、僕はあの感じがすごく気に入ってたんだよ。ビートルズのレコードも、（ジミ・）ヘンドリックスのレコードも全部やった。いろんな種類の音楽をこなせるようになったのは、あの時期のおかげだと思う。ある1つの曲を、まるっきり別のものにしちゃうことなく、本物そのままにプレイできるという意味で。ドラマーがレコードでプレイしてる通りにコピーするんだよ。バーナード・パーディがやってることを練習して、2週間、ヘッドフォンでバーナードを聴きながら叩く。だけど、一緒に叩いていても、自分はフラムが違ってたり、彼みたいに勢いをつけてなかったり――僕はただ曲に合わせてグルーヴしてるだけだってことが、合わせているとわかるんだよ。するとそれに似た曲でプレイするときには、その感じでプレイに入るかもしれないよね。（スティーリー・ダンの）『プレッツェル・ロジック（Pretzel Logic）』の〈チャーリー・フリーク〉でジム・ゴードンが使っていたのをいただいてプレイした曲が何曲あったことか。〈リド・シャッフル〉（ボズ・スキャッグス『シルク・ディグリーズ（Silk Degrees）』収録）で使ったビートはゴードンがやったのと同じなんだよ。テンポが倍になってるだけ。オリジナリティなんてないさ。誰かのクローンになるのは良くないと思うけど、実のところ17歳か18歳の頃の僕は、ジム・ケルトナーのクローンになってたんだよな。ベストを着て、彼のスタイルをコピーするのがクールだとさえ思ってた。ドラマー独自のスタイルというのは、結局は独り立ちすることから生まれるわけだけど、僕はゴードンやケルトナーや、自分が好きな人たち全員をコピーしていた。それに気づいたのを覚えてるけど、でもそのうち、コピーしたドラマーがみんな積み重なって、その蓄積が自分のスタイルになるんじゃないか、そう思いたいね」

　ジェフはドラムを練習するだけでなく、放課後に新聞配達のバイトを始めた。ジョーは息子の後をつけたという。

「道路の反対側から見ていたんだ。道路を渡るまで見届けてね。心配だったんだよ」

ジェフとケリー・モリスは、デヴィッド・スターー・ジョーダン中学で出会った瞬間から親しくなった。ケリーは1学年上だったが、66年秋、オーケストラとバンドのクラスで顔を合わせて以来、音楽が2人を結びつけ、その絆はジェフの生涯を通して続いた。中学2年のケリーが、オーケストラでスネア・ドラムを叩いていた1年生にまず感じたのは、東海岸のセンスだったという。

「自分のことがよくわかってる奴だっていう印象を受けたのを覚えてる。自信に溢れてる感じだった」とケリーは振り返る。

お互いの家も1ブロックしか離れておらず、毎朝、ジェフがケリーの家に寄って一緒に学校に通っていた。やがてケリーはベーシストになるが、当時の担当楽器はバリトン・サックスだった。この大きな楽器を持って毎日3キロ以上、学校と家を往復していたのである。

「ジェフはちっちゃくてね、背も低いし体も細かった」とケリーは振り返る。「僕の方が大きかったから、『お前がバリトンをやれば？』って言われて。いつも持って帰って練習してたんだ。これはもう永遠に忘れないけど、体調の悪い日があってさ、でもバリトンを学校に持って行かなきゃいけないだろ。そうしたらジェフが代わりに学校まで持って行ってくれたんだ」

当時のジェフは眼鏡をかけていて、ちょっと〝オタク〟っぽかったとケリーは言う。ジェフは12歳くらいから目が悪くなり、その頃、眼鏡をかけ始めたばかりだった。「レイバン・スタイルの、太い黒フレームの眼鏡でね。まあオタクに見えても、折れたツルをテープで留めるようなダサい真似はしてなかったけど」と彼は笑う。

ケリーとジェフは学校が終わるとまっすぐポーカロ家のガレージに行き、2人にとって初めてのバンド、メソッド・プラスと練習をしていた。メンバーは他にペイジ・ポラッツォ、スチュアート・レヴィン、ラリー・ローゼンタール、そしてリズム・ギターにマイク・ポーカロ。ケリーとジェフは行ける限りのコンサートに行き、必死に人を押しのけて最前列に陣取ると、ステージに顎を乗せてミュージシャンのプレイを見つめていたとケリーは振り返る。記憶にあるのはレオン・ラッセルとバディ・マイルス・エクスプレスで、特に後者は2人に極めて強い印象を残した。ヴァニラ・ファッジやジミ・ヘンドリックスも何度か見に行ったという。しばらくフュージョン期とでもいうくらいフュージョンに夢中になり、リターン・トゥ・フォーエヴァーやウェザー・リポートのコンサートにも出かけた。

「フュージョンとかビバップとか、本気でのめり込まなきゃいけないタイプの音楽ってあるんだよ。1日10時間は学ばなきゃ、あのセンスは掴めない」とケリーは語る。「とにかく重要なのはセンスなんだ。僕らはR&Bやフュージョンの影響も受けていたけど、プログレッシヴ・ロックもかなり聴いていた。だから当時はハービー・ハンコックにリターン・トゥ・フォーエヴァー、ウェザー・リポートなんかのコンサートも全部行ってたね。それからバディ・マイルス・エクスプレスを見に、ウィスキー（・ア・ゴーゴー）に行った。あそこはステージが高いから、そこに両腕をついて、顎を乗せて、そのままずっと見てるんだ。それまで他のいろんなコンサートに行って、世界中のあらゆる才能に触れた後でバディ・マイルス・エクスプレスを聴いたら、とにかくすごい衝撃だった。2人で顔を見合わせて、『これはすげえ！』って。あのときから僕ら2人はポップ・ミュージックがわかってきて、評価できるようになっていったんだ」

ケリーの記憶にあるジェフはアーティストであ

り、ファッション・トレンドにも敏感だった。「仲間うちで最初にビートル・ブーツを買ったのが僕でね。彼と一緒にハリウッド・ブールヴァードのハーディズ・ブーツに行ったときに買ったんだ。僕が13歳くらいの頃かな」とケリーは振り返る。「『うちに泊まりにおいでよ』と彼に誘われて、それでひと晩泊まりに行って。『さあ寝るか』って、床に寝袋を敷いて準備したところで、『いや、やっぱりそのブーツを描こう。すごくクールだ。絶対描きたい』と彼が言うのさ。それで彼はブーツを窓枠に置いてスケッチしたんだよ」

ケリーはジェフがいつも何かを描いていたという。ジョリーンによれば、中学でも高校でもジェフは美術の才能を発揮し、板を使う作品のために家の壁まで放出してもらったこともあったそうだ。ジェフはその板に色を塗り、雑誌か何かから絵を見つけてきて——フルート奏者の絵を選んだのは、母がフルートを吹いていたからだろう——その縁に焼き目をつけて板に貼りつけ、ニスを塗って仕上げた。

ジェフはジョリーンの美術課題をずっと手伝っていた。「学校の課題を一緒にやってくれるのは彼と決まってた。彼はアーティストだもの」とジョリーンは振り返る。「母が手伝ってくれた記憶はないな。ジェフが運転できる年になると、車でキット・クラフトまで連れて行ってくれて、必要なものを全部一緒に買い揃えてくれたわ。グラマー・スクールでは、インディアンの保留地を作るなんていう手の込んだことをやったのも覚えてる」

手伝ってやるように母からジェフを促したのかもしれないと、ジョリーンは母に尋ねたことがあったという。するとすべてジェフの考えでやったことだと言われた。ジョリーンの課外活動に顔を出すのも彼が望んでしていたことだ。

「ダンスのレッスンに行くときは車で送ってくれ

たし、発表会にも来てくれた。チアリーディングで出る試合を見にきてくれたのも、兄の中で彼だけよ」

ハイ・スクール1年生のとき、ジョリーンがテニスの授業をとると、ジェフは特製のラケット・カヴァーを作った。筆記体で彼女の名前を書き、アニメ風に彼女の顔を描く。ラケットや絵具を買いに行き、デザインを考えて、きちんと完成させるまで、どれほど時間を要することか――それだけ時間のかかることをいつもやってくれる兄に、彼女は驚嘆すら覚えた。

そしてジョリーンがホームカミング・クイーンに選ばれたときのこと。「オープン・カーでパレードすることになっていたの。そうしたら彼がメルセデス450SLCコンバーティブルに乗せてくれたのよ。信じられないでしょ？　いつだって彼はそんな感じだった。私、18歳のとき安っぽいホラー映画に出たんだけど、ヴェンチュラ・ブールヴァードのスタジオ・シティ映画館で試写会が開かれて、ジェフはそこに女の子と2人で見に来てくれたの。女の子は間違いなく前の晩から一緒だったんでしょうけど」

ケリーとジェフはハイ・スクールでザ・ヘイズ・オブ・サターンというバンドを結成した。最初はロン・レイヴンスクロフト、リック・ラブゴールド、ペイジ・ポラッツォとの5人編成だった。ほとんどのメンバーの父親が、ジェフの父と同様、エンターテインメント業界の仕事をしていた。ケリーの父は映画のメイクアップ・アーティスト、ロンの父は声優としてケロッグのマスコット・キャラクター、〝トニー・ザ・タイガー〟を担当していた。

1968年3月、バンドは地方紙『ヴァンナイズ』にも取り上げられる。ノース・ハリウッド・ゾンタ・クラブに出た直後で、ランカーシムオクスナード・ショッピング・センターで開催されるランカーシム・オート・ショーでのパフォーマンスを間近に控えていた頃だ。やがてリック・ズニガー（のちにスティーヴィー・ワンダーと組む）が加入。さらに3人組になってからは、ジミ・ヘンドリックスとクリームの曲だけをプレイするようになる。

ジェフが少年時代に組んだ2組目のバンド、ザ・ヘイズ・オブ・サターン。右下の写真で左からロン・レイヴンスクロフト、ケリー・モリス、ジェフ、ペイジ・ポラッツォ、リック・ラブゴールド
Courtesy of Kerry Morris

「近くでプライベート・パーティーがあれば必ず出演していたよ」とケリー。「リック・ズニガーはシンガーとしてもギタリストとしても素晴らしかった。あの頃は楽しかったな。1、2年くらいはそんな感じで続いてた」

ポーカロ家はコルドウォーター・キャニオン近くのコルドヴァの賃貸住宅で1年暮らした後、スタジオ・シティのミルバンク・ストリートに、初めて自分たちの家を買った。ジェフはミリカン・ジュニア・ハイ・スクールに2年から3年まで通い、それからノース・ハリウッド・ハイ・スクールに入学する。1970年、ミルバンクに2年住んだ後でジョーはその家を売り、シャーマン・オークスのヴァレーハート・ドライヴに新しい家を買うことにした。ミルバンクにいる頃から、アイリーンの母親が1年の半分をポーカロ家で過ごすようになっていた。アイリーンの父が他界してからは毎年冬に来るようになり、やがて寒い時期はそのまま滞在し、春と夏はもう1人の娘が住むメイン州に戻る生活が定着した。

「空いてる部屋を使ってもらえるようにしてね」とジョー。「アイリーンの母親はチェーン・スモーカーだった。朝起きるとまずコーヒーを淹れてテレビの前に陣取る。毎日、時計仕掛けみたいに同じなんだよ。僕のベッドから、廊下の向こうのその部屋が見えるんだが、面白かったな——いや、実際には面白いことじゃないんだけども——太陽の光が差し込んで、明るく照らされた部屋が、すっかり煙に包まれてる。その中で朝のテレビ番組を見ながら、次から次へと続けて3本くらい吸うんだよ」

ついにジョーはそれをやめさせて、テレビを彼女の部屋に移し、自分の部屋で煙草を吸ってもらうようにした。ところが息子たちは、学校から帰ってくると、いつでもまっすぐ祖母の部屋に向かった。

トリオになったヘイズ・オブ・サターン。ミルバンクにあったポーカロ家のリハーサル・ルームにて。左からジェフ、ケリー・モリス、ロン・レイヴンスクロフト
Courtesy of Joleen Porcaro-Duddy

「すごく仲が良かったんだよ」とジョーは言う。「それに息子は3人とも——ジェフもマイクもスティーヴも、全員煙草を吸ってたんだ。だからおばあちゃんと3人で部屋にこもってドアを閉める。僕の喘息に煙草が良くないのを知ってたからね。だけどドアの下から煙が漏れてくるのが見えるんだ」

おばあちゃんは3人の孫をとても可愛がっていたものの、彼らのやることにイラだつこともあったらしい。大恐慌を経験していただけに、リハーサルのときスティーヴやマイクやジェフが冷蔵庫を開け、「何でも好きに取ってよ。遠慮しないで」とミュージシャンたちに勧めるのを、到底理解しがたい気分で見ていたのだろう。

「でもジョリーンや息子たちにひどい言い方をしたことは一度もなかったはずだ」とジョーは言う。

ジェフはノース・ハリウッド・ハイ・スクールでケリー・シャナハン、メレル・ブラウンと出会い、彼らは生涯を通じての友人となる。ケリーはジェフと同じようにマーチング・バンドのドラマーで、メレルはダンス・チームに入っていた。ジェフの2学年上だったケリーとメレルの2人は、当時から付き合っていた。またメレルの弟ボビーは、子どもの頃からスティーヴ・ルカサーととても親しく、彼女は弟を通してルカサーとも知り合いだった。彼らはバンド仲間でもあり、妙なユーモア・センスも共有していた……。

「おならで火をつけて、弟のズボンを燃やそうとするの。しょっちゅう2人でそんなことしてたわね」。メレルは思い出して笑う。

翌年ケリーとメレルが卒業し、それからジェフには辛い時期が訪れる。ノース・ハリウッド・ハイ・スクールでいじめを受けるようになったのだ。「学校を辞めたがっていた」とジョー。「あの子をいじめる奴がいたんだ。それでアイリーンが転校させることにした」

ジェフはグラント・ハイ・スクールに通うようになったが、ケリーとメレルとの付き合いは続いた。1970年の4月に2人が結婚してアパートメントで暮らし始めると、ジェフはよく遊びに来ていたという。ジェフとケリーはいつも2人でドラムを叩いていたとメレルは振り返る。

「16、17、18歳と、2人がやってたことは、ただそれだけ」とメレル。「それを見てるのが最高に楽しくて。スタジオに座って2人のプレイを見つめていると、素敵な魔法に包まれてるようだった。ほんとに素晴らしかったの」

グラント・ハイ・スクールのすぐ向かいにヴァレー・ジュニア・カレッジがあり、ジェフはときどき学校をサボって、大学のバンドの部屋に顔を出し、初見で演奏する彼らに加わった。ジェフ自身は初見演奏が得意とは思っていないが、それでも大学生らに引けを取らなかったらしい。「その場でパターンを読み取って8ビートなんかを叩くのは、楽譜を読んで練習パッドでプレイするのとほとんど同じなんだ」と彼から聞いたことがある。「パターンがあるだろ？　パターンがわかったら、あとはタイムをキープすることだけ考えて、それからキック・ドラムを使うとか、スティックで叩くとかを決める。実際のところ、僕は初見でプレイするのが物凄くうまいわけじゃないけど、それまでやってきたことができるくらいには読めるんだよ。そもそも、自然とわかってくるものなんだ。字が読めるようになるのと同じ。2小節のグルーヴをプレイして、8小節先に同じパターンがあれば、譜面が読めなくたって平気だろ。突然、1つの文字みたいに見えてくるんだ。その形からその文字の意味がわかるんだよ」

1969年、ジェフは初めて〝バトル・オブ・ザ・バンズ〟に出場した。同じ年、ヴァンナイズのバーミンガム・ハイ・スクールに通っていたドラマーのトム・ドレイクも、ステージ・バンド（彼によれば、さほどいいバンドではなかった）と組んでこの大会に挑戦することを決めていた。この前年、ドン・エリスに夢中になっていたドレイクは、エリスのレコードで目にしたジョー・ポーカロという名前を記憶していた。

ドレイクはバトル・オブ・ザ・バンズの予選大

会の出来事を覚えている。「出番を終えてバックステージに戻ると、ドラムを片付けてる奴がいてね。見るとそのドラム・ケースに〝ジョー・ポーカロ〟と書いてあった。『あれっ？　ドン・エリスのアルバムに出てた人の名前だ』と思ってさ。『ジョー・ポーカロって？』って聞いたら、『ああ、僕の父親だよ』という。それがジェフとの出会い

1970年、ハリウッド・バトル・オブ・ザ・バンズで、ハウス・バンドのドラマーの1人として加わったジェフ

Courtesy of Tom Drake

RHYTHM SECTION (L to R) Bruce Hansell, Paul Morin, Gregg Eichenfield, Jeff Porcaro, Mike Porcaro.

1971年、バトル・オブ・ザ・バンズのプログラムに掲載されたハウス・バンドの写真

Courtesy of Tom Drake

だった」

ドレイクによれば、ジェフは当時、ジャズ・ユース・ワークショップという小さなグループに入っていて、彼らはその年のファイナルまで勝ち残った。ドレイクの友人のトロンボーン奏者は大会のハウス・バンドでプレイしていた。大会に出るヴォーカリストやダンサーのバックを務めるため、主催者側が出場バンドから優れたミュージシャンを選んで編成したビッグ・バンドである。バトル・オブ・ザ・バンズ出場経験者ならオーディションを受けられるので、ドレイクは翌年の1970年に挑戦することにした。ジェフもその年にオーディションを受けている。ドレイクは通らなかったがジェフは合格し、マイクもベーシストとしてメンバーに選ばれた。ジョーはバンドのディレクターに頼み、ドラムの楽譜を持ち帰ってジェフの練習を手伝った。ドレイクはバンドに入れなかったものの、その年も連続でメンバーになったトロンボーン奏者の友人と一緒に、ロサンゼルス・シティ・カレッジでのリハーサルに行った。

「もうあのときから、ジェフはみんなの度肝を抜くプレイを見せ始めていたよ」と、ドレイクはそのリハーサルを振り返る。その年はミュージカル『ヘアー』のメドレーやモータウンの曲が多かったそうだが、そのプレイでもジェフは抜群の腕を見せた。「誰もが目を見張った。その年はドラマーが2人いたんだけど、もうみんなジェフしか見てなかったよ」。ジェフがグランド・フィナーレを飾ると、全員が首を揺らしながら、呆然として「誰だ、こいつ?」と呟いていたという。

その翌年の1971年、バトル・オブ・ザ・バンズ専属バンドのドラマーはジェフ1人になった。ドレイクとトロンボーン奏者の友人は自分たちのバンドを組み、ファイナルまで勝ち進んだ。ヘンリー・マンシーニがゲスト指揮者として招かれたこの年、ジェフはその才能を認められている。

「ハリウッド・ボウルで最後にトロフィーが授与されるんだ」。ジョー・ポーカロはそのステージを思い返す。「審査員はヘンリー・マンシーニにクレア・フィッシャー、ラロ・シフリンと豪華な顔ぶれだった。するとアナウンサーが、『さて、今回初めて、最も優れたミュージシャンにもトロフィーが授与されます。受賞者はドラムのジェフ・ポーカロ！』と言った。どうやらジェフリーはすごいことになりそうだぞ、ということは僕らにもわかったよ」

それから程なく、ジェフのバンドは新たなキーボーディストを探し始める。

ジェフとジョリーン・ポーカロ（右）。1973年、ヴァレーハート・ドライヴの自宅にて
Courtesy of Joleen Porcaro-Duddy

1967年に撮影された最初のポーカロ一家の写真
Courtesy of Joleen Porcaro-Duddy

デヴィッド・ペイチとマーシフル・ソウルズ

The Friendship That Changed Music

ジョーのテレビ初出演は、CBSテレビの『The Glen Campbell Goodtime Hour』だった。この番組で作曲とバンド・リーダーを務めていたのがマーティ・ペイチである。

「父はタンバリン・プレイヤーを探してたんだ」とデヴィッド・ペイチ[*13]は振り返る。「ゴスペルのタンバリンが大のお気に入りでね。というのも、そもそも父が組んでいたのは黒人アーティストばかりだったから。レイ・チャールズにマヘリア・ジャクソン、エラ・フィッツジェラルドにレナ・ホーン、サミー・デイヴィス・Jr.。僕は16歳まで自分が黒人だと思ってたくらいだ。グレン・キャンベルのショーに出演するなんて、ほんとすごいことだったんだよ。父はレコーディング業界ではスターだったけど、当時レコーディング・アレンジャーがテレビに出るなんてことはまずなかった。それで父がレギュラー・プレイヤーを揃えようとメンバー探しを始めると、ジョー・ポーカロを推薦された。ジョー・ポーカロを呼んでタンバリンを叩かせたら、ゴスペル・シンガーのクララ・ウォードかっていうようなプレイで、父はすぐさま『君で

[＊13] キーボーディスト／ソングライターとして活動し、1977年にはボズ・スキャッグスとの共作曲〈ロウダウン〉が、ベストR＆Bソングとしてグラミー賞を受賞。ジェフやデヴィッド・ハンゲイトらとTOTOを結成し、スティーヴ・ルカサーと共にオリジナル・メンバーとしてバンドを牽引してきたが、2020年以降のツアーにはクレジットされていない。

決まりだ』と言ったんだ」

当時14歳だったデヴィッドは、いつもテレビ局でのスタジオ・リハーサルを見に来ていた。休憩の間も父親はジャムを続け、時には息子も参加させた。

「何度かちょっとピアノ・ソロを弾かせてくれた」とデヴィッド。「いつも父は誰か指名してソロをやらせるんだよ。そのときジョー・ポーカロが見ていて、あとで僕のところに来ると、『この間、うちの息子がサンフェルナンド・ヴァレーのバトル・オブ・ザ・バンズで優勝したんだが、ちょうど今、キーボーディストが抜けてしまったんだよ。ぜひ君と会わせたいな』って。『もちろん、ぜひ』と答えた。息子と組ませたいって人はそれまでにも結構いて、結局いつもがっかりするばかりだったんだけどね」

ジョー・ポーカロはデヴィッドの電話番号を聞き、ジェフのバンドでリハーサルを仕切っていたサクソフォニスト、スティーヴ・リーズに伝えた。リーズがペイチにオーディションをしたいと電話をかける。そして1969年のある日、デヴィッド・ペイチがサンフェルナンド・ヴァレーのコールドウォーター・キャニオン近くにあるリーズの家にやって来た。

「僕の家では馬を飼っていて、いつも僕が馬小屋の世話をしてたんだ——だからその日もカウボーイ・ブーツにジーンズとTシャツって格好だった。それに前歯を抜いたばかりで、ちょっとの間、1本歯が欠けたままだったし、髪も短かった」。デヴィッドは笑いながら振り返る。「僕が通っていた学校はカトリックの男子校だった。でもみんなはグラント・ハイ・スクールのヒッピーまがいでね。そこへ僕が入っていったら、いきなり『大草原の小さな家』の息子の登場だよ。スティーヴに『君のプレイを聴きたい』と言われて、彼の部屋へ行くと、ベーシストとギタリストが1人ずついて、小さなピアノが1台置いてあった。ドラマーがびっくりするほど上手くて、『するとこいつがジェフリー・ポーカロだな』と思ったら、違ったんだ。みんな信じられないほどの腕で、もうプロ並みだったよ。ブラッド、スウェット&ティアーズなんかの曲をやっていてね。『すげえクール』と思って聴いていたな。そのまま座ってたら、『バンドを組むつもりなんだけどさ、君も入ってくれないかな』とみんなに言われて。『どのバンド？』と訊くと、『これとはまた別のバンドなんだ。君に入ってほしいのはこっちじゃない。これはダン・ソーヤーとやってる別バンドなんだよ』。そのダン・ソーヤーがまた素晴らしいギタリストでね、テナー・サックスもやるんだ。まるでディーン・パークスだよ。ディーン・パークスは、ギターをやる前にはノース・テキサス州でアルト・サックスをやってたんだ。ダン・ソーヤーはテナー・プレイヤーで、同時にギタリストだった。『本当に才能のある奴らだな。俺はいい場所を見つけたぞ』と思ったよ。ところが、僕が組むのは彼らじゃないってわかってさ。彼らは単にリハーサルをしていただけなんだよ。確かに、こんないい話が本当にあるはずないよなって思った」

ペイチはドラマーの方を振り返り、「君がジェフだろ？」と声をかけた。すると彼は「違うよ」と答え、ドアの方を指差した。

「他のみんなはゴルフ・シャツに普通の格好だったけど、そこにいた痩せっぽちのちっちゃい奴は長髪にヘッドバンドをして、眼鏡をかけて、色褪せたブルージーンズを穿いてた。しかも股ぐらにアメリカ国旗が縫いつけてあるんだ」。ペイチは笑いながら話す。「『俺はいいバンドの方には入れないんだな』って思ってさ。『そんな中でやんなきゃいけないのかよ？　こいつがドラマーだぜ』とね。ところがジェフがスティックを持ってドラムの前に座った途端、そんな思いは見事に吹っ飛んだ。僕はフロイド・スニードが叩いてた頃のスリー・ドッグ・ナイトの大ファンだったんだけど、（目の前で叩いている）このドラマーみたいなプレイができる奴はいないと思ったね。ジェフみたいなドラムは聴いたことがなかった。ブラッド、スウェット＆ティアーズのボビー・コロンビーと、タワー・オブ・パワーのデヴィッド・ガリバルディを合わせたら一番近い感じかな。だけどもっとパワフルなんだ。バス・ドラムといい、あれだけいろんな技をこなす――14歳でそれをやってのけるんだから。『ねえ、ジョー・コッカーの〈フィーリン・オールライト〉はいける？』と彼らに言われて、『ああ、やれると思う』と、最初から最後までやったんだ。ピアノ・ソロも何もかも、全部入れて」とペイチは続ける。「そしたら、彼らが『おお、決まったな。君はメンバーだ』と」

　バンド名はマーシフル・ソウルズ。メンバーは全員、インドのネルー首相風の紫の立襟ジャケットを着ていた。ペイチは「その衣装はやめようよ」と提案したそうだ。

「彼らが主にやっていたのはソウル・ミュージックだった。シカゴとか、ブラッド、スウェット＆ティアーズとか、サンタナとか。そこに僕はローリング・ストーンズにクリーデンス（・クリアウォーター・リヴァイヴァル）、ジョー・コッカーなんかを持ち込んだんだ。フルートとトランペットを担当してたのがスコッティ・ペイジ[*14]だった」

　スコッティ・ペイジは、そこからすべてが始まり、人生の方向が決定づけられたという。ただ、そのときにはそんな運命など知る由もなかった。

［＊14］サックス奏者として活動し、スーパートランプのツアー・サポートをした後、TOTOのツアー・メンバーに。デヴィッド・ギルモアに見出されて後、『鬱』以降のピンク・フロイドを支える主要メンバーの1人となり、レコーディングやコンサートに参加。

彼は最年長メンバーで（それでも17歳だった）、友人でやはりトランペット奏者のフランク・ザボの紹介でバンドに加入した。ペイジ（多くのメンバーと同様、彼の父親ビル・ペイジもプロのミュージシャンだった）はセカンド・トランペットを担当したが、バンドの中で一番下手だったという。

「そもそもレベルが違っていた」とペイジは言う。「だけどセカンド・トランペットならなんとかなったから。それにみんな気が合っていて、一緒にやってると最高に楽しかった」

その頃のペイジは音楽を仕事にするつもりはなく、建築家を目指していた――が、女の子たちから目を向けられているのがわかると気が変わってくる。バンドがあちこちの学校から出演を依頼され、バンド・バトルでもたびたび優勝するようになってきた頃、バックステージで建築の勉強のため設計図を描いていたペイジは、ふいに女の子が大勢集まっていることに気づいた。この点が大きな動機となって音楽にのめり込むミュージシャンが多いものだが、ペイジにとっても同様で、音楽はペイジのキャリアの選択肢として現実味を帯びてきた。一緒にプレイしている仲間のレベルがとてつもなく高いということも、気持ちの変化を促す要因となりつつあった。

「ジェフの存在は物凄く強い後押しになったね」とペイジは言う。

実際彼らは才能を見込まれ、レコード契約をオファーされたこともあったそうだが、これには父親たちが揃って反対したという。ペイジによれば、ジェフはあの有名な、ヴァンナイズにあるサウンド・シティ・スタジオで最初にプレイしたドラマーの1人――少なくとも最初の数人のうちの1人――だった。スコッティの父親ビルはこのスタジオで仕事をしていた。当初ここはヴォックス・サウンド・ラブと呼ばれていたそうである。

「僕らのバンドはあそこでカヴァー・ソングを何

曲かレコーディングしたんだ」とペイジは言う。

さらに彼は、デイヴ・グロールが制作したサウンド・シティのドキュメンタリー映画『サウンド・シティ』に不正確な部分があると指摘する。「あの映画では、最初の数年間はあそこが倉庫だったと言っているけど、それは間違いだ。初めからスタジオだったのさ。僕はあそこがスタジオに選ばれた日に行ってるんだ。父がヴォックスで仕事しててね。ヴォックスではレコーディング機材や楽器の開発に使えるような場所を探してたんだ。僕が学校から帰ったら、父から『ここを見に行きたいか？』と言われたのを覚えてる。それでくっついて行って、一緒に見て回ってね。2日後にそこをヴォックスが買ったんだよ。サウンド・シティになったのは、その2年くらい後だ」

やがてマーシフル・ソウルズはユニフォームとともにバンド名も捨て、キーボーディストのマイク・ラングがトム・スコットのアルバム『ルーラル・スティル・ライフ』に書いたタイトル・ナンバーにちなみ、ルーラル・スティル・ライフに変えた。ジェフがバンドのアート面を担当し、フライヤーのデザインを考えて、スティーヴ・ポーカロが印刷した。

「今に至るも、音楽にまつわる最高の思い出が詰まってるのはあのバンドなんだ。自分がやってきたことすべてを見回しても、やっぱりそうなんだよ。TOTOも何もかも素晴らしかったけど、今まで僕が参加したバンドの中で、やっぱりあれが一番なんだ」。そうペイチは断言する。「僕らはジョー・コッカーのアルバム『マッド・ドッグス＆イングリッシュメン』をモデルにしていた。それで女性シンガーのオーディションをやったんだけど、僕はなんたって男子校だったろ。どんどん女の子がやってくるから、僕はもう、『うん、君、メンバーだ、君もメンバーだ、君も決まり』みたいに舞い上がってたよ。ヴォーカルはクリフ・ゴードンっていう、デヴィッド・クレイトン・トーマスみたいな感じの奴だったんだけど、ちょっと力不足じゃないかってことで結局みんな不満でね。で、スティーヴ・リーズが『みんな乗れ、新しいシンガーを連れてくるぞ』って言うんだ。『どこに行くんだい?』って訊いたら、『LAのダウンタウン、ワシントンってところ。ゲットーだ。フランク・ヘイズって奴がいる。25歳で、刑務所から出てきたばかりだ。警官を撃って捕まったんだよ。今はハウス・オブ・パンケイクスで働いてる』。16歳の若造どもが、そんな奴を引っ張ってこようっていうんだからね」

最初の数年、バディ・マイルス・エクスプレスにすっかりハマっていたジェフは、ケリー・シャナハンとのダブル・ドラムでプレイしていた。「ジェフが『ドラマー2人にパーカッショニスト1人でいこう』と言ってね」とペイチが経緯を語る。「それでサンタナの曲をやろうってことでギターも覚えて、ホーン・セクションをフルで入れた。だから30人くらいの大所帯だったな。スライ・ストーンの曲やローリング・ストーンズの〈ギミー・シェルター〉をフランク・ヘイズのヴォーカルでやった。黒人のヴォーカルに、黒人と白人取り混ぜた女性コーラス。これを70年か71年頃にやってたんだよ」

バンドはグラント・ハイ・スクールで演奏し、さらにはIDを詐称してブラス・リングのステージにも出た。そして、バーバンクのキャストアウェイ・レストランで開かれるプロム・パーティーでプレイする日、会場へ向かう途中で起きた事件をペイチは今でも鮮やかに思い出せる。ペイチは古いフォード・トラックにジェフを乗せていた。ペイチ家で馬の世話をしていた彼が使っていたトラックで、荷台には干し草が積まれ、その上にシートをかぶせてあった。ジェフがこの日着ていた白いスーツは父親から借りたもので、ジョン・レノンが1969年のビートルズのアルバム『アビイ・ロード』のジャケット写真で着ている服に似ているので、お気に入りの1着だった。トラックの座席はペイチの機材で一杯だったため、ジェフはシンバルを入れたバッグを干し草にかぶせたシーツの上に放り投げておいた。そのシンバルも父親から借りてきたものだった。

その結末は予想のつくはずのものだったとペイチは言う。「高速を走っていて、トパンガとデソトの中間くらいに来たとき、道路を丸いメタルが転がっていくのが見えた。シンバルが落っこちて、ホイールキャップみたいにコロコロ転がっていくんだよ。慌ててトラックを停めて、ジェフと僕は――まあ僕よりジェフだよね――映画の『ビッグムービー』で、エディ・マーフィーが行き交う車を必死に避けながら道路を渡ろうとしてる、まさにあの感じで、高速を走る車をかわしながらジェフの父親のシンバルを追いかけたんだ。なんとか捕まえたけど、片方はヒビが入ってしまって、ジェフは父親にどう言おうって心配してたよ。『困った、どうしよう』って」

その後、ある日、彼らがスタジオ・シティ・パークでソフトボールをやっていると、彼らがバンドをやっていると知った大学生数人から、その公園で開かれるハロウィン・パーティーで演奏してほしいと頼まれた。たまたまそのイベントに、トランペッターで音楽イベント業もやっていたジュールズ・チェイキンが息子を連れて見にきていた。そこで彼は若きポーカロにすっかり惹きこまれる。

ジム・ケルトナーへの憧憬

The First Session And His Idol

それから程なくして、ジュールズ・チェイキンはジャック・ドハティの大がかりなプロジェクトを担当することになった。ドハティはもともとウッディ・ハーマンのビッグ・バンドでトランペッターとして活動していたが、その後はほぼ引退に近い状態にあった。しかし1971年、カムバックを決意し、スーパー・セッション・プレイヤーを集めて『Jack Daugherty and the Class of Nineteen Hundred and Seventy One』と名づけたアルバム3枚シリーズを企画する。セッション・ドラマーのハル・ブレインがリハーサルに参加できなくなり、チェイキンは17歳のジェフに声をかけた。リハーサルで何回かブレインの代役を務めてもらうかもしれないのでプレイを聴きたいと言われたジェフは、最初、「ケリー（・シャナハン）のプレイを聴いた方がいい。彼の方が譜面を読むのがうまいし、僕よりちゃんと務められるはず……」と、すぐに受けようとしなかったとジョー・ポーカロは言っていた。ジェフの反応はいつでもそんな感じだったという。それでもチェイキンはジェフをリハーサルに呼び、ジェフは5回ほどバンドとプレイして、それから少しの間、お役御免になった。

「そのバンドには僕が子どもの頃に見ていた人が勢揃いしていてね。マックス・ベネット、ルイ・シェルトン、ラリー・カールトン、チャック・フィンドリー――ああいう最高のプレイヤーばかりだった」。ジェフはごく初期のインタヴューで、その思い出を話してくれた。「アルバムをやることは僕も知っていたんだ。みんながその話をしてるのを聞いてたからね。そしたらドハティから電話がかかってきて、『(ジム・)ケルトナーってドラマーを聞いたことあるか?』と言う。いやもう、その頃の僕にとって、ケルトナーと(ジム・)ゴードンといったら一番のヒーローだよ。『もちろん』と答えたら彼が言うんだ、『そうか、実は彼がジョー・コッカーのツアーからちょうど戻ってきたんでね。君と彼とで2週間くらいリハーサル・バンドに加わってもらいたい[*15]』と」

ジェフは17歳だったが、まだ車の免許を取っていなかった。ジョーによれば、ジェフはまだ運転を覚える気がなく、実際18歳まで免許を取らなかったという。

「ケルトナーとの初セッションのときは、A&Mのサウンド・ステージまで母が車で送ってくれた」とジェフはその日を振り返った。「父からラディックのブラック・ダイアモンド・パールのセットを借りたんだ。ケルトナーのセットそっくりのやつだ。とにかく僕は彼のようになりたかったんだよ。ケルトナーが着てるようなベストを着て、僕に可能な範囲で一番がっしりしたブーツを手に入れて。ヒーローの真似をしたいのはみんな同じだろ。入口の前まで来たら、あまりにも緊張してたから、見事にそこら中に吐いちゃってさ。それに手の震えが止まらなくて。その日やったのがサンバでほんと助かった。ケルトナーが僕の隣に腰を下ろして、僕を見てさ、今でも覚えてる。彼に言われたんだよ、『なあ、君、楽譜を読めるんだね。僕はそんなに得意じゃないんだよ。君がフィルをやってくれ。僕はタイム・キープに専念する』って」。ジェフは思い返して笑った。

ジェフからこの話を聞いたのは1990年、『モダン・ドラマー』[*16]誌の取材のときで、LAス

タジオ・ラウンドテーブルでのインタヴューには
ジム・ケルトナーも同席していた。「おまえがやったことを話してあげなきゃ」と、このときケルトナーが口を挟んだ。

「僕、何をやったっけ？」とジェフ。

「もう、ありえないすごさだった。ヴィニーみたいだったな」。ケルトナーは怪物ドラマーのヴィニー・カリウタを引き合いに出した。

「やめてよ、とんでもない！」。ジェフは慌てて反論する。

「あのときのプレイはついぞ聴いたことないくらい完璧だったよ」と、なおもケルトナーは言う。

「あれは神経が興奮状態になってたからだよ。存在すら知らなかった技を、あの日は出せたんだ」


ヒーローに関しては、ケルトナーもジェフと同じことをしていたという。彼はハル・ブレインと同じドラム・セットを買い、ジム・ゴードンと同じジーンズを穿き、ゴードンと同じシンバルを使

ジェフとジム・ケルトナー（右）
Photo courtesy of Cynthia Keltner

［＊15］米国では16歳から免許を取得できる。

［＊16］『モダン・ドラマー』誌1990年11月号掲載の「L.A. Studio Round Table」特集の取材時。ジェフ、ジムの他にもヴィニー・カリウタ、ハーヴィー・メイソン、マイク・ベアード、デニー・フォンハイザー、スティーヴ・シェイファーといった錚々たる面々が同席した。

っていた。

「ジェフリーは同じことを僕でやっていたんだね」とケルトナーはしみじみ振り返る。「僕と会う前に、彼は僕のプレイをずっと聴いていたんだろう。具体的にどれを聴いてたかは知らないけどね。だから実際に僕と会って、まあちょっとグッと来たんだろうな。自分に会って感激する人がいたら、こっちもびっくりするけど、やっぱり嬉しいもんだよね。それもあって、僕も彼には特に目が行くようになっていた覚えがある。あんなに若いのに、彼は物凄く成熟していた。あの年齢で既に自信に満ちているのが僕らみんなに伝わってきたよ。みんなの中にどんどん入っていくような感じではないんだけど、いい意味で、すごく自分に確信を持っていたな」

ジェフがスタジオに入る前に吐いたなんて信じられない、とケルトナーは言う。

「彼が話し始めると、気がつけば耳を傾けているんだよね。彼はくだらないことを言わない。おどおどした感じに見えたことなんて一度もなかったな。僕が若い頃は、ハル(・ブレイン)やアール(・パーマー)がそばにいるとドギマギしちゃったもんだよ。実際にはそんなふうには見えてなかったと思うけどね。でもジェフリーは本当に、すごく冷静なんだ。いかにも若造って感じの、馬鹿なことは口にしない。いつも完全に集中していた」

さらにケルトナーは「彼に背中を向けたままドラムで遊んでいたら、彼のプレイが聴こえてきてね。リフみたいな感じなんだけど、リフとグルーヴの組み合わせなんだ。『これはちょっとすごいぞ、これは普通とは違うぞ』と、すぐわかったよ」と、ジェフとの初セッションの様子を思い返す。

「ドラミングというのは言葉と同じなんだ。プレイすれば、どんなプレイをするかによって、そのドラマーの語っている言葉がわかる。何をプレイするかでわかるんだよ。彼のそのプレイを聴いた瞬間、『こいつは本物だぞ』と思った。ぶっ飛ぶようなプレイ、ハッと目を向けずにいられないプレイだったんだ。第一級のプレイだよ。それで振り返って、『どこでそんなの習ったんだ？』と訊いたんだ。『もう一度やってもらえるか？』と言ったら、まったくそのまま、少しも違わずに繰り返した。その時点で、既に彼は物凄く洗練されたドラミングをしていたよ。そんなプレイができるなんてすごいって言ったんだ――もう完璧と言っていいくらいだった。すると彼が、『だけどね、父も、スタジオのみんなも、僕のプレイは速すぎるから、もう少しスロー・ダウンした方がいいって言うんだ。そんなにバタバタと忙《せわ》しないプレイをするなって』。そのとき僕が言ったことを覚えてるよ。『いらんお世話だって言ってやれ。16歳でいられるのは今だけだぞ。まだまだ時間はたっぷりあるんだ。のんびりやるのは後でいい』とね――僕らがいい友達になった理由は、このときの会話にあったと思ってる」

その場で友情が芽生えたと言ってもいいだろう。初めのうちジェフはアイドルを崇める気分でいただろうが、やがて２人の間には兄弟のような情が根づいていった。ケルトナーは出会った頃を振り返り、中でも１９７０年頃のある出来事はとりわけ記憶に残っているという。ジェフにとって人生を一変させるほどの意味があっただろうと思うからだ。

「あの日の僕らが今でも目に浮かぶよ。僕が彼に、『すげえのを聴いたんだ。こんなの今まで聴いたことない。これだよ、とにかく聴いてみろ』って、プラターズの〈ウィズ・ディス・リング〉をかけたんだ。そしたらジェフも僕に負けずと大興奮でね。（バーナード・）パーディが、ポップ・ソングを彼のヴァージョンでやってるのさ。これがジェフの人生をすっかり変えたんだ。『これを聴けよ』と僕が言って、２人で大喜びして、そのとき僕はこいつをほんとに気に入ったって思ったよ。だって彼もこれを面白いと思ったんだ。彼には最高のものがわかるってことさ。それ以来、彼はパーディが叩いてるものは1つ残らず聴きたがるようになった」

ケルトナー自身が影響を与える存在だったが、彼はそれだけにとどまらず、その影響力を使って他のプレイヤーにもジェフの目を向けさせた。

「彼は僕のプレイをやってみせて、『これだよね?!』って顔で僕を見るんだ。だから僕がまず彼に言ったのは、『僕を聴かなくていい。ジム・ゴードンを聴け』ってことだった。『僕ばかり聴いていたら、おまえが作るべきレコードをいつになっても作れない。僕がこういうプレイをするのは、これが僕のスタイルだからだ。おまえがそれをやっちゃいけない。おまえはこの地球で一番のドラマーになるんだから。ジム・ゴードンを聴け。それにジョン・ゲランにポール・ハンフリー。ああいうレコードのプレイでみんなをノックダウンしてる奴らを聴け』とね。それで彼はその通りにした。そういうところから学び始めたんだ。ジョン・ゲランがダンテスに出れば聴きに行ってたよ。僕がジョン・ゲランを聴きに行くと、必ずジェフも来ていた」

ケルトナーはジェフとの関係を思い起こして語る。「僕がとんでもなく間抜けなことやらかしたときでも、ふと目をやると、ジェフがじっと見てるんだ。それが当たり前みたいになってたけど、今思えば、彼はとにかく僕と一緒にいたいと、ひたすら思ってくれてたんだよな。『僕にそんな価値はないのに』って申しわけない気分になったこともある。完全に僕は兄貴みたいな感じでね。実際、いつも弟（my little brother）って呼んでたんだよ。だけどほんと、このことを言えて良かったと思ってるんだけどさ、最期の頃、僕はよく彼に言ってたんだよ。『ジェフリー、おまえはこの星でいっちばんすごいごい奴だよ。そのタイム感も何もかもさ、僕をこれほど惹きつける奴はいない。おまえの腕は最高だ。おまえが一番なんだぞ？　誰にもおまえの真似はできないよ』。これ以上強く言えないってくらい、言い聞かせるように、はっきり言ったんだ。『ジミー、彼に一番の影響を与えたのは君だぜ』っていつまでも言ってる奴がいたんだけど、そういうのを聞くたび僕は言っていたんだよ。『おい、何を言ってるんだ？　今やあらゆる人間に最大の影響を与えてるのがこいつだぜ。それどころか、この先さらに影響力を増していくはずだ』って。まさにその通りになっただろ。だからジェフリーにそれを伝えられたことがすごく嬉しいんだ。『ジェフリー、今じゃすべて逆になってるんだよ。僕のやってることは全部、おまえから影響を受けてるんだ』と」

ジェフがレオン・ラッセルの家でハンゲイトを仰天させるのは、ケルトナーとのこの初セッションから間もなくのことだ。そしておよそ8ヶ月後、ジェフはソニー&シェールのオーディションに呼ばれる。

ソニー&シェールと世界の舞台へ

They've Got Him, Babe

ソニー&シェールのバンドからドラマーのウィリー・オーネラスが脱けたとき、デヴィッド・ハンゲイトは真っ先にジェフを思い浮かべたという。「僕は常に最高のミュージシャンとプレイしたかった。常に自分がバンドの一番下手くそでいたかった。若くたって関係ない、16歳だろうと、誰が気にする？　ちょうどソニーのマネージャーのデニス・プレグノラートもツアーに同行していたから、僕は確か彼に話したんじゃなかったかな。ジェフなら最高だって納得させるのも、たいして苦労しなかったよ」

私が初めてジェフ・ポーカロにインタヴューしたとき、彼はレオン・ラッセル宅でのあの瞬間がキャリアの重要な鍵になったと振り返った。「もしあの夜、ビヴァリーヒルズのレオン・ラッセルの家に行かなかったら、デイヴ・ハンゲイトに会うことも絶対になかったし、彼がソニー・ボノのところに行って、『この17歳の奴を覚えてるよ。オーディションに呼んでみたら？』なんて言うこともなかったはずだよ」

ラッセル宅でのセッションからおよそ8ヶ月後、ポーカロは40人ほどのドラマーに混じって、ソニー&シェールのオーディションを受けた。わりと軽い気持ちで参加したものの、どれだけの金が動いているかを聞くと、そんな意識は飛んでしまったという。だが資金に余裕があるのも当然だった。この夫婦デュオは1965年に〈アイ・ゴット・

ユー・ベイブ〉で初の全米1位を獲得し、それ以来、ヒットを連発してトレンドセッターとなり、テレビでバラエティ番組を持つまでになっていた。

「僕はハイ・スクール2年で、美術の授業を3コマ取っていた。1日に3時間あってね。コースを取れるだけ取ってたから、美術でやりたいものは好きにやれた」と彼は当時の状況を語った。「イスラエルだかどこかのアート・スクールに行くっていう友達もいたし、僕もアート・スクールに行きたい気持ちが強かった。ところがソニー&シェールのオーディションの話が来て、そのままツアーに出ることになっちゃったんだ」

ソニー&シェールのオーディションの日には、このカップルの住むビヴァリーヒルズまで父のジョーが送っていった。息子は興奮していたが、ちょっと緊張しているのがわかったそうだ。おそらくソニーとシェールの自宅に音楽室があり、そこでオーディションを行っていたのだろうとジョーは振り返る。「ジェフを降ろして、裏の駐車場に車を停めて、中で待っていたんだ。そのうち彼が出てきてね、『通ったと思う』だったか、とにかくさらっとしたもんだったか、『受かった』と言ったか、『通ったと思う』だったか、とにかくさらっとしたもんだった。舞い上がってる感じもなくて、すごく落ち着いていたよ。それで僕は、『そうか、良かったな。あとはお母さんと学校のことで話をするだけだな』と言ったんだ」

夕食の席でのやりとりは打って変わって熱のこもったものになった。ツアーはいつから始まるのか尋ねると、すぐだとジェフは言う。息子の答えに、ジョーは穏やかではいられなかった。

「駄目だ、駄目だ。まずは学校を終えてからだ」

父の言葉にジェフは言い返した。「いや、僕はドラマーになりたい。ソニー&シェールのツアーに行くんだ」

「こっちは、『ジェフリー、何を言ってるんだ』と言ってね。『俺も俺の兄弟も、みんな高校を出ていない。俺の分もおまえが卒業してくれ。家族の中で誰か1人でもちゃんと高校を出て、立派な手本になってほしいんだ』。そこからちょっと熱い議論になってしまってね」とジョーは思い返す。「アイリーンが間に入って、『ねえ、校長先生に話をしに行きましょう。考えを聞いてみましょうよ』と言ってくれた」

ジョーとアイリーンがグラント・ハイ・スクールの校長に会いに行き、息子の事情を説明すると、「ジェフは何を人生の目的にしたいのでしょうね」と校長から尋ねられた。

「ドラマーを目指していて、ソニー&シェールのバンドに参加するという素晴らしい機会を与えられたところだと言ったんだよ」

校長がジェフの成績を確認したところ、卒業に必要な単位は充分すぎるほどだった。加えて彼は校内の演奏会には残らず出ていたし、木管とパーカッションのアンサンブルに加わっていたことも有利に働いた。

「校長は『私としては、彼をツアーに行かせて構わないと思いますね。お願いしたいのは1つだけ。6月にツアーがなければ、卒業式に出席してほしいということです』と。僕としては、彼が卒業証書をもらえれば構わないってことだ」とジョーはそのときのやりとりを振り返る。

ジョーはジェフがツアーに出ることについて、ソニーともシェールとも会って話した記憶がないという。だが彼は、ジェフのオーディションよりも前に2人のレコーディングに参加したことがあり、マネージャーのデニス・プレグノラートとも知り合いだった。

1972年春、ジェフはバンドに加わった。ハンゲイトはツアーで最初に泊まったヴァンクーヴァーでのことを覚えている。「ウォーターフロントのモーテルでね、釣竿を借りて、窓から釣りができるんだ。ロックンローラー御用達ホテルだよ。

ヴァンクーヴァーまで飛行機で行った。僕は年上だし、そもそも彼を引きこんだのは僕だろ。アイリーンが心配してたから、『大丈夫、僕が目を離さずにいる』って言っておいたんだ。チェックインが午後2時くらいだったかな。僕は自分の部屋で荷物を出して、ちょっとテレビを見て、1時間くらいしてから『ジェフの様子を見てくるか』と思った。彼の部屋を探してノックすると、ジェフがもう女の子と一緒にいるんだよ。間抜けな笑顔浮かべてね。まだ17歳だぜ」

数ヶ月後、作曲家でキーボーディストのミシェル・ルビーニがバンドを離れた。デヴィッド・ペイチによれば、彼のことをジェフがソニーに熱心に吹き込み始めたのはその頃だったという。「僕は高校卒業を控えてたね」とペイチは振り返る。「僕「ちょうどその頃、父がシェールのソロだったか、ソニー&シェールのだったか、アルバムに収録する曲のアレンジを頼まれたんだ。そのとき17歳の僕もレコーディングに参加したんだよ。ソニーはその前に僕がララビーでハル・ブレインやジョー・オズボーンと一緒に父の曲でプレイしてたのを聴いていて、ツアーに出る気はないかって声をかけてくれた。僕は『わ、もちろん』って。最高じゃないかって思った」

翌週、ジェフはソニーが会いたがっているとペイチに伝えたが、土壇場になってソニーから君の友達は雇えないと告げられる。別の人間が見つかったというのだ。ペイチは笑いながらその場面を振り返る。「リハーサルに行ったらソニーが入ってきて、『ジェフ、この子が僕の話してた奴だよ』と言うんだ。するとジェフが彼に、『僕が言ってたのも、こいつのことなんだけど』って。どちらも僕を考えてたわけさ」

ペイチはソニー&シェールのバンドでオルガンを担当し、親友と共にツアーに出ることになった。「プライベート・ジェットで移動だよ。一度、ヒユー・ヘフナーのジェットに乗り合わせたことがあってね。プレイボーイのバニーガールが6人くらいスチュワーデスとして乗ってて、座席を回ってくるんだよ。僕ら高校を出たばっかりだぜ。それ以上は言わなくてもわかるだろ？」

満場の観客を前に演奏するのは信じられない素晴らしさだったとペイチは言う。「当時の彼らは地球で一番ホットな存在だった。ひと晩で10万ドルくらい叩き出すんだぜ。ジェフは前からずっと僕をデヴィッド・ハンゲイトに会わせたがってた。素晴らしいベーシストだからって。それにバンドも最高だと。今や僕らがそのバンドのメンバーになったんだ。僕らが最高のロックンロール・バンドの仲間なんだよ。僕らはサウンド・チェックでも、ずっとジャムをやってた」

ソニー&シェールが出るまでの間、オーディエンスに演奏を聴かせることで、ステージでの技が磨かれたとペイチは言う。そして早くも2人は、いつかバンドを組もうという話を始めていた。さらに彼は、時代のアイコン的存在だったシンガー・ソングライターのボブ・ディランや、映画監督のウディ・アレンなど、バックステージに集まるセレブたちの常軌を逸したイカれ加減もよく覚えている。家族や親類が見に来ることもあった。いとこのマーク・ポーカロは、1972年2月にこのデュオがコネチカットでコンサートを行ったとき、彼の伯母夫婦、ジョーの一番下の妹ジョジーと夫のヴィンが、彼らの父親（ジェフの祖父）を連れて見に来たことを今も覚えている。

「ジェフリーは祖父をステージに上げて、そこで自分のプレイを見せたんだ」とマーク。「ジェフリーは家族も親族もすごく誇りにしていた。カリフォルニアに住んでる全員がね、故郷の僕らをすごく誇らしく思ってくれてたんだ。彼らが僕らを？　僕らこそ、彼らが自慢だったよ！」

ソニー&シェールが、ヴェガスで数週間の連続公演を行ったときには、サハラ・ホテルでのギグの後、オープニング・バンドと一緒にポーカーやクラップをやりに行くこともあったという。時にはクラブへも足を運び、シェールが一緒に来るときすらあったそうだ。ジェフはダンスがとてもまかったとペイチは言う。

「ダンスはもうハイ・スクールの頃からさ」とペイチ。「ジェフは僕の妹とよく踊ってたな。ソウルが多かった。ジェフはギタリストでもミュージシャンでも、踊りながらプレイするタイプが大好きだったんだ。ヴァーダイン・ホワイト（アース・ウィンド＆ファイアー）とか、ジェームス・ブラウンとか。ジェフはエア・ギターをプレイするのも好きでね。僕らがやってたギグでもしょっちゅう、ラストの曲では他のドラマーを見つけて、自分は前に出てエア・ギターやりながらヴァーダインみたいに踊ってた。ジェフと僕はグラント・ハイ・スクールの頃も、そういうソウル・ナンバーで踊ってたんだよ。もう1人、素晴らしい〝ドラマー・ダンサー〟がいるね。スティーヴ・ジョーダンだ。踊らないドラマーは、僕は信用しないな」

コンサート後、2人はたいてい音楽を聴いていたという。「いつもジェフの部屋に行ってね。彼がスティーリー・ダンとかの新曲を入れたカセットを持ってて、それにS.S.フールズってバンドのもあった。僕ら、このバンドと組んで何曲かプレイしたことがあったんだ。ジェフは僕らが一緒にやったことのあるミュージシャンのカセットは必ず手に入れていた。彼の部屋に行って酒を飲んで、まあちょっとマリファナもやったかな。それで一晩中テープを聴いていた。みんなが音楽とバンドに夢中になってた時代だよ。シールズ＆クロフツも聴いてたな」

ペイチは友情が深まっていった過程を振り返り、最初に2人を結びつけたのは音楽だったという。

初めの頃は高校が違ったのでそう頻繁に会えなかったが、それでもプレイが2人をつないでいた。ソニー&シェールのツアーが始まり、お互いの部屋も向かい合わせになると、友情は確かなものになった。

ツアーは学ぶ機会なのだとジェフは言っていた。「特に音楽の場合はそうだね。いろんな人たちに会えるだろう。音楽の分野でも、いろいろなアイディアを持ってるいろいろな人たちとたくさん出会えて、いろんな大勢の人とプレイするチャンスがある」

時にはツアーが将来を考える時間を与えてくれた。「18歳で家を離れて、ソニー&シェールのツアーに出てるだろ。すると『さて、僕はこの先どんな人生を送るんだろう? ずっとこんなふうにパーティーみたいに過ごすんだろうか?』と考え始める。アートも大好きだったけど、アートの世界に足を踏み入れるのは実際にはすごく厄介だし、だからこんなふうに考えたんだ。例えばソニー&シェールのバンドでしっかり自分の務めを果たしていれば、仕事としては安定しているし、そのうえ彼らはテレビ番組まで持っていた。僕はあの番組の最後の2シーズンに出演してるんだよ。ここできちんとやって、分別を失わずちゃんと仕事をしていれば、少なくともある程度の安定は得られるとわかってた。すごくいい仕事だったからね。だからそう、しばらく真面目に勤めていれば、貯金できるくらいの金も稼げる。自分の仕事をきちんとやれってこと。それだけ僕は真剣に考えてたんだよ」

その頃、既にジェフは親元を離れて一人暮らしをしていた。まだ実家に住んでいた頃、臨時の仕事などをこなしてある程度稼げるようになると、ジョーは息子と腹を割って話をしたという。まだジェフがソニー&シェールと組む前のことである。「アイリーンとも前から話しあっていたんだよ。

1972年、ソニー&シェールとともに空港を歩く

で、どうやら彼もかなり順調にやってるようだから、そろそろある程度責任を持たせるべきだろうと2人で考えてね」とジョーは振り返る。「それでジェフに言ったんだ、『なあ、おまえもかなり仕事をするようになったし、お母さんに何か恩返ししないといけないだろう。どんな形でも構わないが、少し家に金を入れたらどうだ』と。僕らはジェフの預金口座を作るつもりだったのさ。ジェフは『うん。父さん、わかった』と言って、その翌日には、『僕は家を出ることにしたよ、ローレル・キャニオンで家を借りる』と。その後、マイクも同じように独立した」

ジェフはしばらくそこに住み、ソニー&シェールのツアーから戻るとケリー・シャナハンの家の隣のアパートメントに移った。1970年、シャナハンに娘クリスティが生まれたとき、ジェフが妹のジョリーンをとても可愛がっていたのを知っていた2人は、彼に娘のゴッドファーザーになってもらった。彼が引っ越してきたとき、クリスティは3歳になっていた。

「朝になると彼がバルコニーから『クリス、クリス』って呼ぶの」とメレルは思い返す。「すると3歳の子が1人でアパートメントを抜け出して彼のところに行くのよ。目が覚めたらあの子がいないんだもの。初めてそれをやられたときは、心臓発作を起こすかと思ったわ。それからは彼の『クリス、クリス』って声がすると、『ジェフ、この悪ガキ、会いたいならあなたがこっちに来なさい』って言ったものよ」

11歳くらいの頃、クリスティは悪い成績を取ってしまい、ヘズビー・ストリートに越していたジェフの家に逃げ込む。メリルは娘が行方不明になったと恐怖に駆られたことを今も忘れられないという。けれどもジェフから電話があり、クリスティは彼と一緒だと知らされた。ただ、親に成績表を見せるのを怖がっているという。2人はすぐさまジェフの家に駆けつけた。そのときジェフは、これからクリスティがAを1つもらうたびに100ドルあげる約束をした。以来、卒業までジェフは約束を守り、彼女がAを取るたび、忘れずに100ドルを渡していた。

メレルにとっては、ジェフがケリーと彼女をシェールの家に連れていってくれたことも最高の思い出になった。「こーんな豪華なエントランスに入ると、物凄く大きなシャンデリアがぶら下がっていて、私、自分のほっぺたつねりたくなったわ」とメレルは振り返る。「本当に自分があそこにいたなんて信じられない。シェールに会ったのよ。そう、みんな彼女がすごく背が高いと思ってるでしょ。でも本当は全然そんなことないの。いつもハイヒールを履いてたのよ。170センチもないでしょうね。でもヒール履けば高くなるから」

ケリーと別れた後の辛い時期もジェフが経済的に助けてくれたとメレルは言う。その頃は娘が2人になっていたが、ジェフは2人と一緒に出かけ、それぞれに冬用のコートを買ってくれたそうだ。

1972年、メイン州での家族の釣り旅行。左からスティーヴ、ジョー、ジェフ、アイリーン側の伯父アル・ジェロンダ、マイク

Courtesy of Joleen Porcaro-Duddy

初めての一人暮らしのため、自宅を出るジェフ。マイクが引っ越しを手伝う

Courtesy of Joleen Porcaro-Duddy

シールズ&クロフツでの経験

The Next Duo

『The Glen Campbell Show』（デヴィッド・ペイチの父親がこの番組の音楽ディレクターを務めていた）のギタリスト、ルイ・シェルトンは、シールズ&クロフツ[*17]というデュオのプロデュースを担当していた。このデュオはワーナー・ブラザーズから出したセカンド・アルバム『想い出のサマー・ブリーズ（Summer Breeze）』で既にビルボードのチャート7位を記録していたが、1973年末近く、若い頃のデヴィッド・ペイチがグレン・キャンベルのバンドとジャムをしているのを何度か聴いていたシェルトンは、「シールズ&クロフツにもう1人キーボーディストを入れようかと考えている」とペイチに話を持ちかけた。『僕のダイアモンド・ガール（Diamond Girl）』（シールズ&クロフツのサード・アルバム）は、僕にとって初めてのヒットになった。それがこの街で仕事を手に入れる方法なんだよ。つまり、自分の名前がヒットと結びつけば仕事をもらえるようになるということ」。ペイチはそう説明する。「それから電話が鳴りっぱなしになってね。それで僕はすぐ、ジェフも仲間に引き込もうとしたんだ。

[＊17] ジム・シールズとダッシュ・クロフツによる男声フォーク・デュオ。『想い出のサマー・ブリーズ』(72年) を皮切りにヒット作を生み出し、1980年の解散までに11枚のオリジナル作を残す。ジェフは『僕のダイアモンド・ガール』『アンボーン・チャイルド』『虹の架け橋 (I'll Play For You)』『ふたりのメロディ(Get Closer)』『Sudan Village』といったアルバムに参加。

ルイはジェフを知ってはいたけど、ドラマーはいつもジム・ゴードンやジョン・ゲラン、ハーヴィー・メイソンなんかを使っていた。コア・メンバーがいたわけだよ。それに、あの頃はまだジェフにヒット作がなかった」

ジェフはシールズ&クロフツの『僕のダイアモンド・ガール』中の1曲で起用された。ヒットにはならなかったものの、ペイチの言葉を借りれば、これがジェフの「洗礼」になった。

ダッシュ・クロフツはたちまちジェフのプレイに惚れ込んだという。「僕らはデヴィッド・ペイチと組んでいて、それからジェフって奴がいかに素晴らしいドラマーかってことを知った」とクロフツは言う。「それにデヴィッド・ハンゲイトの存在もね」

ジム・シールズは、スタジオに入るといつも彼がギターを持って座り、ペイチがピアノの前に腰をおろして、曲にとりかかっていたと振り返る。ルイ・シェルトンが楽譜を書くこともあった。たいていはギターとピアノのみだったとシールズは言う。「ほとんどすべての曲で、ペイチがキメのリフを考え出してくれるんだ。特に何かある場合には違うパートについて相談もしたけど、ジェフに対しては、どこでフィルを入れてくれとか言う必要がなかった。彼は何をすべきかわかってるから」。シールズは続ける。「アレンジを変えるとか、こういう感じにしたいとか希望があれば話し合って、彼がそれを試して変えていく。2人ともすごく鋭いから、1、2回やればモノにしてしまう。曲がどう進んでいくか、彼らにはちゃんと読めるんだ」

ジェフはやりにくいレコーディング・セッションもあると言っていた。「スタジオに行くと、プロデューサーやアーティストが、このテンポでレコーディングしたいと既に決めていて、クリックを使うときがあるんだ。テンポを設定して、4小節聴くとか、デモを聴くとかして、『よし、このテンポだ』とね。でもそのテンポじゃないんだよ。ドラマーはタイム感とかグルーヴ感とかで、どのくらいのテンポにするべきかわかるんだ。曲に合わせてプレイしていれば、コーラスではここでぐんとスピード・アップしなきゃいけない、ブリッジではもっとゆったりしなきゃってわかるのさ。このフィールではサウンドが硬くなってしまう、これじゃ駄目だって。その線がはっきり引かれているんだよ」

そういう場合には、何か伝えようと試みるのだという。「だけど、たとえ曲を書いてる人に頼んだとしたって、曲によってはさ、どんなテンポを選んでも、実際に全部通してみるとうまくいかない曲ってあるんだよ」

それから彼はシールズ&クロフツのレコーディングを振り返った。「シールズ&クロフツは、まだリン・ドラム[*18]とかの機材が何も出てない頃から、ローランドやマエストロのドラム・マシンでレコーディングしていたんだ。マエストロを使って、4種類のテンポでレコーディングして編集してた。ヴァース部分全体をあるテンポで通して、コーラスは全部、それより少しだけ速いテンポにする。コーラスに来たらちょっと速めても構わないんだ。ヴォーカルからしても歌詞からしてもそうやっていいんだと彼らにはわかっていた。それからまた遅くして、前のテンポに戻る。場合によってはその方がやりやすかった」

シールズはスタジオでのペイチとジェフの働きがすっかり気に入り、ツアーにも参加してもらお

[＊18]エレクトロニック・ドラムの黎明期を代表するメーカーの1つ。アコースティック・ドラムをPCMサンプリングした初のドラム・マシンLM–01を1980年に発表し、脚光を浴びた。

うと考えた。「それでデヴィッドに、ジェフにも来てもらえるか聞いてみたんだ」

ジェフも弟のマイクも、ペイチとハンゲイトと共に、シールズ&クロフツのツアーに参加した。ジェフのタイプ・キープには文句のつけようがなかったとクロフツは言う。「きっちり正確だったよ。慎重に考えてるのは間違いなかった。安心して頼っていられたね。とにかくそれに乗っていけばいい」

けれどもライヴではズレが生じる場合もあったとシールズは打ち明ける。シールズもクロフツも、ステージでのある出来事を覚えていた。ただ2人の記憶は少し異なり、シールズはクロフツが振り返ってジェフに視線を向けたと言うが、クロフツの記憶ではそれをやったのはシールズである。まあいずれにせよ、このとき2人のせいでジェフはひどく混乱してしまっただろうとシールズは言う。「ダッシュが振り向いて遅いと言い、僕の方は速すぎると言うんだから、彼はどうすればいいのか決めようがなくなって、ついにステージを出て行ってしまってね。『もっと金をくれよ!』と怒鳴ってたよ」

今はシールズも認める。「もちろん、彼のプレイはきっと完璧だったんだよ。ステージではなんでも速めにプレイしてしまいがちだろ。いわばグルーヴを外してしまうんだ。でも彼はまるで外さずに、ドンピシャのリズムを刻んでたのさ」

その点でボーカロは完璧主義者だったとシールズは言う。そして思い返すと、アルバム『アンボーン・チャイルド(Unborn Child)』(ジェフは全曲で参加)収録の〈心は王様(The King Of Nothing)〉はジェフが初めて出会ったシャッフルだった——そして相当な苛立ちのもとになったはずだと彼は言う。

「何小節かやると止めてしまうんだ」とシールズは振り返る。「何度もそれを繰り返して、しまいにはスティックを叩きつけて、スタジオを出て行ってしまった。デヴィッド・ペイチが追いかけて、『おい、そういう態度はやめろ。もう2度とこの街で仕事ができなくなるぞ』と言ってくれた。それで彼は戻ってきて、かっかしながらもう1度やったんだ。そうしたら今度は完璧だった」

ハンゲイトはジェフの〈心は王様〉を〝ジェフをキリキリさせた〟曲として覚えている。「『シャッフルなんかできないよ』と言ってね」と彼は振り返る。「でも『シルク・ディグリーズ』のテスト・プレス盤が出来たときにさ、その頃、彼はランカーシム・ブールヴァードかその辺に住んでいて、聴きに来いって連絡してきたんだよ。それで僕とジェフだけで聴いてたら、そのうち〈リド・シャッフル〉が流れてきた。僕が笑みを浮かべたら、彼があのおどけた顔でニヤリと笑ってさ。それで僕、『おい、シャッフルできるじゃないか』と言ってやったよ」

ジェフがスタジオを出て行ってしまったときはどうしようかと思ったというシールズも、今では笑って振り返る。だが、そうそう笑っていられないのが、デンヴァーの野外コンサートでの事件だ。クロフツもシールズも、思い出すといまだにぞっとすると言う。「たいていエンディングで僕が何曲かホーダウン[*19]っぽいフィドル・ソングをやっていてね。そこでジェフがドラムを離れて、ステージのフロントにいる僕らの方へ歩いてくる」とシールズが説明する。「そのデンヴァーの夜、ステージの足場が崩れたんだ。その晩のラスト、まさにジェフがフロントまで出てきた瞬間に、すごい

[＊19] 米カントリー＆ウェスタン系の音楽でヒルビリーをベースとしたマウンテン・パーティー音楽。しばしばフィドルがフィーチャーされる。

勢いで足場がドラムの上に落ちてきたんだよ。ドラムはめちゃくちゃさ。ジェフが免れたのはまさに奇跡だ。だって彼がフロントに出てくるようになったのは、そのわずか2日くらい前だったんだから」

だが、さらにそれを上回るほどの恐怖体験もあった。ペイチが飛行機で恐ろしい目に遭ったとハンゲイトから聞き、ペイチ本人に確かめてみると——ダッシュ・クロフツとペイチの乗ったエンジン1つのプロペラ機が嵐に巻き込まれたという。雷が鳴り響く中で機体は右に左にと大きく揺れ続けた。ペイチはさらに、シールズ&クロフツがしばらくの間使っていた飛行機には、ジェフも自分も死ぬ思いをしていたと振り返る。ソニー&シェールのツアーでは、移動はBAC(ブリティッシュ・エアクラフト・コーポレーション)111ジェット機で、リンドン・ジョンソン大統領の元専属パイロットが操縦桿を握っていた。奥にはデュオの寝室があり、シェフすら同行して、危険を感じることなどなかった。そんな旅にすっかり慣れていた2人だったが、シールズ&クロフツに参加すると、すべてがガラリと変わった。雲泥の差だった。

「飛行機は借りもので、パイロットはメカニックも兼ねていた」とペイチは言う。「一切名前は出さないでおくけど、ツアー・マネージャーみたいな立場の奴がアラスカン・ハスキーを飼っててさ、どこに行くにもそいつが一緒なんだよ。飛行機の中はとんでもなく寒くて、冷気が通風孔から出てくるのが見えるんだ。実際目に見えてしまうというのは良くないね、あるときは着陸間際に霧を抜けたら、滑走路から20メートルくらい左に外れてるんだ。最後の一瞬でパイロットが物凄い速技で右に戻して滑走路に着地させて、飛行機は耳をつんざくような音を立てて滑って行った。墜落したと誰もが思ったよ。あの頃はそんなのしょっちゅ

1975年、シールズ&クロフツのツアー中にメンバーたちと

Photo courtesy of Michel Rubini

うだった。ジェフも僕もとにかく怖くてたまらなかったから、民間機に乗ろうって彼らに直訴したのさ」。ついにはその要望が受け入れられたとのことだ。

ジェフのいとこのマークがシールズ&クロフツでのジェフのパフォーマンスを初めて見たのは1975年5月、ハートフォード・シヴィック・センターのステージだった。コンサート後、ジェフの親戚たちがバックステージを訪れる。

「僕らみんな、すごく誇らしい気分だったよ」とマークは言う。「コネチカットにいる親類全員が集まってね、おば2人におじ2人、僕の弟に妹、いとこたち。親族全員揃っていた。イタリアン・ファミリー勢揃いさ。最高だったな」

オフステージでもジェフと一緒に過ごすのはとても楽しかったと、シールズもクロフツも口を揃える。

「よく一緒に釣りに行ったな」とシールズ。「コロラド州ディロンで山登りもした。食事もいつも全員一緒だったし、いろいろすごく楽しい時間を過ごしたよ」

釣りについてペイチに訊いてみると、彼は笑いながら、釣りにまつわる話を1つ教えてくれた。彼は参加せず、ジミー・シールズとジェフだけで行ったはずだという。釣果があったのかどうかは忘れたが、ジェフが持ち帰った土産話は覚えているとのこと。ジミーが川に落ち、いつも欠かさずかぶっていた帽子が流されてしまったのだ。するとジミーは、それを追いかけて行ったのである。

ツアーから戻ると、ジェフはシールズ&クロフツと『アンボーン・チャイルド』のレコーディングを行った。しかしちょうど同じ頃、夢見ていた仕事が実現の兆しを見せ始め、ポーカロはシールズ&クロフツを離れることになる。ジミーとダッシュはひどく落胆した。

「彼ほど素晴らしいドラマーはいない。代わりなんていないんだよ。それから僕らは何人もドラマーを変えることになった」とシールズは言う。「アコースティックとエレクトリックを組み合わせたプレイが、決まってうまくいかないんだ。ジェフの後で、ハル・ブレインやジム・ゴードンといった素晴らしいドラマーたちとも組んだけど、硬いサウンドになってしまうんだよ。曲によってはそれでも問題ないんだけど、彼らには感覚が掴みにくい曲もあってね。だがジェフなら、どの曲でも必ず正確に、どうプレイすべきかわかったんだよ」

ベーシストのボブ・グラウブ[*20]も、ジェフは常にどうプレイすべきかわかっていたと頷く。1973年頃、人気ライヴ番組『In Concert』で初めてジェフに会ったときのことは絶対に忘れないと彼は言う。ジェフはシールズ&クロフツと組み、グラウブはマーク・アーモンドのバンドでプレイしていた。

「僕らのステージが終わるとすぐにジェフがやって来てね。自己紹介するなり、大声で言うんだよ。『すごいよ、あれこそベースのサウンドだ！　どうやったらあんな音が出せるんだ？』。もうベタ褒めでね」

この若いミュージシャン2人が、数え切れないほどのセッションで組むようになるのは、さほど遠いことではなかった。だが、このときの2人には、そんなことを知る由もなかった。

［＊20］70年代前半頃から活動するセッション・ベーシスト。ジェフとはウォーレン・ジヴォン『エキサイタブル・ボーイ』、リタ・クーリッジ『ハートブレイク・ラジオ』、ジミー・ウェッブ『エンジェル・ハート』、ドン・ヘンリー『アイ・キャント・スタンド・スティル』といった録音でリズム隊を組んでいる。

スティーリー・ダンという夢の舞台へ

スティーリー・ダンを聴いた瞬間から、ジェフはすっかり夢中になった。デヴィッド・ペイチが言ったように、ソニー&シェールのツアー中、彼とジェフはホテルの部屋でいつもこのバンドのテープを聴いていた。1973年の段階でスティーリー・ダンが出していたアルバムはまだ2枚だけだった――『キャント・バイ・ア・スリル（Can't Buy A Thrill）』と『エクスタシー（Countdown To Ecstasy）』である。

Porcaro's Dream Call

ペイチとジェフには暗黙の了解として決めていたことがあった。それぞれがその時々で関わっているプロジェクトに、互いに相手を参加させるということである。したがって、ジェフがその重要な電話――彼が当時、最もヒップで、最も素晴らしい曲を作るバンドとみなしていた、そのスティーリー・ダンと組まないかという誘い――を受けたとき、当然ながら彼はペイチとデヴィッド・ハンゲイトを伴って、チャッツワースのロブス・ランチ・スタジオに向かった。その晩、そこではゲ[*21]イリー・カッツが〈ナイト・バイ・ナイト（夜ごと歩きまわるのさ）〉のプロデュースを行っていた。

ポーカロを見つけ出したのはスティーリー・ダンのギタリスト、デ[*22]ニー・ダイアスで、彼は友人の勧めを受け、サンフェルナンド・ヴァレーのクラブ、ダンテスに出かけた。ダイアスの記憶では、その日はフュージョン・ジャズ・ナイトだった。

そして彼は一発でノックアウトされたという。

「それまで聴いた中でも最高のドラマーの1人だと思ったね」とダイアスは思い返す。「プレイがソリッドだった。彼がバンドのサウンドを最高のものにしていた」

ダイアスは自己紹介して電話番号を教え、その年のうちにジェフをスティーリー・ダンのバンド・メンバーに推薦する。ペイチとジェフが一緒に始めようと相談していたバンドは、始める前から消えてしまった。

「ジェフがいなければTOTOは存在しなかった」とペイチは言う。「ジェフがスティーリー・ダンに入ってしまったら、こっちに勝ち目はないだろ？ ジェフの方じゃ、『バンド始める？ 無理だよ、スティーリー・ダンに入ったばかりなんだ。またそのうちね』みたいな感じだった。だから僕らは、ぶらぶらしながら待つしかなかったんだよ」


ペイチはエンジニアのトム・ノックスと組んでソロ作『That's The Way I Am』のレコーディングに入り、そしてみながそれぞれの道に進んでいった。ポーカロも、この頃スティーリー・ダンに参加して録った曲を、彼がプレイし、レコーディングした中でも最も誇りに思うトラックだと常に明言していた。

プロデューサーのゲイリー・カッツは、チャッツワース・ランチ・スタジオで初めてジェフに会ったときのことを覚えている。現在ではチェロキー・ランチとして知られるこのスタジオは、兄

[＊21] スティーリー・ダンとの仕事で知られる名プロデューサー。1作目から節目となる80年作『ガウチョ』までプロデュースし、ドナルド・フェイゲンのソロ1作目『ナイトフライ』も手掛ける。

[＊22] スティーリー・ダンのオリジナル・ギタリスト。3作目『プレッツェル・ロジック』までメンバーとして参加し、一度バンドが分解したものの、セッション・プレイヤーとして『うそつきケイティ』から『彩（エイジャ）』までレコーディングに参加。デヴィッド・ガーフィールド主導によるジェフ・ポーカロのトリビュート盤『トリビュート・トゥ・ジェフ（Tribute To Jeff）』でも〈バグス・グルーヴ〉でギターを弾く。

弟バンドのザ・ロブスが設立し、経営していたが、その敷地でのスタジオ経営を違法とされ、立ち退き通告を受けた。そこでロブ兄弟は、74年、ハリウッドにチェロキー・スタジオをオープンする。チェロキーの前身であるサンフェルナンド・ヴァレーのスタジオは、エンジニアのロジャー・ニコルスが設計に関わり、またスタジオを試しにくるアーティストが増えていったのも彼の力によるところが大きかった。『プレッツェル・ロジック』の〈ナイト・バイ・ナイト〉のトラックも、１９７３年12月の夜に、ここでレコーディングされている。ジェフを呼ぶまで、どうしてもこの曲がうまくハマらずにいたとカッツは振り返る。原因はドラム・トラックが安定しないことだった。

「ギタリスト2人の片方、デニー（・ダイアス）に、『これをプレイできる人間を知ってる』と言われてね」とカッツは思い返す。「で、真夜中か11時頃か、ジェフリーとデヴィッド・ペイチがやってきた。スタジオはオークの木を囲む形で建てられていて、まさにど真ん中にそのオークの大木がにょきっと伸びてたんだ。しかも入口のドアの上から締め縄がぶら下がっててね。当時スタジオのオーナーだったロブスが吊るしたものだった。デニーが僕をジェフリーとデヴィッドに紹介して、入ってきたジェフリーは上を見てその締め縄に気づいてさ、『これはきついな』って」。カッツは笑って振り返る。

ダイアスは、カッツとポーカロがその晩遅く電話で交わしたやりとりを教えてくれた。ペイチとハンゲイトも連れていきたいと言われてカッツがためらうと、ポーカロは「今夜トラックが完成しなかったら、僕をチャッツワースで縛り首の刑にしてもいい」と言ったという。

「彼はスタジオがもともと牧場の納屋だったのを知らなくて、入口に縛り首の紐みたいなのがぶら下がってるのも知らなかったんだよ」とダイアス。

「だから入ってきてそれを見て、『おい、僕が言ったのは冗談だよ』ってなったのさ」

ポーカロは、あの晩クラブに彼のプレイを見にきたのは、スティーリー・ダンの創設メンバーでありコア・ミュージシャンであるウォルター・ベッカーとドナルド・フェイゲン[*23]だったとたびたび言っていたが、2020年にフェイゲンに電話で確認したところ、デニー・ダイアスの話の通りだとのことだった。それでもポーカロは、いつも興奮して私に言ったものだ。「まさしく、いいときにいい場所にいたってことだよ！」

フェイゲンは、彼もベッカーも会ったことがない若手ドラマーだろうとまったく気にかけず、すぐダイアスの提案に乗ったという。「いつだって必死で探してたからね。むしろいろんな人間を試してみたかった」。さらにフェイゲンは、ジェフがソニー&シェールの番組に出ていたとダイアスから聞き、あの番組のバンドが素晴らしかったのを彼もベッカーも思い出したという。「彼とはすぐに意気投合した」とフェイゲン。「すごく楽しい奴だし、才能もあったしね」

〈ナイト・バイ・ナイト〉のレコーディングは素晴らしい出来だったとカッツは言う。ペイチとポーカロはトラックを完成させ、ポーカロはカッツの〝かわいい弟〟になった。それから間もなくカッツはジェフにニックネームをつける。自分の好きな相手には必ずやっていたことで、韻を踏ませるでもなく、由来があるわけでもなく、ただ思いつきでつけるのである。その結果、スティーリー・ダンの仲間うちでは、ジェフは永遠に〝パコ（Paco）〟

[＊23] スティーリー・ダンの中心人物であり、盟友ウォルター・ベッカーが2017年に亡くなった後もバンドを継続し、精力的に活動。ソロ初作『ナイトフライ』ではジェフも大いに活躍している

と呼ばれるようになった。
『プレッツェル・ロジック』では、ポーカロは他にも〈パーカーズ・バンド〉にジム・ゴードンとのダブル・ドラムという形で参加している。ゴードンは、デラニー&ボニー、デレク&ザ・ドミノス、ジョージ・ハリスン、ビーチ・ボーイズ、ジョー・コッカーのマッド・ドッグス&イングリッシュメンの他、数多くのアーティストと組んできたことで知られ、ポーカロにとって大事なヒーローの1人だった。フェイゲンによれば、彼とベッカーがダブル・ドラムを試そうと思ったのは、2人をツアーに連れていくことを考えていたからだという。フェイゲンもベッカーもフランク・ザッパのファンだったが、ザッパはマザーズ・オブ・インヴェンションでダブル・ドラムというコンセプトを真っ先に試した1人でもあった。フェイゲンはジェフとゴードンのライヴ・パフォーマンスを、〝蒸気機関車〟の勢いと表現している。

ダイアスは、あのトラックがあれだけソリッドになったのはポーカロの力だったと考えている。「ゴードンとはスタイルが違うんだ。もちろん彼も素晴らしいんだよ。でもジェフリーの持つ安定感は、ゴードンにはないものだ」。ダイアスはきっぱりと言う。「ジェフリーがグルーヴを作っていた。それは紛れもない事実だよ。ジム・ゴードンはタイミングとかそういう面でもっと柔軟だった。ジェフリーみたいなソリッドなバック・ビートではなかった」

ジム・ゴードンというとカッツが思い出すのは、ハスビー・ストリートのジェフの家に行き、裏のスタジオで曲に手を加えていた日のことだ。ポーカロとカッツが庭に出て煙草を吸いながら一服していると、ジム・ケルトナーの車が入ってきた。「ジムが芝生を歩いてきて、ジム(・ゴードン)が何をやったか教えてくれた」。カッツは続ける。「『おい、聞いてくれ。ジミーが母親を殺した』と。

ジェフリーと僕はマジマジと彼を見て、『なんだって!?』と言った。『本当なんだ。金槌を持って母親の家に行って、母親がドアを開けたとたん、額に見事なバック・ビート食らわせたのさ』。今でもジェフリーの隣であの言葉を聞いたときの自分を思い出せる。ジェフリー、ケルトナー、ゴードンは、ひとつながりの存在だったんだ。それからケルトナーは車に戻り、ジェフリーと僕は茫然と顔を見合わせていた」

ダイアスはジェフといい友達になったという。「僕が彼の家に行ったり、彼が僕の家に来たり、しょっちゅう一緒に遊んでたよ。いつもポーカーをやるんだ。彼はそんなにカードが得意じゃないんだけど、やるのは大好きでね」。ジェフの口利きのおかげで、ポーカー・テーブルを安く手に入れることができたとダイアスは振り返る。「ちょうど彼が家の内装を頼んでいたときで、内装業者から家具を割引で買えたんだ。そこで僕は彼に頼んでポーカー・テーブルを買ってもらった。何年も使ってたよ――裏返すと食卓として使えるようになっててね。テーブルが届いたその週に彼がビールをこぼしてさ、シミがついたままなんだ。落とす気になれなくて」

『プレッツェル・ロジック』リリース後、スティーリー・ダンはツアーに出る。ジェフも声をかけられて参加し、彼らはアメリカとヨーロッパをそれぞれ数ヶ所回った。

「ヨーロッパ・ツアーではドラマーを2人使った。ジェフリーと、もう1人はジミー・ホッダー。ジェフリーは生き生きしてたね。ジミーのためにも良かったよ。彼も素晴らしいドラマーだった。2人とも一緒にプレイするのを楽しんでいたけど、ジミーはついていくのに相当苦労してたな」とカッツは言う。

カッツの頭に特に刻まれた思い出がある。「ロンドンに行ったときは、バンドが泊まったホテルと、僕らが泊まったホテルは別でね。僕とウォルターとドナルド、サウンド・エンジニアのディンキー・ドーソンが同じホテルだった。午前1時か2時くらいに、僕らは全員ひと部屋に集まって、明かりもつけず、若い頃にはみんなやるようなことをやってたわけさ。するとノックの音がした。ドアを開けたらジェフリーがスーツケース持って立っててね。『女はどこにいるんだ?』と言うんだ。それで僕らは、『わかったよ、おまえもこっちに泊まれ』と言ったんだ」

フェイゲンが覚えているのは、もっとおとなしいジェフである。もちろんヨーロッパ公演はツアー後半だったし、ジェフの緊張もほぐれてきていただろう。フェイゲンは、ジェフとはユーモアが通じたし、ツアー中も楽しく過ごせたが、初めのうち、ジェフは彼らにいい印象を与えようとしていたのかもしれないという。実際、みんなが彼に好印象を持った。「あれからジェフはパーティー好きになっていったのかもしれないけど、僕らと組んでいた頃はまだそういうことにさほど興味を持っていなかったよ。すごく誠実で真面目だった。ウォルターと僕はさ、ツアーに出ると、だいたいにおいて嫌な人間になってしまうんだよな。当時のマネージャーと僕らの関係を目にして、ジェフはギョッとしたかもしれない。僕らはそのマネージャーを辞めさせようとしてたんだよね。そいつのことを散々からかってたから、ジェフは変に思っただろう」。フェイゲンは自分たちが少し残酷だったかもしれないと認める。「だけど彼も、僕らが不当な扱いを受けて、利用されてたことはわかってたんだ」

ツアー後、彼らは『うそつきケイティ(Katy Lied)』のレコーディングに入った。今作でジェフは〈エニ・ワールド(Any World〔That I'm Welcome To〕)〉以外の全曲に参加している。この曲でハル・ブレインを起用することにした理由について、フェイゲンはこう話す。「彼は伝説のドラマーだし、その頃、僕らがロサンゼルスにいたこともある。確かこれが（録音した順番の）最後のトラックだったと思うんだ。それで『ハル・ブレインならどんなサウンドになるかな？』と考えてね。これはこれですごく面白かったよ」。だがポーカロを使ったのは、彼のスタイルが好きだったからだという。「他のドラマーとは違うんだ。普通、誰か1人選ぶのは難しいんだけども、彼には彼の編み出したグルーヴがある。すごく活気に満ちたグルーヴだ。それで彼を使おうと思ったんだよ」

『うそつきケイティ』のスタジオ作業や、ミュージシャンらに曲を提示するやり方に関して、フェイゲンは次のように説明する。「たいていはウォルターと僕でデモ用のカセットを作っていた。ピアノとベースに僕のリード・ヴォーカルを入れてね。それをプレイヤーたちに聴かせて、さらに僕はリード・シートも書くようにしていた。ピアノのパートとベースのパートは入れることがあったけど、ドラム・パートを書くことはまずなかったね。どの曲でもジェフがグルーヴを引き出してくれたから。話し合う必要もそんなになかったな。そのままで文句なしの音だった」。フェイゲンはさらに曲のディテールについても説明を加える。例えば〈バッド・スニーカーズ〉でのハーフ・タイム・セクションについては、「ウォルターのアイディアだったんじゃないかな。彼がソロを乗せることになっていたから」。〈ドクター・ウー〉の場合は、曲の構成はフェイゲンとベッカーが考えたもので、それをジェフに聴かせた。「歌詞を聴いた後、あのトラックはたぶん3テイクか4テイクで決まったね」

『うそつきケイティ』の中で、ジェフと私が話題にした曲が〈ユア・ゴールド・ティースII〉だった。複雑な曲だからだ。「〈ユア・ゴールド・ティース

Ⅱ〉は拍子が6／8、3／8、9／8で書かれていた。僕らがもらった譜面で、そういうフレーズになっていたんだよ。ベース・トラックのセッションは、チャック・レイニーと僕とマイケル・オマーティアンでやった。ある晩、まず1回通してやってみてね。全員が『うわ、こりゃすごいぞ』と思った。特に僕はそのときまだ21歳で、ビバップ・プレイヤーとしてはそんなに経験豊富じゃなかったし――今もそう思ってるけどね。〈ユア・ゴールド・ティースⅡ〉を聴いたとき、緊張してるこの小さな体に最初に起きた反応を覚えてるよ。こういう人たちとプレイしてる自分。でも『僕はここにいるべき人間じゃない、僕がここにいるのは間違いだ』と、まずそれが浮かんだんだ。どういうタイプの曲で、どういうプレイヤーたちなのか、それがよくわかってるだけに、身につまされた。当時の彼らはそれほど大勢のドラマーに目を向けてはいなかったけど、ゴードンのことは知ってたから、これは僕がやるよりジムに頼む方がいいと思った。彼の方が経験を積んでるし、タイム感もいいはずだと。僕は物凄くナーヴァスになってたんだよ。だけど幸い、リズム・セクション全員がひどく苦労することになったんだ。これが初見のときだね」

ポーカロはこれを「ビッグ・バンドだけど、ビッグ・バンドじゃない」曲という。彼は当時フェイゲンの家の近所に住んでいて、2人で会うときにはよくチャールズ・ミンガスを聴いていたと振り返る。「ミンガスのアルバムで、ダニー・リッチモンドが叩いているやつを何枚かもらった。ほとんど6／8か3／8の曲で、どれも〝ディン・ディンガ・ディン、ディンガ・ディン〟ってすごく速い。『スタジオに入る前、2日間はこれを聴いておくように』と言われた」。ポーカロはリッチモンドをコピーし、さらに父のプレイで聴き覚えたことを加えて、〈ユア・ゴールド・ティース II 〉を乗り切ることができたという。
「あの曲のリズムにはミンガスのヴァイブが入っていた」とジェフは回想する。「結局みんな、あの曲にはひどく手こずることになったもんだから、他の曲を先にレコーディングして、毎晩スタジオを出る前に〈ユア・ゴールド・ティース II 〉を1回プレイするようになっていた。4週間のレコーディング期間中、5日目か7日目までに、あのトラックが録れたと思う」

ポーカロは完璧なプロで、仕事には常に早く来ていたとカッツは言う。だからこそ、ある日ポーカロがABCスタジオでの昼のセッションになかなか現れなかったときには、ひどく心配になった。「仕事に遅れたことがないどころか、いつだって2時間早く来てたんだよ」とゲイリー・カッツはその日を振り返る。「僕は待って待って待ち続けてさ。その頃は携帯電話なんかない時代だからね、連絡のつけようがなかった。前の晩にシェールのところでパーティーで、午前2時にバレーボールをやって親指の骨を折ったなんて、わかるはずないだろ。その日は〈ブラック・フライデー〉をやることになってたんだ。ドナルドが怖い目で彼を睨んで、僕らも、1時間も遅れてくるなんて、と嫌味を言って、それからプレイに入った」。カッツは続ける。「〈ブラック・フライデー〉はシンプルなシャッフルで、いつも彼はプレイできないって言うんだよ。30分くらいやってたな。アイソレーション・ブースで、全面ガラス張りだから、こちらから中を覗くことができた。彼はスティックを壁に投げつけて、『ちきしょう！（バーナード・）パーディにやらせろよ。彼ならシャッフルができるだろ』と言い捨てると、出て行ってしまった。だけどドナルドは『心配するな。ブロック1周したら帰ってくるよ』という。その通りだった。ブロックをぐるっと回って、20分くらいしたら戻ってきてね、ギブスをした手で〈ブラック・フライデー〉をプレイしたよ」

　これに続くスティーリー・ダンのアルバム2枚、『幻想の摩天楼（The Royal Scam）』と『彩（エイジャ）（Aja）』に、ポーカロは参加していない。「特別な理由はない」とカッツは断言する。あるミュージシャンを使わない理由はないのだと彼は言う。誰かを使う理由があるだけだ、と。だがジェフにすれば、『幻想の摩天楼』で声をかけられなかったことはショックだったらしい。スティーリー・ダンのウォルター・ベッカーから電話があり、新作のアイディアを練り始めたのでポーカロのドラムを貸してもらえないかと言われたときにはすごくワクワクしたと、彼は1992年、『モダン・ドラマー』誌のリック・マッティングリーに話している。自分もそのプロジェクトに参加するものと思ったのだ。ところがその数週間後、彼らが既にスタジオ入りし、ドラマーにはバーナード・パーディが入っていると友人から聞かされた。ポーカロが傷ついていたのは確かだが、それでも彼は『幻想の摩天楼』でのパーディのプレイから多くを学ぶことになったと認めている。

　実のところ、この頃ジェフは（ボズ・スキャッグスの）『シルク・ディグリーズ』に時間を取られていたし、TOTOの話も進めていたのだが、それについては後ほど語ることにしよう。ジェフはこの2枚に続く『ガウチョ（Gaucho）』ではタイトル・トラックでプレイしている。彼はこの曲でコラボレートできたことをとりわけ誇りに感じていたとカッツは振り返る。

「ニューヨークで、レイニーとポール・グリフィスも一緒に、A&RスタジオのA1スタジオで〈ガウチョ〉のレコーディングをやっていた。2時間くらいプレイしてたね。それがさ、ドナルドには悪い癖があるんだ。それでいつも僕は発狂しかねない思いをさせられてたんだけど」とカッツは告白する。「ある程度の時間をかけてもトラックが完成しないと、彼はすぐに『こんな曲クソだ。どこか間違ってるんだ。最高のミュージシャンを揃えてるのに、彼らがプレイできないのなら、曲が悪いに決まってる』と言い出す。大概それが僕のイライラの元になるんだ。おかげで何年かの間に8曲か9曲くらいはふいにしただろう。〈ガウチョ〉は（今作で）僕のお気に入りの3曲に入る。本当に大好きな曲だよ。だけどあのときは、2、3時間やった挙句にドナルドがウォルターを見て、『こんな曲クソだ。どこかおかしいんだ。もう帰ろうぜ』と言い出した。僕は慌てて、『冗談じゃない、今夜それはないだろ。この曲を捨てるわけにいかないよ』と。すると彼は『そうかい。ウォルターと俺は帰る。できたら呼んでくれ』と言って、ウォルターと2人で帰ってしまった。既に真夜中くらいになっていただろう。僕らは一晩中かかって、朝5時まで、2小節ずつコツコツと進めていった。僕が譜面を持って、彼らがプレイする。1小節ずつ僕がチェックして、『この小節は問題ない。ここもいい、ここもいい』と。そうやってみんなにまたプレイしてもらって、これでできたと僕が納得できるまで、延々4時間か5時間くらい続けてたよ。僕は小節ごとにトラック・ナンバーを入れていた。47ヶ所くらい編集したと思う。テープに録って、そしてロジャー・ニコルスという、史上最高、世界一のエンジニアが、このときウェンデル（最初期のドラム・サンプラー）を生み出したんだよ。エリオット・シャイナーがレコーディングしていて、編集が必要な部分に来ると、外にいるロジャーを大声で呼ぶ。するとロジャーが入ってきて、13秒分編集し、また出ていく。そういうテープ・エディットがすべて終わったのが朝の5時。それでフェイゲンに電話をして呼び戻すと、彼が帰ってきて、『よくやった』と言って、また帰って行った。まあ最終的には、ということではあるけど、ジェフリーは何よりもこの曲を誇らしく思ってたよ。それも当然だろ」

プレッシャーは半端ではなかったが、それも楽しめたとジェフは言っていた。「ああいう人たちとのああいうプレッシャーなら最高だよ。だって超一流の音楽なんだ。僕に言わせれば過去に存在した中の頂点だよ。何があろうと、とにかくああいう音楽が聴けたら最高じゃないか」。ジェフは宣言するように言った。「ああいう完璧主義に耐えられない人もいる。だけど、つまらないものに何時間も費やせと言われるほど、馬鹿げた要求はないんだよ。いいいいい、それこそ本当に馬鹿げてる。どんどん変な方に進んでて、誰もがそれをわかってるのに、それでもそのまま続けさせる奴がいてさ。何時間もだらだらやってたら、成果なんか出てこないよ。3時間で6曲レコーディングして、しかも完璧に仕上げなきゃいけないときもあれば、1曲だけやればいいのに1日中それにかかりきりで、みんなで騒いでるだけってこともある。そのときそこにどんなアーティストが集まっているか、それ次第だ。でも最終的に一番重要なのは、終わったときに自分がベストを尽くしたと確信できること。全曲通して、自分のプレイにイラつかずにいられるアルバムなんて僕にはない。必ずどこかでひっかかる。テンポ、タイム感が不満だったり——どこかでイラつく。イラつくものは仕方ない。正直言って、スティーリー・ダンで僕が参加した曲は、完璧さという点では一番ハードルが高かったし、僕自身では一番気に入ってるパフォーマンスなんだ」

〈ガウチョ〉での経験については、ジェフの記憶はカッツよりも少し辛辣になる。スティーリー・ダンのレコーディング・スケジュールは、だいたいいつも午後2時にセッションが始まり、6時までリハーサルを行い、食事休憩を挟んで7時からレコーディングに入るというものだったそうだ。

「この曲ではリハーサルをかなりみっちりやって

るから、自然発生的な部分がいくらか抜けてしまってるんじゃないかな。彼らは完璧なテンポを要求する。プレイしている間はグルーヴがあるかもしれないけど、どこか1つ小さな部分が欠けてると、そこでストップをかけられて、全員の前で非難されるんだ」。〈ガウチョ〉ではミュージシャン全員をスタジオに集めて完璧に仕上げるのが目的だったが、それも結局は1日の最後にドラムをしっかり録るためだったという。「他のミュージシャンの大半がそんなことは知らない」。当時ポーカロはそう明かした。「僕は経験からわかるんだ。つまり彼らはバンド全員にありとあらゆるクソみたいな思いをさせて、完璧なプレイを確実に得ようとする。でもそれも結局、完璧なドラム・トラックを録るためなんだ。みんな額に玉の汗かきながら、きりきりしながら、ビクビクしながら必死でプレイしてる――自分たちのプレイしているものが永遠に使われないことなど知らずにね」

そしてポーカロが思い起こすのは、午前3時頃になってフェイゲンが口にしたことだ。「なあみんな、この曲をどういうサウンドにするべきか、全員わかってるか?」「僕らはみんなで顔を見合わせて、『わかってるさ!』と言う。すると彼はさ、ほんと皮肉っぽく言うんだよ。『良かった。君らはこの曲をどんなサウンドにすべきかわかっている。僕もどんなサウンドにしたいかわかっている。これですべて問題なしだ。終わりだ』。それで帰っちゃうんだよ。それで僕らはもうワン・トラック録って、それから全員スタジオに座ったまま、『どうすんだ?』と言い合う。みんなもう頭にきて、『知るもんかよ。とにかくこのトラックを録っちまおう』となるんだ。カッツは残ってたから、僕らはそのまま続けて、もう5テイクか6テイクやってね。そのうちのどれかがアルバムの最終ヴァージョンとして使われてる。ひどい話だろ。たいていの人間はそこで荷物をまとめて消えるよ。だけど僕らは、これをやらなきゃいけないって思いで続けた。そして完成させたんだ」

フェイゲンに〈ガウチョ〉の話題を向けると、彼はこう説明する。「いや、本当はこういうことなんだ。つまりそれまで何時間かやってたんだけど、あの曲は変わった小節が多いから難しいんだよ。変わったテンポが混じってるんだ。それでどうもうまくいかなくて、ウォルターも僕も疲れてきたから、『もういい。また明日やろう』と言った。それで僕らは帰ったんだけど、ゲイリーの話ではジェフがすごくのめり込んでて、そのまま頑張って続けたいと望んだそうなんだ。僕が聞いたところでは、ちょっとずつ分割してやっていったらしい。僕はその場に居合わせなかったけども、相当面倒で手の込んだ作業だったみたいだな」。相当な苦行だったことだろうと私が言うと、フェイゲンはこう返した。「確かに僕らはときどきみんなに何テイクもやらせたけど、あのときは無理にやらせたわけじゃない。あれは彼が自分から望んでやったことだよ」

フェイゲンにとって、彼の作品でポーカロがプレイした中でも典型的なトラックは、1982年にリリースしたソロ・アルバム『ナイトフライ（The Nightfly）』収録の〈グリーン・フラワー・ストリート〉だという。「かなりテンポの速い曲だけど、グルーヴが最高だ。あの曲の彼が僕はすごく気に入っていた」。さらにフェイゲンは、ポーカロが他のアーティストと組んだ作品の中では、ボズ・スキャッグスの曲での彼が好きだという。「TOTOのドラム・トラックにしても、とにかく素晴らしいものばかりだ。バーナード・パーディが僕らの曲でやっていたプレイにインスパイアされたんだろうと思えるトラックもあるね」。彼が言うのはTOTOの〈ロザーナ〉と、スティーリー・ダンの[*24]〈バビロン・シスターズ〉でパーディが叩いたシャッフルのことだ。ジェフ自身はずっとシャッフルに苦手意識を持っていたことを指摘すると、「本人はシャッフルが好きじゃなかったかもしれないけど、実際にはうまかったよ」とフェイゲンは言う。一緒に作品を作った後も、ジェフとはずっと連絡を取り合っていたと彼は続けた。「僕はジェフが大好きだった。若い頃から知っていたから、いわば彼が成長していくのを見守ってる感じだった。一緒にいると本当に楽しかったしね」

カッツはしじゅうジェフと話をしていたので、彼の妻は、ジェフから電話がかかってくると最初のひと言を聞くだけでわかると言っていたという。「よっ（Yo）」というひと声が、ジェフの決まり文句だったそうだ。

「毎日のように話してた」とカッツは言い、「あのときまではさ……」と続けたが、そこから声が途切れた。「電話が鳴るのを待ってたんだ。あの『よっ』って声が聞けるのをずっと待ってたのに」

ジェフはカッツと何枚もレコードを作った。「ジェフリーは僕が手掛けたほとんどのレコードに参加してくれた」。ジェフはレコーディングでいつも明確にヴィジョンを掴んでくれたし、言葉に出さずとも彼とは気持ちが通じ合えたとカッツは振り返る。

「毎日スタジオに来て、素晴らしい仕事をしてくれたよ」とカッツは言う。「ひどくこき使われたって感じていたかもしれないけど、それでも最高のものにするための時間が彼は好きだったんだ。それに彼は聴き返すたびに、『ダメだな。これじ

［＊24］ジェフは自身の教則ビデオで、参考にしたのは『彩（エイジャ）』収録の〈安らぎの家〉と語っている。

ゃまだダメだ』って言うのさ。だから自分でも同じくらい自分をこき使ってたんだよ」

互いに敬愛し合う間柄だった。ジェフはカッツを高く評価していたし、カッツもジェフと組んで仕事をするのが大好きだった。「ゲイリーはアーティストを本当によくわかってくれるプロデューサーなんだ」とジェフは言っていた。「アーティストのために働く。ミュージシャンを知ってるだけじゃなく、アーティストの音楽をすごくよく知っていて、彼自身がそのアーティストの音楽の大ファンなんだ。担当するアーティストをよくわかってるから、誰と組ませればセッションが一番やりやすいかもわかる。そうやって自分でリズム・セクションを選び、セッションに必要なホーン・セクションやシンガーを連れてくる。アーティストをよくわかってるし、レコーディングにはプロデューサーとしての自分の決まった型をしっかり持ってるけど、その型が1つじゃなくて、いろんなのがあるんだよ。そのアーティストにとって最適な型を当て嵌める。どういうやり方ならスムースに進むのか、その組み合わせがわかってるんだ。リズム・セクション全部を短時間で録ってしまう方がいいのか、とか、そういったことをすべてわかってる。そのうえ彼みたいなプロデューサーは天性の耳を持っているから、どのトラックをやってるときでも、目指すサウンドになってないとか、誰かのプレイがどこかでおかしくなってるとか、聴き分けられるんだ。そして居丈高な言い方を使わずに、そこに気づかせてくれるんだよね」

鳴りやまぬセッション・コール

The Phone Starts Ringing

スティーリー・ダンに参加した頃から、ジェフのもとに次々とセッションの依頼が舞い込むようになる。彼は１９７６年、77年と、ヘレン・レディのアルバム2枚に参加。[*25] 70年代後半にはバーブラ・ストライサンドのアルバム『スーパーマン（Streisand Superman）』『ソング バード（Song bird）』『ウェット（Wet）』でプレイした。ストライサンドとの仕事はきつかったそうだが、彼はそれ以外にも数え切れないほどのセッションに加わっていた。

「ああいう人と組むのは、まさに試練だ」とジェフは言っていた。「ストライサンドについて言うと、何にハマってようが、何をヒップだと思おうが、そんなのはみんなどうでもよくて、とにかくやり遂げること、その仕事をプロとして仕上げること、それが大きな挑戦だったんだ。僕はとにかくプロに徹することだけを考えた。こいつはダメだなんて思われたくないだろ。自分のいい部分をしっかり見せたいし、仕事をするなら、穴を掘るんでもなんでも、いい仕事をしたと認めてもらえるようにしたい。それが僕っていう人間なんだ。

［＊25］76年作『愛の調べ（Music, Music）』と77年作『愛の囁き（Ear Candy）』のこと。

音楽の面からいえば、セッションをこなせばこなすほど、いろんなプレイを学べる。ブラシの使いかたとか、ラテンやら、カントリーやら、そういういろんなものをプレイするコツもわかってくる。そういうものでも全部、グルーヴは出せるんだから」

そしてグルーヴが生まれる音楽なら、どんな類の曲もジェフリーを惹きつけた。父のジョーは、ジェフがテレビ番組挿入曲のレコーディングに呼ばれた日のエピソードを語る。確か番組は『鬼警部アイアンサイド』で、ジョーもパーカッショニストで加わっていた。インターバルのときに息子を振り返ると、ジェフは首を振り、口真似で「できない」と言ったという。

「ああいう仕事をやっていれば随分と金を稼げたかもしれないが、プレイするには物足りなかった。何小節かやったら終わりだろ。そういうのはジェフには向かないんだよ」とジョーは言う。

70年代中頃にジェフが参加したセッションには、必ずと言っていいほどギタリスト／ソングライター／プロデューサーのレイ・パーカー・Jr.[*26]が、ジェフのすぐ隣でギターを構えていた。2人はすぐに親しくなる。パーカーはジェフがマネージャー役を引き受けてくれたと笑う。

「彼ひとりで、僕にCBSの契約を取ってきちゃったんだよ。彼がCBSの目を僕に向けさせたんだ。結局、僕はアリスタと契約することになったけど、彼がCBSの契約を取りつけてくれたのは確かだ」

パーカーによれば、彼の〈ジャック・アンド・ジ

［＊26］セッション・ギタリスト／ソングライター／プロデューサーとしてソウル／R＆B系の作品を中心に活躍し、自身のグループであるレイディオ（Raydio）では４作のアルバムを発表。その４作目『ウーマン・ニーズ・ラヴ』は米R＆Bチャートで１位を記録。1984年の〈ゴーストバスターズ〉は同名映画の主題歌としてメガヒットとなった（ドラマーはカルロス・ヴェガ）。

ル〉を聴くなり、ジェフは何がなんでもこの曲を広めようと動き出し、2人が一緒に参加したセッションでは、「これを聴け」とその場の全員に強く勧めていたという。

「ジェフは自分でカセットを持ちこんで、誰のレコーディングだろうとお構いなしに、セッションを中断させてしまうんだ――ジョージ・ハリスンのセッションでもそれをやっちゃうんだよ。作業を止めさせて、全員に〈ジャック・アンド・ジル〉を聴かせる。まだTOTOのアルバムも出してない頃にだよ」。パーカーは回想する。「僕らはいつもセッションで一緒だったから、彼は毎回それをやるわけだ。どのセッションでも、何かにとりつかれたみたいに、嫌がられるんじゃないかってくらいに。今しかない、みたいな力の入れようで僕の曲を推しまくる。みんなジェフが書いた曲だと思っただろうな。売れれば彼に金が入るんだろうと。まったく、ビートルズのジョージ・ハリスンだよ？　嘘だろ？って。セッションの途中で彼に聴かせるんだぜ。『これを聴いてくれ。みんな絶対これを聴かなきゃだめだって』と」

ポーカロが正しかったことは明らかだ。パーカーのバンド、レイディオの出した〈ジャック・アンド・ジル〉は、やがて世界的ヒットとなり、ビルボード・トップ100で8位を獲得する。

パーカーは、ジェフといつ出会ってどのような経緯で親しくなったのか、はっきりとは覚えていないという。「向こうを見たらジャムをやってて、向こうがこっちを見たらこっちもジャムをやってる。それでもう、みんな友達なのさ。向こうのグループにいた女の子でも、電話番号を聞く必要はない。みんなもう仲間なんだからって感じだね」とパーカーは笑う。「彼があのとんでもないドラム・ビートで〈ロザーナ〉を鳴らしてたときを思い出すよ。あのビートをスネア・ドラムでどうプレイするのか、教えてもらったんだ。僕はあれ全

後列左からジェイ・グレイドン、デヴィッド・ハンゲイト、ジェフ、レイ・パーカーJr.、デヴィッド・フォスター。
前列はニール・セダカ（左）とダーラ・セダカ

Photo courtesy of the Sedaka family

部なんてプレイできなかったけど、実際に習ったんだよ。彼がそこに座って、プレイを見せてくれたんだ」

　2人[*27]はヴァレリー・カーター、ビル・チャンプリン、ボズ・スキャッグス、エアプレイ、デニース・ウィリアムス、レオ・セイヤーなど、数え切れないほどのアーティストのセッションで組み、さらにジェフリーはパーカー[*28]のアルバムにも参加した。

「素晴らしいミュージシャンは大勢いるし、譜面が読める人も多い。だけどジェフは必ずプロデューサーも誰も求めてなかったような、ちょっと違う何かを生み出してくるんだよ。グルーヴが掴めたってわかると、こっちを見て言うんだ。『これはいい感じになるぞ。これどう？　グルーヴしてるかな？』。いつだって素晴らしい音だった。彼は両手両足をフルに使って、考えられないようなプレイで、とんでもないビートを叩き出す。彼以外、誰にもあんなことはできなかった」

　私生活でも2人はいい友達だった。パーカーはよくジェフの家に遊びに行ったが、どんな話をしていたかはよく覚えていないという。

「あの頃のことだからね。女の子の話だったかもしれないな」とパーカーは笑う。

　この時期、ジェフはジャクソン・ブラウン[*29]のアルバム『プリテンダー（The Pretender）』のセッションにも参加している。今作は1975年末から76年初めにかけて、ジョン・ランドーのプロデュースでレコーディングされた。ブラウンは当時既に〈ドクター・マイ・アイズ〉や〈ロック・ミー・オン・ザ・ウォーター〉などのヒットを出していたが、それ以外にも多くの実績があり、素晴らしいソングライター／アーティストとしての評価を確立していた。ジェフはタイトル・トラックを含む4曲でレコーディングに参加する。ブラウンがボーカロと組んだのはこのときが初めてだった。

「でも前から彼のことは聞いていたんだよ。僕がまだレコードも作ってなかった頃から、話には聞いていたと思う」とブラウンは言う。「デビュー・アルバムを作った頃には、僕はもう（ドラマーの）ラス・カンケルと出会っていた。それでラスと組み始めたんだけど、初めてジェフの話が出たとき、

[＊27] ここで挙がったアーティストの作品で２人がこの時期に参加している作品は以下。ヴァレリー・カーター『ワイルド・チャイルド』、ビル・チャンプリン『独身貴族 (Single)』、ボズ・スキャッグス『ダウン・トゥー・ゼン・レフト』、エアプレイ『ロマンティック (Airplay)』、デニース・ウィリアムス『ラヴ・コーリン (When Love Comes Calling)』、レオ・セイヤー『恋の魔法使い』『サンダー・イン・マイ・ハート…心の叫び… (Thunder In My Heart)』『面影は波にゆれて』など。

[＊28] ジェフがレイ・パーカー・Jr.のリーダー作に参加したのはこの少し後の87年作『アフター・ダーク』でのこと。

[＊29] ドイツ生まれ、アメリカ育ちのシンガー・ソングライター。アメリカ西海岸を活動の拠点として、60年代からニコやイーグルスなどに楽曲を提供。72年にソロ・デビューを飾る。ソロ作ではラス・カンケルやジム・ケルトナーといった腕利きドラマーを起用する中、４作目『プリテンダー』でB面すべてをジェフが担当。

『彼とやるべきだ、彼とプレイしてみろ……』みたいに言われてね。でもその頃の僕は、まだドラマーと組んだこともなかったんだ。僕にそう勧めてきた人もドラマーで、彼とは誰かの家でプレイしたことがあった。エレキ・ギターとドラムで組んだんだけど、僕にはまるっきりわけがわからなくてね。リッチー・ヘイワードとやったときも同じで、僕の家に集まってドラムとギターと組んでやったんだけど、『こういうのってどうやればいいものなのかわからない』と思った。ジェフがアコースティック畑の人間と組んで評判が良かったとかいうわけでもなかったし。ラスの方はそういう面で評価が高かったけどね。それも当然で、彼はドラマーと組むのに慣れてないミュージシャンともプレイできたし、アコースティック・ミュージシャンにも納得のいくリズムやトラックを作り出せたから」

だがジャクソンがミュージシャンとして成長するにつれてドラマーに対する理解も深まり、そしてついに、この重要なアルバムでジェフを起用するに至った。セッションでは、スタジオに集まったミュージシャンたちにピアノで〈プリテンダー〉を弾いて聴かせたはずだとブラウンは言う。「クレイグ・ダーギーがピアノ担当で、あっという間にあんな素晴らしいインヴァージョンと、あのゴスペル調のコードを加えてくれた」とブラウンは振り返る。「フレッド・タケットと組んだのもあのときが初めてで、当時は――いや当時は特に、ということだね、おそらく今でも同じだろう――スタジオに呼んだ人たちが、それまで自分の聴いたことがないものを何かしら持ち込んでくれると期待していた。一方で、外からのものは一切持ち込まずに空っぽにしておき、自分だけでプレイするときのようにプレイする、というやり方もある。僕はそっちのやり方もするよ。今はますます、自分で腰を据えてプレイできなきゃ曲じゃないみたいな、それが自明の理のように言われるようになってる。だけど僕のレコーディングでは、それができないことがしょっちゅうだったんだよ。僕はどうプレイするべきか後から覚えなきゃならなかった。でも僕らはスタジオでいろんなものを作り上げたんだよね。あの曲ではジェフのハイハット・パートが効いてる。彼があのリズムを見つけてくれたんだ。大きく広がっていけるし、他のみんなが入ってきても感じ取れるリズムだね」。ブラウンはポーカロが生み出したリズムを思い返して語る。

この曲のドラマティックなストップ&スタートについて尋ねると、彼は笑う。「ああ、ああいうふうに書いたんだけど、僕がプレイしたときにはまだ入れてなかったかもしれない。確かにドラマティックだね」。彼はその部分をハミングする。「あの曲そのものがドラマティックだよ。それにジェフがあの曲にある種の気品と安定、確信を与えてくれた」

ポーカロのクリエイティヴィティは飛び抜けていて、それがこの曲を作っていく上でとても助けになったとブラウンは言う。歌詞の〝Caught between the longing for love and the struggle for the legal tender〟という部分は、最初に彼が書いたときにはもっと短かったそうだ。ところがジェフのプレイがあまりに刺激的で、続けていくうちにタムを使ったリズムのパートが2倍の長さになり、ダーギーもそれに本能的に合わせて、曲全体の形が変わっていった。ジャクソン・ブラウンは話を続ける。

「ジェフのせいで2行増えたんだよ。そのリズム・パートを聴いて、ジョン・ランドーが『最高じゃないか？』と。それで僕は、『そうだね。ただこうなると歌詞が足りなくなる』と言ったんだよ。すると彼が『君はライターじゃないか。何か書けるだろ。もうちょっと書いてくれ』と言うのさ。

彼にしてみれば、それで歌詞全体がおかしくなるかどうかなんて疑問も湧かなかったんだ」

ブラウンはGoogleで歌詞を見ながら、〝and the church bells ring〟を加えたのはジェフのプレイの影響だったと思うと振り返る。

「火花みたいに弾けるものがあったんだよね。何か起こそうっていう思いがあのドラムに隠れていた。曲を書く人間にしてみたら、特にあの曲ではすごく言葉が多いだろ――彼は僕のために最高の仕事をしてくれたし、それにあの曲で彼が『何かやろう』と言ってくれたおかげで、他のすべてについてもまだ膨らませることができるって期待が出てきた。だからああしてどんどん大きくなっていったんだ」

何年も後、ブラウンはサンタバーバラで偶然ジェフに会ったという。そのときにこのセッションの話になり、ジェフはこの曲の最終的な形をとても気に入っていると言っていたそうだ。「彼はいわばジョーカーみたいな最強のカードなんだよ。みんなを引っ張り出して、そのまま引っ張っていく。みんなを励まして、頑張って続けさせる。彼には何ていうか、いろんなことの隠された意味をわかってるような感じがあった。いろんな状況で、いろんな会話で、横から面白がって見ているような感じ。だからって、よそよそしいのとは違うんだ。見下されているような気分にさせられるわけじゃないんだけれども、何か特別なことを知ってる人みたいに思える。彼の言うことは完全に……」。うまく言葉が見つからず、ジャクソンは声を途切らせる。「一度彼がずっとわめき続けていたことがあってね。何を言ってるんだか誰にもわからなかった。まあ全員ハイになってたからだけど」。彼は正直に言う。「そのうち彼はコインをひと掴み取り出して、じっとそれを見て言ったんだ。『だからさ、何なんだ？　僕らはみんな魚か？』。それからそのコインを食べようとした」

その光景を思い浮かべ、ジャクソンは笑い出した。私も一緒になって笑った。「なあ、笑えるだろ。いや、ほんとに飲み込んだわけじゃないよ。食べる真似をしただけだ。まるでコインをかじってるみたいに――『僕らはみんな魚か？』って」。ジャクソンはまた笑う。「何のことだか」

〈プリテンダー〉を聴くとジェフのドラムが聴こえるかと尋ねると、「もちろん」と彼は答える。だがそれにも増して、ジェフのようなドラマーが加わっているからこそ、完全な曲として響いてくるという。「あれだけのドラマーがあの曲をプレイしてくれたんだ。僕に聴こえてくるのは、欠けたもののない曲だよ。ドラマーが彼だったから、あの曲が生まれたんだ。彼は誰にも負けないくらい、きらびやかなプレイもできたけど、他のドラマーだったらあんな素晴らしい曲にはならなかったかもしれない。そうだよ、彼のおかげであああいうものになったんだ。だから僕は彼にすごく恩を感じるし、深いつながりも感じている」。ジャクソンはジェフの葬儀にも参列した。「大切な人を失った。みんな同じ思いだったよ」。ジャクソンは一緒にツアーをしようとジェフに声をかけたこともあったそうだが、その頃ジェフは既にＴＯＴＯで活動していて、「今はバンドをやっているし、ツアーに出てないときもスタジオに入ってるんだ」と言ったという。

だが、そこに至るのはまだ先のこと……。

『シルク・ディグリーズ』制作からTOTOへ

The Next Degree - Such Silk

1976年、ジェフはジョー・ウィザートがプロデュースしたヘレン・レディのアルバム『愛の調べ(Music Music)』で、タイトル・トラックと〈歌は人生(Music Is My Life)〉の2曲のレコーディングに参加した。ここでウィザートがジェフをボズ・スキャッグス[*30]に引き合わせたことにより、新たな歴史が刻まれることになる。スキャッグスはアトランティック・レコーズ在籍中ほとんど注目されず、コロムビアに移籍後、アルバムを3枚リリースしたものの、やはりヒットには恵まれなかった。大きな転機となるジェフとの出会いが巡ってきたとき、彼は1975年にオールマン・ブラザーズを離れたばかりのギタリスト、レス・デューデックのアルバムをプロデュースしているところだった。ドラムはジェフに決まったが、オルガニストを探しているという。それを聞いたジェフは、いつもの決まりごとで、デヴィッド・ペイチを引き入れた。

「デューデックの曲の合間にジェフと僕でジャムってると、それを聴いていたボズ・スキャッグスが、『アルバム用の曲を一緒に作ってくれる奴を探してるんだ』とジェフに言ったんだよ。するとジェフが、『絶対にこいつがいいよ』と」。ペイチはジェフが彼を推薦してくれたことを思い返す。「『そのアルバムを僕らで作ろう。デヴィッド・ペイチを試してみてくれ』ってね。ちょうど僕は曲を作り始めた頃だった。〈ミス・サン〉[*31]も既に作っていて、ジェフには聴かせてたんだよね。それでボズが『よし、じゃあ一緒にやってみよう』と言ったんだ。ボズと僕はサンタ・イネスにある僕の父の農場に行って、そこで父のピアノ使って、彼と僕だけで『シルク・ディグリーズ』の大部分を作ってしまった。バターが溶けるように簡単に出来上がったよ。ソウル・ブラザーズって感じだったな」

「〈ロウダウン〉のリフは、それ以前に書いていた〈テイル・オブ・ア・マン〉という曲のエンディングで使ったやつだ」とペイチは続ける。「あれはスティーリー・ダンの〈最後の無法者（Don't Take Me Alive）〉に対する、僕なりのアンサー・ソングなんだよ。〈最後の無法者〉は、パティ・ハーストとSLA[*32]をテーマにしている。僕もああいうものを書きたくて、それで（チャールズ・）マンソン・ファミリーについて作ったのが〈テイル・オブ・ア・マン〉だった」

スキャッグスはデューデックのセッションの休憩中、ジェフとペイチが作りかけの曲をプレイしているときに、この曲の尻尾の部分を耳にしていた。

「あれにちょっとオープニングに向いてる感じの

[＊30] ブルー・アイド・ソウルを代表するシンガーの1人。ソロ・デビューしてしばらくセールスに恵まれなかったが、4作目『シルク・ディグリーズ』は全米2位の大ヒットなり、アルバムからのシングル〈ロウダウン〉〈ウィー・アー・オール・アローン〉もスマッシュ・ヒット。本作に対するジェフの貢献は本文にある通りで、以降『ダウン・トゥ・ゼン・レフト（Down To Then Left）』『ミドル・マン（Middle Man）』『アザー・ロード（Other Roads）』といった作品にも参加。スティーヴ・ジョーダンがプロデュースした2013年作『メンフィス（Memphis）』ではもともと持っていたルーツ志向が花開いた。

[＊31]〈ミス・サン〉はボズ・スキャッグスが80年にリリースしたベスト盤『ヒッツ！（ベスト・オブ・ボズ・スキャッグス）（HITS!）』に収録。シングル・カットもされ、ボズの代表曲の1つとなった。初期のTOTOのアルバムには採用されず、98年リリースのレア音源集『TOTO XX』に、スティーヴ・ルカサーがヴォーカルをとった77年のセッション録音が収録された。

[＊32] 女優のパティ・ハーストは左翼過激派のシンバイオニーズ解放軍（SLA）に誘拐されるが、その後、自ら銀行襲撃など犯罪活動に参加。

リフが入っていて、それが〈ロウダウン〉に入ってる。そのリフから始めて、メロディとコーラスの一部を僕が書いた。ボズは詩が得意だからね、歌詞はほとんど彼だよ。ヴァースのメロディもほとんど彼が書いた」とペイチが説明する。

『シルク・ディグリーズ』のレコーディングにはデヴィッド・ハンゲイトとルイ・シェルトンも参加した。フレッド・タケットが数曲でプレイしたこともペイチは記憶している。今作はペイチ、ハンゲイト、ポーカロ、シェルトンの生演奏でレコーディングされ、〈ロウダウン〉は2テイクで完成したそうだ。それも1回目が録音されていなかったというだけの理由だとペイチは言う。

「1回で決まったんだ。それで振り返って、『今の録ったよね?』と言ったら、『いや、回してなかった』と言うんだよ。それからはもう、『プレイ中はずっとテープを回してくれ』と釘を刺した。だから次のテイクが本番ということになった」

ポーカロは〈ロウダウン〉にまつわる話として、その初期ヴァージョンである〈テイル・オブ・ア・マン〉は、いつか彼とペイチのバンドで使うつもりでデモを作っていたという。「フェイド・インの部分に来たら、パッとまるで違うグルーヴに入っていく。1拍目に4分音符のバス・ドラム、2拍目の16分音符ウラにバス・ドラム、3拍目に4分音符のバス・ドラム、ハイハットは16分音符で刻み続けて、2拍目と4拍目にスネア・ドラムのバック・ビートを入れる」。そうジェフは私に説明した。「〈ロウダウン〉をレコーディングしたのが1976年。ちょうどアース・ウィンド&ファイアーのアルバムが出ていた頃で、僕はそれを何度も何度も繰り返し聴いてたんだ。『黙示録(I Am)』だったか、あるいはその前の(『太陽神(All 'N All)』だったかもしれない。そこでフレディ・ホワイトかモーリスか、どっちかのホワイトが、ハイハットを16分ではなく4分音符で、今説明したようなビートを入れてるんだ。アース・ウィンド&ファイアーのダンス・グルーヴ、あの感じをリズム・セクションで出したかった。でも僕は4分音符じゃなく、8分音符にしたんだよね。だから、今説明した形にハイハットで8分音符を加えた。まあ2小節おきくらいかな。で、4拍目の8分ウラにハイハット・オープンを入れて、それで決まり。そういう形でハイハットを右チャンネルに入れてレコーディングしたんだけど、プロデューサーに『うーん、16分を入れてみないか?』と言われたんだ。76年頃にはディスコが出始めていたからね。でも僕はあんまりディスコに惹かれていなかったから、『いやあ、それはなしにしよう。グルーヴが台無しになる』と言ったんだよ。それでも彼が『ちょっと試してみようよ』と言うし、ペイチとボズも同じ意見だったから、じゃあっていうんでハイハットにオーヴァーダブを加えて、それを左チャンネルに入れた。シンプルな16分をやりながら、だんだんアクセントを加えて、ハイハットに応じる感じにしていってね。そしたらすごく面白くなったんだ」

ペイチはこれがヒットするとは思いもしなかったという。だが、あのヘヴィなグルーヴが出せたのはジェフのおかげだった。

彼によれば、〈リド・シャッフル〉は、スキャッグスがポール・マッカトニーのアルバム『ヴィーナス&マース(Venus And Mars)』収録の〈磁石屋とチタン男(Magneto And Titanium Man)〉を聴いてヒントを得たところから生まれたという。「50年代のドゥーワップっぽい感じで、彼がピアノで弾いて聴かせてくれた。僕はエルトン・ジョン派だったから、すぐさま肉づけしたくなってね。もっとロックンロール色を加えたくて。それでエッジが強くなった」。さらにフレッド・タケットがギターを加え、ジェフ、ハンゲイトと彼がプレイ。スキャッグスが「リド、オーオーオー、オオオー」のリフ部分を歌った。「最初の8小節はジェフとハンゲイト。そしてジェフの、彼ならではの、あのイントロ」とペイチ。「彼のトレードマークだよ。〈ロウダウン〉〈リド・シャッフル〉〈ミス・サン〉、それに〈ロザーナ〉〈アフリカ〉。すべてジェフ・ポーカロのイントロだ。すぐに彼だとわかる」

〈明日に愛して（Love Me Tomorrow）〉については、ポーカロはこう言っていた。「それまで僕がレゲエで一番聴いていたのは、たぶんボブ・マーリーだろう。ピーター・トッシュとか、あの辺はまだ全然聴いたことがなかった。僕の言いたいことが一番伝わりやすいものとしたら、最近の曲では〈滅びゆく英雄（キッド・シャールメイン）〉かな。あの曲と〈ハイチ式離婚（Haitian Divorce）〉、どっちも『幻想の摩天楼』に入ってる曲だけど、あのグルーヴはさ、バーナード・パーディだよ。同じ感じのグルーヴを、アレサ（・フランクリン）とキング・カーティス、[*33]それぞれの『ライヴ・アット・フィルモア・ウェスト』で聴ける。その2枚ともバーナード・パーディが叩いてるんだ。キング・カーティスの『ライヴ・アット・フィルモア・ウェスト』では、〈メンフィス・ソウル・スチュー〉をやったときのバーナード・パーディのあのゆったりした感じ。あのテイストは、リック・マロッタのプレイでもよく聴いていて、僕には馴染んでる。〈明日に愛して〉で一番影響を受けたのは、バーナード・パーディ的なシャッフルだね。すごくレゲエっぽいタイプのリズムだった。とはいえパーディの下手な真似になっちゃってるけど」。ジェフはドラムにセットしてあったティンバレスも使ったそうだ。

『シルク・ディグリーズ』がスキャッグスにとって大きな分岐点になったのは明らかである。何より彼は、このレーベルから出せるアルバムはこれで最後だと言い渡されていた。１９８６年、ジェフがミュージシャンズ・インスティテュート（MI）で講座を開いたとき（私も参加した）に明かした話だが、今作でプレイしたミュージシャンは全員最低のギャラで働き、週末や時間超過分についても一切請求しなかったそうだ。だがアルバムが大ヒットしたので、スキャッグスから各メンバーに3万ドルずつボーナスが出たという。ジェフはその金で、スタジオ・シティのヘズビー・ストリートに初めての一軒家を買った。

スキャッグスには本書の執筆に際して詳しく話を聞くことはかなわなかったが、私が『モダン・ドラマー』[*34]誌でジェフの追悼記事を書いたとき、彼は『シルク・ディグリーズ』でボーカロの果たした大きな役割を語ってくれた。

「あのみんなと組んで本当に驚いたし嬉しかったのは、アーバン・ブラック・コンテンポラリーに注ぐ情熱が僕と共通していたことだ」。1992年にボズ・スキャッグスはそう語っている。「僕らは当時やろうとする人があまりいなかったものをやろうとしていた——ラジオで周りと違うものを聴いてる白人だったからね。ジェフも2人のデヴィッドも、その感覚がわかっていた。〈ロウダウン〉も彼らにはごく自然だったんだよ。あの曲はデヴィッド・ペイチと僕で書いたものだけれど、ジェフみたいな人なら膨らませてくれるとわかっていた。ジェフは自分の役割をもっと広げて、むしろソングライターやシンガー、アレンジャーがアプローチするような形で参加していた。タイム・キープだけじゃなく、ずっと多くの面で力になってくれたよ。実際、彼はこの曲を通して、僕

[＊33] いずれも1971年3月5～7日公演のライヴ盤。キング・カーティス＆キング・ピンズはアレサ・フランクリンのバンドであり、その前座でもあったので、同日同会場のライヴがそれぞれのライヴ盤に収められている。

[＊34]『モダン・ドラマー』誌92年12月号掲載の「Jeff Porcaro : A Special Tribute」記事。

1976年夏、ロサンゼルス・グリーク・シアターでの特別な夜のためにポーカロ家が集合。この日、ジェフ、スティーヴ、マイク、ジョー（この日のみ出演）は、ボズ・スキャッグスのステージに立った。写真左からマイク、ジョリーン、ジェフ、スティーヴ、ジョー、アイリーン

Courtesy of Joleen Porcaro-Duddy

ボズ・スキャッグス、1977年米国ツアー

Courtesy of Barney Hurley

をシンガーとして成長させてくれた。バンドの全員が、ここからの数小節先に何が来るかってわかるんだ。彼が予測させてくれるからさ。彼がその方向に引っ張って行ってくれるんだよ。騎手が馬を動かすようにね」

「〈ハーバー・ライト〉でも、彼が曲全体のトーンを決めるのに大きな役割を果たしていた」とスキャッグスは続ける。「ソングライターが曲を示し、ミュージシャンから解釈が返ってくる。あれも彼のユニークな解釈がなければ不可能だっただろう。僕が曲を宙に投げると、心の通じる相手がそれを拾って、新たな意味と新たな命を吹き込んで、投げ返してくれる。だいたいにおいて、ジェフはそうやっていろんなものを吸収していたんじゃないかな。〈リド・シャッフル〉みたいな曲で彼が作り上げたグルーヴは、クラシック的名グルーヴだというドラマーが多いと思う。あの曲で彼はすごく掴みにくいテンポをプレイしてる。シンプルに聴こえるけど、実際にこなそうとすると本当に難しいんだよ。多くのドラマーが認めていることだけど、ジェフはそういう彼独自のシャッフルを持っていたんだよね。おそらくどんなグルーヴよりキープが難しいだろう。でも、ジェフはそういうものもこなしてしまう達人だった。〈ジョジョ〉[*35]もすごく難しいグルーヴだね。相当な革新性とクリエイティヴィティを持つドラマーでなければ、あんなグルーヴは出せないよ。

どんなコラボレーションでも必ず、参加する人間の魂が反映される。ジェフはコラボレーターだった。極めてクリエイティヴなプロセスの一端と

[＊35]ボズ・スキャッグスの80年作『ミドル・マン』に収録。

して自分を捉えようとするドラマーなら、自分をコラボレーターだと考え、そこに自分という人間を、自分の解釈を加えていくべきだと考えるはずだ。ただドラム・セットを持ち込んで、他のドラマーと変わらないサウンドを出すためにいるのではない。普通はこういうサウンドになるはず、という、ありきたりなサウンドを出すために来てるんじゃない、とね」。スキャッグスはそう説明した。「大切なのは〝どういうサウンドにするべきか〟ではなく、それぞれの解釈なんだよ。まずあのエネルギー、そしてジェフの解釈。それこそが、すべてのアーティストが目指すべき重要な要素だ」

ペイチによれば、『シルク・ディグリーズ』ではどのトラックも3テイク以内で完成したそうだ。そしてこのセッションでの経験を通して、いつか絶対バンドを組もうという2人の思いはますます強固なものになっていった。「僕らは他の人のところでレコードを作る経験を積ませてもらおうと決めてたのさ」とペイチは言う。「レコード制作の方法を学んで、僕らがファースト・アルバムを作るときには、既に8枚目みたいに聴こえるようにしたかった」

1989年に『BAM (Bay Area Music)』誌の巻頭特集のためペイチの自宅でTOTOのインタヴューを行ったとき、ジェフは笑顔で振り返った。「あのアルバムを作っている間に、煌めくものを感じてさ。ペイチと僕とでよく顔を見合わせたりしてたんだよ。つまり、ボズやみんなのことが大好きだし、こういうプロデューサーだし、それにデヴィッドもいいプロデューサーだし、それにデヴィッドとも組めた。僕も、ただ座って楽譜を見る以外のことをやる経験って初めてだったんだ。すごく自由を与えてもらえたんだよ。曲もほとんどがペイチとの共作だったから、僕らにとってはとてもやりやすいものだった。バンドのことを真剣に考え始めたのは、実際にはあのときからだな」

アルバム『シルク・ディグリーズ』は1976年2月にリリースされ、夏にはツアーが行われた。ジョリーン・ポーカロは、8月2日生まれの彼女が16歳を迎えたこの夏をとてもよく覚えている。1976年8月15日[*36]、スキャッグスはロサンゼルス・グリーク・シアターでコンサートを行った。その近辺のある日、ポーカロ家はジョリーンの誕生日を祝っていた。みんなでディナー・テーブルを囲み、ジョリーンがジェフからのプレゼントを開け、ダイアモンドのイアリングを取り出したちょうどそのときに電話が鳴った。取った電話をジェフがジョリーンに回す。

「ボズだったの。週末にツアーに来ないかって誘いだったのよ。16歳の誕生日の記念にって」。ジョリーンは振り返る。「それで兄たちと一緒に行ったの。まずミネアポリスのフェスティヴァルで、シカゴやビーチ・ボーイズも出てたはず。私、ファースト・クラスに乗ったのはあのときが初めて。ボズの絶頂期だったわね。ミネアポリスのコンサートの後はニューヨーク州のバッファローに飛んで、その晩はマイクと同じ部屋に泊まった。いつも不思議だったのよね。私と誰が同じ部屋に泊まるかコインを投げて決めてるのかなって」と彼女は笑う。「エルトン・ジョンとキキ・ディーのコンサートで彼がオープニング・アクトを務めたの。2人が〈恋のデュエット（Don't Go Breaking My Heart）〉で大ヒットを飛ばした頃。スタジアムのコンサートで、物凄く楽しかった。妹をツアーに連れて行ってくれる、こんな妹想いの兄たちなんて考えられる？　みんないい兄だったわ。で

［＊36］このときの演奏は、ソニー・ミュージックの名盤再発レーベル、レガシー・レコーディングスから2007年にリリースされたヴァージョンに〈何て言えばいいんだろう〉〈ジャンプ・ストリート〉〈イッツ・オーヴァー〉の3曲が収録されている。

ジェフとボズ・スキャッグス。1976年の『シルク・ディグリーズ』ツアーのステージ
Photo courtesy of Barney Hurley

もやっぱりジェフが一番大きな存在だった。ほんとすごく思いやりがあって、すごく優しくて」

スキャッグスがコネチカットでコンサートを行ったとき、ジェフはライヴ後にいとこのマーク・ポーカロの家を訪ねた。そして彼のドラムを見るなり、ナイフを貸してくれと頼んだ。

「ナイフを渡したら、バス・ドラムのヘッドをぐさっと刺して切っちゃったんだ」。マークはその光景を思い返す。「逆上したよ、大好きなドラムだったから。『ジェフ、なんでそんなことをするんだよ？』と言ったら、『ああマーク、心配するな。落ち着け、大丈夫だ。これでいいんだって』。彼はあの、ずんと重いサウンドを教えたかったんだよ。僕は今でもあのヘッドを持ってる。何年も使って、それから丸くくりぬいたヘッドを自分でつけたけど、それでもあれは捨てずに取っておいた」

『シルク・ディグリーズ』ツアーがバンド結成の思いをさらに熱くさせたのは間違いない。このツアーにはスティーヴ・ポーカロも参加していたので、TOTOのメンバーほぼ全員が既に揃っていたと言える。プレイする曲についても、ペイチがライターとして認められ、自信をつけた共作曲が既にあった。

「僕らはハイ・スクールの頃からもう相当な経験を積んでいたし、いわばボズのバックにロック・バンドがついてるような感じだった。ボズがステージを終えると僕らがまた戻って、ステージで跳ね回り、5万人の観客を総立ちにさせる。『こいつら誰だ？　君らでバンドをやるべきだろう』みたいに言われるわけさ。それでこっちは、『そうかな、ほんと？　そんなこと僕ら考えてなかったな』と」。ペイチは皮肉っぽく言う。「レコード会社のお偉方もやって来て、『ねえ君たち、バンドをやろうと思ったことはないかい？』」。『わあ、それはいいだろうなあ』と言いながら、ウィンク交わしてたのさ」。そう言ってペイチは笑う。

『シルク・ディグリーズ』のレコーディングと同じ頃、ジェフはイギリスのシンガー・ソングライター、レオ・セイヤー[*37]の1976年のアルバム『恋の魔法使い（Endless Flight）』に参加。セイヤーはそれまでにアルバム3枚をリリースし、さらにザ・フーのリード・シンガー、ロジャー・ダルトリーのソロ作『ダルトリー[*38]（Daltrey）』にも曲を提供して、イギリスでは既に広く名前が知られていた。『恋の魔法使い』は、セイヤー初のアメリカでのレコーディングだった。

　アルバムは1977年2月にリリースされ、シングル・カット第2弾の〈はるかなる思い（When I Need You）〉はチャート1位を獲得した。これをジェフのトラックでも特に好きなものとして挙げる人が多い。この曲でのジェフのプレイ、彼のフィルと深い思いのこもったビートが、セイヤーのヴォーカルに安定した土台を与え、曲のフィーリングやムードを生み出す基盤になっている。「ジェフの6／8や3／4はいつだって最高だった」。2005年からオーストラリアに住んでいるセイヤーは、スカイプで取材に応じてくれた。「彼の体にはスウィングのタイム感が染み込んでるんだよ。彼に言わせればシャッフルだ。彼は6／8のシャッフルをやる。ボズ・スキャッグスの〈リド〉で使っているやつだね。でもボズのトラックをちょっとスロー・ダウンさせれば、〈はるかなる思い〉になるんだよ。たいていのドラマーはハイハットでオン・ビートをやるけれど、ジェフはハイハットでオフ・ビートをやっていた。これは本当に珍しい。スネアを入れないところにジェフは必ずハットを持ってきて、そこからスウィングが生まれる。ジェフはどんなプレイからでもスウィングできる、彼独自の手法を持っていたね」

　スタジオではジェフと視線を交わしながら生で歌っていたとセイヤーは言う。数年後、彼らはどのようにして互いのタイミングを測っていたか語った。

「リチャード（・ペリー／『恋の魔法使い』のプロデューサー）はテープを切り貼りするのが好きでね。で、彼がエンジニアと一緒に座っていて、僕は後ろから、『何だこりゃ?』って、彼が喋るのを聞いていた。『テイク34の最初の2小節、それとテイク1の2小節目がいいな。でもシンバルは……』。90テイクやることすらあったんだぜ。そんなに必要ないのに。テイク・ワンからもうちゃんと出来上がってるんだ。やってるうちに僕は声がかすれてくるし、ジェフはくたくただよ」とセイヤーは言う。

リチャード・ペリーを選んだのはレコード会社で、セイヤーはあまり乗り気ではなかった。彼が望んでいたのはジェリー・ウェクスラーかトム・ダウドだったが、ペリーがスタジオ55[*39]に集めたミュージシャンたちを見て、これならとプロデューサーも受け入れる気になった。レコーディングに招かれた面々はジェフの他、レイ・パーカー・Jr.、ラリー・カールトン、ラルフ・マクドナルド、リーランド・スカラー、リー・リトナー。彼らは3曲を3時間で完成させた。

「後で全員に紹介されてね。中でも特に気が合ったのが、そのちっちゃな、僕と同じくらいの身長の奴だった。人間としては物凄くでかくて、かなり度の強そうな丸メガネをかけてて。結局、そいつと一番よく話すようになっていた。それがジェフリーだったんだよ。ジェフリーとはすぐに打ち

[＊37] イギリス出身のシンガー・ソングライター。73年発表の〈道化師の孤独（The Show Must Go On）〉が世界的なヒットとなり、脚光を浴びる。ジェフは、リチャード・ペリーをプロデューサーに迎えた4作目『恋の魔法使い』からレコーディングに加わり、続く『サンダー・イン・マイ・ハート（Thunder In My Heart）』『面影は波にゆれて』『この愛は君だけに（World Radio）』などに参加。

[＊38] 全11曲中、A②、A⑤以外の全曲にクレジットされている。

[＊39] ロサンゼルスにあるレコーディング・スタジオ。リチャード・ペリーとハワード・スティールが共同オーナーだった。ハワードはレオ・セイヤー『恋の魔法使い』のエンジニアも務めている。

解けたな。彼に『どこに住んでるんだい?』と訊かれて、『ローレル・キャニオンだよ』と答えた。キャニオン・カントリー・ストアの目の前だと言ったら、『角を曲がれば僕の家がある通りに出るよ。カークウッドだ』と言って、『うちにおいでよ』と誘ってくれた。それで彼の家に行って、一緒に飲んで、当時の彼のガールフレンドが作ってくれたナチョスを食べながら、夜更けまでずっと話し込んでね。すごく話が合ったんだ。ジェフはイギリスのドラマーの大ファンで、イギリスの曲が大好きだった。僕はイギリス出身だろ。だからもう質問攻めでね。僕の方はボズ・スキャッグスとか、ジェフが組んだ素晴らしい人たちのことについて、あれこれ訊きまくった」。セイヤーはその頃を振り返りながら、ジェフとはいい友人になれることがわかっていたと続ける。

当初、ペリーはセイヤーに取り入る気もなく、彼の自作曲を一切使うつもりはないと言っていた。ヨーロッパでのセイヤーはソングライターとして輝かしい評価を得ていたが、ペリーはそれを受け入れる気がなかった。ところが〈恋の魔法使い〉の出だしを耳にするなり彼は考えを一変させ、ソングライターのヴィニ・ポンシアと組んで曲を完成させるよう指示を出した。アルバムからのシングル・カットで最初のナンバー1となったこの曲では、最終的にスティーヴ・ガッドがドラムを担当している。だが、知らない人が多いかもしれないが、セッションでこの曲を作り上げていったとき、大きな力になったのがジェフだった。

「ジェフと僕とで、くだらない競争を夢中になってやってたんだ。あの頃は携帯電話なんてないから、簡単に電話をかけあうわけにいかなかったけどね。『(スタジオに)来るまでの間にラジオでかかった中で、いいと思った曲は何か』とか。ある朝、僕はスタジオに入るなり言ったんだ。『おい、今シャーリー&カンパニーの曲を聴いてさ』」。セイヤーは〈シェイム・シェイム・シェイム〉を口ずさむ。

「するとジェフが、『僕もそれ聴いたよ。すごいグルーヴだよね。こんな感じ』ってドラム叩き出したから、僕も歌い始めた。すぐにスタジオの全員が入ってきてね。僕はずっとドラムの横にいたから、それからヴォーカル・ブースに移動して、そのままジャムを続けた。確かまた違う曲のテイクを録ってる合間だったと思うけど、僕は覗き窓に目も向けずにいた。片側でジェフ、もう片側でコントロール・ルームのリチャードを見ることができるんだけど、ヘッドフォンでみんなの音を聴くのに夢中で、まったく見てなかったと思う。あの日のバンドは素晴らしかった。レイ・パーカーJr.、リー・リトナー、ジョン・バーンズ、ジェフ、ウィリー・ウィークスと揃ってたんだから」

全員でジャムを続けるうちに、セイヤーの頭に歌詞がどんどん湧いてきたという。「リールがちょうど終わりかけてたから、リチャードはそいつをテープ・マシンから放り出すと新しいリールに換えて、『早く録れ』ってエンジニアに怒鳴った。それで、そのときのジャムがテープに残ったんだよ」

それから元の作業に戻った。それきりセイヤーはそのことを忘れていたが、1週間後、ペリーからオフィスに呼ばれる。ペリーはジャムを入れ直したカセットを聴かせ、これはヒットになると断言した。コーラスを入れたいからポンシアと組んで書いてほしいと言われたのがこのときだったが、2人は5分でそのコーラスを仕上げてしまう。医者の予約があるので5分しか時間を取れないとポンシアに言われたのをセイヤーは覚えている。曲が出来ると、ポンシアはその言葉通り、「では」と出て行ったそうだ。

ジェフのプレイがこのトラックに残らなかった訳は、そもそもスティーリー・ダンの『彩（エイジャ)』のレコーディングがきっかけだったとビル・シュネーは振り返る。スタジオのプロデューサーズ・ワークショップには、スティーリーのいつもの〝回転扉〟方式に従い、ドラマーが入れ替わり立ち替わりやって来てはプレイしていて、スティーヴ・ガッドも2日間の参加が決まっていた。このとき初めてガッドと組んだシュネーはすっかり彼を気に入り、ペリーに電話するとガッドを褒めちぎったという。ペリーはそこですぐさま、「彼とセッションできるだろうか?」と尋ねた。

「それならプロデューサーまで来てもらわないと。またドラム・サウンドを録らなきゃならなくなったら困るからね」。そうシュネーは答えた。「僕は彼のサウンドに満足してる。まあゲイリー(・カッツ)に訊いてみよう」。3時間割いてもらえることになり、ペリーはそこで〈恋の魔法使い〉をレコーディングし、さらに〈どのくらいの愛(How Much Love)〉も録り終えた。


「スティーヴのグルーヴは(ポール・サイモンの)〈恋人と別れる50の方法(50 Ways To Leave Your Lover)〉に近かったね。で、そのトラックを新たに録ったから、残念ながらジェフと僕のジャムはアルバムに残らなかった」とセイヤーは説明する。

もともとジェフをメンバーとして連れてきたのはペリーだったが、1982年にアリフ・マーディンのプロデュースでレコーディングした、セイヤーの『この愛は君だけに(World Radio)』では、セイヤー自らジェフを引き入れたそうだ。

「強情に言い張ったんだ」とセイヤー。「ジェフが入らないなら僕はやらないってね。その頃にはジェフと僕はすごく仲良くなっていて、しょっちゅうジャムをやってたよ」

ジェフは常にエゴを少しも挟まずに取り組んでくれたとセイヤーは言う。「いつだって、『今ので大丈夫かな』みたいなことを言うんだよ。『何言ってんだよ。おまえはジェフだぞ』って。もちろん、彼はずっとああいう彼のままなんだ。僕のバンドに入ってくれって頼んだんだけど、そのときにはもうTOTOが始まっていたんだよね」

1976年1月、ペイチとジェフは『シルク・ディグリーズ』のレコーディングを行いながら、ボズのセッションを終えた後でダヴリン・スタジオに行き、自分たちのバンド用のデモを作り始めていた。『シルク・ディグリーズ』完成後も、2人はセッションの仕事をこなしながら自分たちのデモに取り組み続ける。

1977年、ウォーレン・ジヴォンのアルバム『エキサイタブル・ボーイ（Excitable Boy）』でワディ・ワクテル（作曲家、レコード・プロデューサー、セッション・ギタリスト）と共同プロデューサーを務めたジャクソン・ブラウンは、今作にジェフを呼んだのが誰だったか記憶にないという。ジェフは〈真夜中の暴走（Nighttime In The Switching Yard）〉に参加しているが、その曲をちょっと話題にしただけでブラウンは楽しげな笑い声をあげる。「とにかく、すごく良かったから」。ジェフに声をかけたのはワクテルかもしれないし、ジヴォンかもしれないし、自分かもしれない――誰であれ、全員が満足する結果になったとブラウンは言う。

『エキサイタブル・ボーイ』はジヴォンの3作目のアルバムである。自らの名前を冠した前作（『さすらい（Warren Zevon）』）には自作曲も数曲（〈風にさらわれた恋（Hasten Down The Wind）〉〈僕はついてない（Poor Poor Pitiful Me）〉〈カルメリータ〉）収録された。これらはリンダ・ロンシュタットによるカヴァーも発表されているが、ジヴォンをアーティストとして確立させたのは〈ロンドンのオオカミ男(Werewolves Of London)〉が収録された今作だ。この曲ではミック・フリートウッドがドラムを担当している。〈真夜中の暴走〉は、シングル・カットはされていないが、優れたアート作品だった。

「実際、ジェフのおかげであの曲が生まれたんだよ」とブラウンは言う。「僕はどこかでウォーレンにうっすら不満を感じていたのかもしれないな。彼は結局、すごくパワフルなリズムの曲をやりたいだけなんじゃないかと思った。彼の歌には文学的なものが多いのに、これは違っていた。ワディはあまり歌詞を詰め込みたくないと考えていたしね。僕の仕事は……僕は何が自分の仕事だと思っていたんだろう。プレイに参加してなかったのは確かだ。もうワン・テイクやるべきかどうか告げること？　ミスがあったかどうか教えること？　わからないな。ジェフはあのトラックをすごく気に入ってね。プレイバックを聴いたときも大満足で、嬉しそうに踊ってたよ。隅っこで、みんなを見ながら踊ってるんだ。『これだ、このテイクで決まりだ』と言いたげに僕を見ていて、僕が『どうかな、ちょっと考えよう』と渋ると、『どこが悪いんだ。おかしなところがあるなら言えって。もう1度聴いてみなよ。変なところなんかないって』みたいな感じで、ぐいぐい押してくるんだよ」

この曲を聴いていない人は、すぐにチェックしてほしい。ジェフとベーシストのボブ・グラウブによる魔法のようなつながりが感じ取れるはずだ。グラウブもこのトラックには最高のフィーリングが感じられ、「レコーディングするのが楽しかった」と振り返る。

「ジェフとスタジオに入るときは、いつだって入ったらすぐに出る、みたいな感じだった。ジェフの仕事が速くて正確だからさ。今まで生きてきて、ジェフほど腕のいいミュージシャンには1人として会ったことがない。彼はまっすぐ曲の核心に入り込み、ファースト・テイクから見事なパフォーマンスができる。そしてみんなを引っ張り続けるんだ。ハードルを上げて、スタジオのプレイヤー全員にすごく高いレベルを設定する。それに彼は、馬鹿なことをする奴には容赦しない。全員にベストのものを期待するんだ。だって彼自身がベストのプレイで試合に臨んでるんだからね。まあ彼は最高のプレイしかしないから、そんなこと言うこと自体が失礼なんだけど。彼はAクラスのプレイしかしない。しかも単なるAクラスじゃなく、Aプラス5だったね」

ジェフが馬鹿な奴に容赦しなかった例として格好のものがある――プロデューサーのカイル・レーニングが馬鹿だというわけではなく、このときばかりは愚かな指示を出していたのかもしれないということだが――1977年、マリー・ケインというアーティストをプロデュースしていたレーニングは、当時22歳のジェフをドラマーに起用した。レーニングはこのとき20代後半で、ジェフの他にリーランド・スカラー、ジェイ・ウィンディング、リッチー・ジトというメンバーを揃え、ロサンゼルスのレコード・プラントCスタジオでレコーディングにかかっていた。ジェフと組むのはこれが初めてである。エンジニアはマーシャル・モーガンで、彼とレーニング2人でコントロール・ルームに入っていた。コントロール・ルームからスタジオに行くには、ヴォーカル・ブースに使っていた防音ブースを抜けていくしかなかったそうだ。ある曲のレコーディング中、レーニングはトークバック・ボタンを押してジェフに呼びかけた。

「『ジェフ、ブリッジのところで〝ブン・ダ・ブン・ダ・ブン〟みたいな感じでフィルを入れてくれる？』と言ったんだ。彼は『了解』と返事をした。そのブリッジ部分はたっぷり2分くらいある。プレイを続けていって、ブリッジが近づいてきたあたりでジェフを見ると、フロア・タムにスティック・バッグが引っ掛けてあった。そのうち彼が左手だけでスネアとハイハットをプレイしてるのに気がついたんだ。トラックはすごくいい感じで進んでいる。すると不意に彼が右手をスティック・バッグに突っ込んで、ガシッとスティックを掴み上げた。8本はあったはずだ。ブリッジに差しかかったところで、彼は物凄くゆっくりと右手を頭上に上げていった。『何をする気だ？』と僕は見ていた。そしてブリッジに来た瞬間、彼はその片手いっぱいに握ったスティックをタムの上に振りまいたんだ。ドカドカドカカってすごい音がして、みんな大爆笑。テイクもストップだ。『面白かったよ。録り直しだな』となって、あらためて録り始めた。ところがブリッジが近づいてくると、また彼がスティック・バッグに手を入れようとする。『やめろ。まさかまたやる気か』と思ったね。彼がスティックを取り出し、ゆっくりと頭の上に掲げ、タムの上にばらまく。みんなはまた大笑いさ。でも、2回目となると『これは笑えない』と思ってね。僕はマリーのヴォーカル・マイクをミュートにするようマーシャルに言ってから立ち上がり、彼女のブースに入っていった。どうせスタジオに行くにもそこを通らなきゃいけないんだけどね。『マリー、選択肢が2つある。彼をクビにして、このセッションもキャンセルして他の人間を雇うか、こういうのはやめてくれと彼に頼むか。どっちにしてほしい？』。マリーは『プロデューサーはあなただから、あなたが決めて』という答えだった。僕はブースを出て、スタジオに向かいながら、『こいつは史上最高のドラマーの1人だよなあ……』と考えていたんだ。言っておくけど、この頃、既に僕はラリー・ロンディンや、他にも大勢の素晴らしいドラマーと組んでいたんだよ。ともあれ僕は彼のところに行って、『ジェフリー、取引しよう。2度とこんなことをしないと約束してくれるなら、僕も2度と君にタムタムでフィルをやれとは言わない』と言ったんだ。すると彼は『決まり。取引成立だ』と。それからアルバムの残りのレコーディングを続けた」。これ以降は、レコーディング中に何の問題も起きなかったとレーニングは言う（アルバムは結局リリースされなかった）。彼は1978年、イングランド・ダン&ジョン・フォード・コーリーのアルバム『Dr.ヘッケル&Mr.ジャイヴ（Dr. Heckle And Mr. Jive）』[*40]でもジェフを起用している。

1981年、ジェフは再びウォーレン・ジヴォンと組み、『ジ・アンヴォイ（外交使節）（The Envoy）』のレコーディングを行う。アルバムは翌年リリースされた。今作のプロデューサーにはジヴォン、グレッグ・ラダニーの他、ワディ・ワクテル[*41]も加わっていた。ジェフがプレイするたびに曲の良さが引き出されたとワクテルは言う。「彼がプレイすると曲が最高に素晴らしくなる。彼はすごく情熱的で、プレイする気満々なんだ。いつでもそうなんだよ」

ワクテルはジェフと初めて会ったのがいつだったか覚えていないそうだが、私が確かめたところでは、2人の初仕事はジャクソン・ブラウンのアルバム『プリテンダー』で〈愚かなる父の歌（Daddy's Tune）〉をレコーディングしたときかもしれない。ワクテルも2人が初めて組んだこのセッションのことは覚えていて、とりわけ、セッション中の休日に2人で軽く食べた後、ジェフの家に行き、「彼のとんでもなくデカいスピーカーで」スティーリー・ダンを聴いたことが記憶に残っているという。さらに彼は面白いエピソードを覚えていた。ジェフは当時、既にセッション・プレイヤーとしても盛んに活動していただけに、彼の言葉がますますおかしく思えたという。「ジェ

[*40] ジェフは2曲に参加し、やはりリーランド・スカラーとリズム隊を組んでいる。別の曲にはスティーヴ・ルカサーも参加。

[*41] セッション・ギタリスト／ソングライター／プロデューサーなどマルチにこなす音楽家で、キース・リチャーズ、リンゴ・スター、ボブ・ディラン、ジェームス・テイラー、ジャクソン・ブラウン、ウォーレン・ジヴォンなど多くのビッグ・アーティストに重用される。

フと一緒に誰かのセッションをやっていたとき、夜2人で食事に行ったんだ。そこで彼が、『ギャラっていつになれば上がるのかな？』と言うんだよ。それで僕は、『え？　上げてもらってないの？　こうすればいい。大丈夫、もうこれから倍になるよ。請求はちゃんとしなきゃ！』って」

グラウブは、ジェフがジヴォンと組むのを心底楽しみ、彼の歌詞に刺激を受けていると常に感じていたという。ベーシスト／ソングライターのホルへ・カルデロンは、ジヴォンの知性やユーモア・センス、決断の速さなどをジェフは買っていたのだろうという。

「僕は彼とよくセッションで組んでいた」とグラウブは振り返る。「ジェフがやっていたような形で仕事ができるってことはラッキーでね、幸い僕は今もそれを続けていられる。いろんなミュージシャンとプレイして、さまざまなタイプのソングライターと組んで、それを毎年休みなしで続けている。ただ、そうやってるうちに、誰かがげっそりと宙を仰ぐようなセッションに当たる場合もあるかもしれない」と彼は正直に認める。「彼がその状態になるのを何度か目にしたことがある。誰のとは言えないけどね。記憶に残るようなセッションじゃなかったし。それでも彼は、どんなことがあろうと、いつも全力でプレイするんだよ」。彼はそれから笑って言い添えた。「でもまあ、宙を仰ぐときもあったかもね」

さらに彼は続ける。「僕がジェフを失って悲しいのは、彼の素晴らしいプレイを聴けない、もう彼と一緒に音楽をやれないってことはもちろんだけど、彼は会うたびにさ、どんなときだって、まずぐっとハグしてきて首にキスをするんだよ。ああいう昔ながらのイタリア人気質だから。彼からはいつだって、ああいう温かさが伝わってきた。そして言うんだ、『よお、グラウブ』って。ときどきヴァレーでセッションがあると、昼休みに彼が『ね、僕の家に行こう』と言って、ヘズビーの彼の家に行った。彼はあのスタジオが自慢でね」

グラウブはジェフと1週間通しのセッションに参加したこともあったという。マイク・フィニガンや、結果的にジェフのトラックが使われなかったジョン・フォガティのアルバムもそうだ。ジェフと過ごす時間は常に素晴らしいものだったとグラウブは振り返る。「いつだって最高だった。彼はいつでも明るくて元気なんだよ。休憩になると、『僕の車に来いよ、これ聴いてくれ』ってね。常に生きる力に溢れていた。実は亡くなる前の年、彼が夜に電話してきたことがあったんだ。ジョン・フォガティで1週間一緒にやった後だった。そのとき僕らは、ああいうブルージーな感じの、スワンプ・ロックのスタイルをやってたんだけど、彼はいきなり電話してくると、あのいつもの低い声で『よお、グラウブ』と言ってから、『一緒にブルーズ・レコードをやろうよ。君はあの手のものに向いてる。いい感覚を持ってるよ。若い奴らを見つけて――バンドでもシンガーでも――ちょっとアルバムを作ろう。それで僕らがリズム・セクションをやってさ』と言ったんだよ。だから2人で何かやるつもりだったんだ。それなのに、それから半年もしないうちに彼はいなくなってしまった。でも彼がそういうことを考えていてくれた、そのことが、僕にとっては物凄く大きな意味があったんだよ」

ベーシストのリーランド・スカラー[*42]は、ジヴォンの『ジ・アンヴォイ(外交使節)』[*43]の数曲でジェ

[＊42] 豊かなヒゲがトレードマークの敏腕セッション・ベーシスト。ジェームス・テイラーのサポートで活躍し、ジェフとも数多くの作品で共演している。2007年にマイク・ポーカロが病気療養のためTOTOを離れた際には、代理としてツアーに参加した。

フと組んでいる。彼はジェフと初めて会った日も場所も覚えていないものの、ジェフがセッションに参加する日は必ずいい1日になったことだけは忘れない。実際、スカラーは手帳にアーティストの名前を書き込まず、〝ジェフ〟とだけ記入しておくことが多かったくらいだ。彼にすれば、大事なのはそこだけだった。ジェフがいるとわかっていれば、他に何があっても我慢できたと彼は言う。ロサンゼルスにはジム・ケルトナー、カルロス・ヴェガをはじめ、素晴らしいドラマーが唸るほどいるけれど、ジェフのグルーヴのどこがすごいかというと、「その場にいる全員の最高のものを1人で引き出してしまうんだ」とスカラーは言う。

　彼はジェフを、自分の知る中で最も勇敢なミュージシャンの1人と呼ぶ。「ほとんどのプレイヤーは、プロデューサーやアーティストが一番喜びそうなものを常に探している。でもジェフは自分の演奏倫理で生きていたんだ。今でも覚えてるけど、確かデヴィッド・クロスビーのアルバムだったと思う、ある曲を彼とやっていたときに、ロサンゼルスのドラマーならまず誰でも、おとなしくひたすらグルーヴをプレイするところで、ジェフはブラシを手に取って、優しく触れるようなタッチでドラムをプレイした。究極[*44]のミニマル・アプローチだよ。これをプレイバックで聴いた途端、みんなで顔を見合わせて、『完璧だ』と呟いた。だけどこんな到底予想もしない、常道から外れたことをやるなんて、勇敢な奴じゃなければできないよ。その方法を考えついたとしても、実際にプレイする勇気がある人はまずいないんじゃないか

[＊43] 本作でジェフとスカラーがリズム隊を組んだのは〈ジ・アンヴォイ（外交使節）〉〈ジ・オーヴァードラフト〉〈ザ・フーラ・フーラ・ボーイズ〉〈レット・ナッシング・カム・ビトウィーン・ユー〉の4曲。ジェフ参加のもう1曲〈ルッキング・フォー・ザ・ネクスト・ベスト・シング〉ではボブ・グラウブがベースを担当。

[＊44] プレイの内容などからデヴィッド・クロスビーの93年作『サウザンド・ローズ（Thousand Roads）』収録の〈ヘルプレス・ハート〉ではないかと思われる。

な」

スカラーが語らずにいられないのは、1980年、彼とジェフがマーヴィン・ハムリッシュと組んで〈カノン〉をレコーディングしたときのことだ。ヨハン・パッヘルベルの作曲で、卒業式などでよく耳にするこのクラシック作品は〝パッヘルベルのカノン〟として知られている。この曲がこの年に映画『普通の人々（Ordinary People）』のオープニングとエンディングで印象的に使われたのをきっかけに再評価され、ハムリッシュはリチャード・ペリーとブルックス・アーサーをプロデューサーに迎え、エレクトリック・ヴァージョンを出そうと考えた。そしてスカラーとジェフは、彼ら2人だけでリチャード・ペリーのスタジオに入り、オーケストラのトラックにオーヴァーダビングを入れることになる。リチャード・ペリー、ブルックス・アーサー、マーヴィン・ハムリッシュが陣取ったコントロール・ルームの前で、ジェフと顔を見合わせ、「どうやら僕ら、ここに来る途中で事故に遭って地獄に落ちたらしいぞ」と言ったものだとスカラーは笑って振り返る。だが結局は無事に終了し、当初思っていたほど辛いセッションではなかったとのことだ。

辛かったのはアート・ガーファンクルのセッションだ、とスカラーは思い返す。キャピトル・レコーズでのレコーディングで、プロデューサーはリチャード・ペリーだったはずだという。スカラー曰く「歯を引っこ抜かれる」ような苦しみで、ジェフはスティックを床に投げつけ、「マーティ・ペイチを呼べばいい。それでアレンジを変えたらどうだ」と言ったそうだ。「そこの奴らはただ闇雲に進めようとしてるだけだったけど、ジェフはしっかり自分の考えを口にしてね。やっぱりすごい奴だよ。ドラムの前に座ればいつも彼は楽しそうだったけど、だからって遊びじゃない。完全に仕事としてやってるんだ。軽々しく捉えちゃいないんだよ。やるべきことはきちっとやる。ベーシストにすれば彼はありがたい存在だった。何も調整する必要がないんだから。プレイが始まれば、もうそのまままいける。一緒にやってるんだって、すごく実感できるんだよ」。スカラーはジェフと組んでリチャード・マークス[*45]やジュード・コールなどのアーティストのセッションに加わったことを思い出す。「彼はすごくクリエイティヴで、すごく面白くて、すごく頭が切れる。他のプレイヤーのせいで、ちょっとばかりやりにくくなることもあったかもしれないけど、ジェフがそういう厄介を起こすことはあり得ない。彼は必ず調和するんだ。ジョー（・ポーカロ）から受け継いだ面もかなりあるだろうね。あの席に座る人間に必要なものを、彼はしっかり理解していたんだよ」

スカラーはジェフのアートワークも大好きだったという。彼のドラム・ヘッドだけにとどまらず、セッションによっては、ジェフがその場の思いつきでみんなを描くこともあった。ジェフとは音楽でつながっていただけでなく、ブラック・ユーモアの面でも気が合ったとスカラーは笑う。「彼の描くユーモアにはすごく暗い面もあってね。彼の描く漫画の中には、そりゃもう、とんでもなく陰鬱なものも混じっていた。だけどやっぱり素晴らしいんだよ。僕らはいつも、一緒にツアーをやる機会がないままなのを嘆いていた。2人ですごくいろんなことをやったし、僕らは心が通じ合っていた。僕は彼を失って、本当に、どうしていいのかわからなかった。だって、そこに空いてしまった穴は、もう2度と埋めることができないんだよ」

1978年、プロデューサー／エンジニアのビル・シュネー[*46]は、エルトン・ジョンのレーベル、ロケット・レコーズで、ゾンビーズのコリン・ブランストーンのアルバムをプロデュースすることになった。アルバムのタイトル・トラック〈ネヴァー・イーヴン・ソート〉を格別気に入ったシュネーはバンドを編成し、ジェフもそのメンバーに加わる。シュネーは自宅にバンドを集め、本番前に何日か試すことにした。彼が曲を聴かせて、それから取りかかったものの、思うように進まない。「おそらく僕の気持ちを入れ込みすぎたんだろうね」。今、シュネーはそう振り返る。「時間がかかりすぎた。何日もやったわけではないんだけども、ほとんど丸一日かかりきりだったろう。最初の頃のあるテイクで、まあイライラしてたんだろうし、1つテイクを終えるとみんなふざけだすじゃないか。そのテイクが終わると、ジェフが遊び半分にフィルとかやり始めた。それが録音を始めてからまだ1時間くらいのことだった。5時間くらいしてテイクが録れて、そのとき僕はパッと閃いたんだ。『ジェフ、いいことを思いついたぞ。これは気に入ると思う』と。彼がお遊びでやったやつを、5時間後のテイクに入れたんだよ。5時間経っても（ドラミングの）テンポが崩れてないんだ。入れる前にタイムを測ったのを覚えてるけど、もう笑いが出そうなくらいずれてなかった。そのお遊びをそのまま全部使って、そこにみんなの（5時間後に録った）トラックをオーヴァーダビングしたんだが、まるで最初からそういうアレンジになっていたかのようだったね。実際にはまったくそんなんじゃなかったのに。他のトラックすべてをあの上に乗っけたんだ。あれは僕がプロデュースした中でも、特に気に入ってる曲の1つだよ」

それからシュネーは、TOTOの初期を振り返る……。

[＊45] リチャード・マークスの91年作『ラッシュ・ストリート』に収録の〈スーパースター〉、ジュード・コールの90年作『ア・ヴュー・フロム・サード・ストリート（A View From 3rd Street）』に収録の〈コンペアード・トゥ・ナッシング〉でジェフとスカラーのセッションが聴ける

[＊46] アメリカのプロデューサー／エンジニア。スティーリー・ダンの『彩（エイジャ）』『ガウチョ』では、連続してグラマー賞の最優秀録音賞を獲得。TOTOとは『アイソレーション』『ファーレンハイト』などで関わる。日本人アーティストのレコーディングにもたびたび携わっており、小田和正との親交も深い。

第 2 部

1976年に撮影されたTOTOの最初のアーティスト写真

TOTOにかける想いと成功への道

TOTO
And The Yellow Brick Road

「サウンド・ラボズでミキシングやってるところにジェフが飛び込んできてね。カセットをポンと投げてよこすと、『これを聴いてくれ』と言うんだ」。ビル・シュネーは振り返る。「それまでずっと、彼とデヴィッド・ペイチの2人だけでダヴリン・サウンド・スタジオにこもって作ってたんだよ。ペイチがシンセのベース、ジェフがドラムをプレイして、グルーヴがもう最高だった。こりゃすごいと思った。それまでこんなものは聴いたことがなかったね」

間もなくスティーヴ・ポーカロも加わり、〈ミス・サン〉〈オール・アス・ボーイズ〉〈ラヴ・イズ・ア・マンズ・ワールド〉[47]などをレコーディングした。ペイチとジェフはバンドのギタリスト選びにかかっていて、ハイ・スクール時代にスティーヴ・ポーカロのバンドにいた2人のどちらか、スティーヴ・ルカサー[48]かマイク（マイケル）・ランドーに決めようと考えていた。

「ジェフがルカサーのステージ・パフォーマンスを見たんだ。彼はもう最初から完全にスターだったよね」とペイチは言う。「走り回って飛び上がって、ピート・タウンゼントみたいな感じ。『こいつで決まりだ』と思った。そしてメンバーが揃った」

いや、もう1つ要素が足りない。ヴォーカリストである。ペイチは2番手のシンガーとしてなら自分もある程度こなせたが、彼とジェフがずっと好きだったバンドは、フリードウッド・マックやビートルズといった、シンガーを複数揃えたバンドだった。

「ルークもかなりいいシンガーだけど、やっぱりあいつが欲しいと思った」とペイチは言う。「ああいうフロントマン・タイプさ。ちょうどあの当時人気だった、フォリナーやボストンみたいなバンドのイメージだね」

TOTOがスタジオ55の小さめのスタジオに入り、ファースト・アルバムのレコーディングにかかっていた同じ時期、レオ・セイヤーは同じスタジオの広いスペースで、1978年に発表されるアルバム『面影は波にゆれて(Leo Sayer)』をレコーディングしていた。TOTOのメンバーもセイヤーのセッションに参加していて、セイヤーも折に触れ彼らの進捗具合を見にきていた。セイヤーはジェフとペイチから、TOTOのリード・シンガーになってほしいと言われたことがあったという。レコード会社の契約条件に縛られていたためその誘いには乗れなかったが、スタジオ55で〈ホールド・ザ・ライン〉のオリジナルのデモを歌ったそうだ。

「歌詞全部は知らなかったんだけども、僕らはいつもつるんでいたから。覚えてるよ、ジェフが駆け出してきて、『ねえ、新しい曲ができたんだ。これを聴いてくれ』と言ってね。行ったらスティーヴ・ルカサーが振り向いて、『レオに歌ってもらおう、レオに歌ってもらおう』と言うんだよ」とセイヤーは振り返る。「それで僕は少しコーラス

[＊47] 前述の〈ミス・サン〉と同じく、この頃の録音が『TOTO XX』で日の目を見た。〈オール・アス・ボーイズ〉はTOTOの2作目『ハイドラ』に収録される。

[＊48] TOTOのオリジナル・メンバーで、本書編集時(2022年1月時点)もジョセフ・ウィリアムズと共にバンドを継続させている。TOTO以前から腕利きのセッション・ギタリストとして名を馳せ、70年代後半頃からボズ・スキャッグス、ダイアナ・ロス、大村憲司、ホール＆オーツなどさまざまなセッションに参加。リーダー作の制作にも積極的で、89年リリースのソロ初作『LUKATHER』にはジェフも参加。

をやり、ミドル部分の一部をジャムってみた。それで次の機会に、『なあ、あの曲本当に良かったよ。あれは僕が歌わなきゃなあ』と言ったんだよ。『そうだろ。なあ、だったら僕らのバンドに入らないか？　僕らのシンガーになってくれ』。そうペイチに言われた。『なりたいよ。できればそうしたいけど無理だ』と答えちゃったんだよね。ある意味、あそこが重要な分岐点だったんだな。後になって思ったよ、『ちきしょう、ＴＯＴＯのリード・シンガーになっていれば良かった』ってね」

「やるだけやってみてもいいじゃないか」とペイチは言ったが、セイヤーは当時既にキャリアを確立していた。

「セッションの最中に、ジェフが『レオならぴったりじゃないか』と言ったんだよ」とペイチ。「だから頼んでみたんだ。もしかしたらと思って。言ってみなきゃわからないって。僕らとしては、願わくばって、希望的観測だったわけさ」

その頃、ボビー・キンボールはS.S.フールズというバンドでフロントマンを務めていた。ジェフとペイチは以前このバンドと組んだことがあり、半年後にS.S.フールズが解散すると、キンボールをスタジオに呼んだ。

「パヴァロッティ並みに歌える奴なんだけど、ゴスペル・シンガーみたいな感じなんだよね。マイクなしでもガラスを割ってしまえるんじゃないかってくらい、本当に声量があったし、切れ味も最高だった」。そうペイチは彼を称える。

そこでペイチ、ジェフ、ハンゲイト、ルカサーは、スタジオ55でキンボールに歌ってもらうことにした。今回も曲は〈ホールド・ザ・ライン〉。これはペイチが新しいアパートメントに引っ越してから最初に書いた曲のうちの1曲だった。彼らが歌詞を教える。

「彼が〈ホールド・ザ・ライン〉を歌い、ルカサーがギター・パートを弾いて、ジェフとハンゲイトも加わり、もうそれでレコード通りみたいなサウンドになっていた」。ペイチは声を強める。「僕らは顔を見合わせて言ったたね、『やった、これでバンド決定だ！』って」

キンボールのヴォーカルで〈ホールド・ザ・ライン〉のデモを録り、それからキンボールの書いた〈ユー・アー・ザ・フラワー〉もレコーディングした。ペイチによれば、アルバムに入れた〈ユー・アー・ザ・フラワー〉は、このときのデモを使っている。

「僕らのバンドの代表曲として最高じゃないかと思った。僕はあのカセットを1千回はかけてたね」とペイチ。「ギター・ソロは素晴らしいし、ボビーの声は悶絶もんだよ」

ペイチは長い年月の間に相当な量の曲を書き溜めていた。ルカサーやスティーヴ・ポーカロも優れたソングライターになりつつあったのは間違いないが、当時2人はまだ18歳という若さだった。2人にはまだバンドに提供できるようなものがなく、ペイチの才能に引け目を感じているかもしれないと、その頃ジェフから聞いたことがある。それでもファースト・アルバム用にレコーディングした曲は最終的に35曲にものぼり、そこから11曲に絞らなくてはならなかった。

TOTOを本気で始動させるつもりなのだとデヴィッド・ハンゲイトが初めて気づいたのは、そのデモを聴き、ベースをオーヴァーダブで入れてほしいと頼まれたときだった。自分もバンドのメンバーとみなされているらしいと思ったのもこのときだったと彼は振り返る。「『レコード会社と契約してヴィラ（別荘のような宿泊のできる施設）を買うんだ。みんなでスペインにヴィラを買おう』ってペイチが言ったのを覚えてるよ。ヴィラだって？　何のことを言ってるんだかよくわからなかったけど、なんてこった！　あのときのことはいまだに鮮明に覚えてる。ボビー・キンボールと僕は、バンドの他のメンバーより8歳か10歳年上だった。僕は既に結婚して生活も安定していたから、ちょっと怯むところもあったけど、でもやっぱり、これはやらないわけにいかないだろ」

「どうしてバンドをやろうなどと思うのか」とみんなに言われたと、ボーカロはよく言っていた。バンドに集中することになれば、いずれセッション・ワークを減らすことになるではないか、と。そのたびに彼は、バンドにはそれだけの価値があり、一方で価値のあるセッションは不思議と巡ってくるようにできているのだと説明していた。

「誰もペイチと僕をまともに受け止めてくれなかった」。ジェフは声を強める。「『スタジオ・ワークを諦めてまでバンドを組むっていうのか？　頭がどうかしてるぜ。どうしてそんなこと？　本気のはずないよな。いや本気のつもりだとしても、こっちが困るんだ』と言われるんだ。僕らが本当にレコード会社と契約することになって、ようやくみんな僕らが真剣だとわかってくれた」

父親にまで正気を疑われたとジェフは言っていた。「今でもみんな必死なんだ。たった一度のレコーディングのために電話を待ち続けてるんだぞ」とジョー・ポーカロに諭されたという。

「実家に行って、こういうことをやるつもりだって父親に話したら、到底信じがたいって感じでね。『スタジオ・プレイヤーがいきなり半年姿を消すなんて気狂い沙汰だぞ。ただでさえタイトなスケジュールなんだ。おまえの代わりに誰か他の人間を入れるのが普通だろう』。みんな僕らが狂ってるって言うのさ。誰だってバンドをやる大変さはわかってる。僕らも散々話し合ったんだ。それでも『賭けてみるべきだ。犠牲を払って、いろんなことを諦めて、たとえカツカツの状態になろうとも、やってみるべきだ』と思った。僕らにはそれ以外考えられなかった。アルバムがどんなものになるか、誰にわかるんだ？　やってみなきゃわからないだろ?」

ジェフはハイ・スクール時代にバンドをやるのが楽しかったし、今でも楽しいはずだと思っていた。「あの同じ仲間、あの化学反応を起こせる仲間なんだ。キンボール以外全員が、10歳か11歳くらいから一緒にやっていた。だから楽だったんだよ。それにレコード契約を結んでるとか、バンドが成功するかとか、そういうことは関係ないんだ。子どもの頃って純粋だろう? ガレージで一緒にプレイしていた仲間のことはずっと覚えてるもんだよ。路地裏のガレージでどれだけ長くやっていた? 週7日、やり通しだったたろ? ずうっとだよ、5年間ずっとそれを続けてたんだ。それが楽しいからやってるんだ。金なんか儲かりゃしないよ! 愛情からじゃなくて、必要に迫られてバンドに入る人もいるけどさ」

TOTOのメンバーは全員、純粋な愛情からバンドをやっていた。とはいえハンゲイトは、始めたばかりの頃に抜けようとしたことがある。「僕らはロックンロール・バンドとはどういうものか考えようとしていたんだ――ステージ中を動き回るべきか? 17歳の頃は僕もそういうのがすごく気に入ってたけど、28、29歳にもなると、ちょっと馬鹿らしく思えてきた」とハンゲイトは言う。「僕はとにかく、できる限りいいプレイをしようとしてたんだよ。で、僕らの大々的なお披露目ということで、サンセット・ブールヴァードの裏の、映画スタジオのこんなでかいサウンド・ステージでパフォーマンスをすることになった。レコード会社の人間もみんな招待されていてね。で、僕らはステージでどんなふうに見せるべきか話し合ってたんだけど、僕は『ふんっ、くだらない』と思っていた。そういう場でいろいろ言い出すのはたいていジェフだ。彼が僕にイラついているのはなんとなくわかってた。で、最後の曲が終わると、僕はベースを宙に放り投げ、それが落ちるとともに、僕もステージを降りた。ほんとにくだらないロックンロール式の退場だろ」とハンゲイトは認める。「僕はフィッツジェラルド・ハートリー（マネージメント会社）に電話して、『こういうのは僕にはできない』と言ったんだよ。でもその頃、もうニューオーリンズでCBSに見せる準備に入っていたんだよね。で、なんでだったか僕はヘズビーのジェフの家に行って話をした。僕にとってああいうことをやるのがどれだけ居心地悪いかってことを伝えたんだよ。すると彼はわかってくれて、それでいいからやろうって。僕らの間に壁がなくなって、こういう馬鹿げたこともなくなれば、本当にいい友達になれると思うってジェフに言ったのを覚えてる」

そして1978年初め、彼らはニューオーリンズでその重要なCBSのステージを行うことになる。レコード会社のお偉方全員が揃っていて、彼らの間にも次の大物という評判は広まっていた。

とはいえ、まだ契約が決まったわけではなく、それだけにこれは本当に重要な機会で、ただの1つも間違いは許されなかった。

「ジェフはステージングというものにほんとハマってて、日本のキモノみたいなのを着たらバンドが最高に引き立つと考えたんだ。ジム・ケルトナーの影響だね。ジェフにとってケルトナーはヒーローだろ。その彼がいつもそんな感じの服を着ていたんだ。その格好だとプレイしやすいからって」。ハンゲイトは振り返る。「ジェフと裁縫のできる友達とで、シルクの衣装をデザインした。紐で結ぶ形のルーズ・パンツに、そのキモノみたいなトップス。袖がだらんと伸びてて、実際腕から60センチくらい下までぶら下がってるんだ。それで僕らはニューオーリンズに行って、そのビッグ・プレミアをやったわけさ。まだ契約は決まっていなかった。誰も彼もが来てたね。ウェザー・リポートがちょうどステージを終えたところで、次に僕らが出て行った。それまでそんなことをやった経験など皆無の僕らだよ。60センチも垂れ下がった袖じゃ、ギターもベースもキーボードも弾けたもんじゃない。だけどそんなこと考慮しちゃもらえないさ。大失態もいいとこだったよ」

1983年、グラミー賞に向かうポール・ジェイミソン(左)とジェフ
Photo courtesy of Paul Jamieson

大失態を演じたにせよ、結果的に彼らは契約を結び、スタジオ55でデビュー・アルバムのレコーディングを開始する。ジェフのドラム・テックで大切な友人でもあるポール・ジェイミソンによれば、このときジェフはグレッチのセットを使っていたそうだ。ジェイモとジェフは1975年、当時のガールフレンド同士を介して知り合った。彼が初めてジェフのドラム・テックとしてセッションに加わったのは、エリック・カルメンがサウンド・シティでガス・ダッジョンをエンジニアにレコーディングを行ったときである。ちょうどこの時期、ジェフは『シルク・ディグリーズ』にも参加していた。

「そのとき彼が僕をドラム・テックとしてボズ(・スキャッグス)に紹介してくれたんだ」とポールは語る。「R&Rという搬送会社が機材を運んでセッティングをやり、それから僕がヘッドを変えたりドラムのチューニングをしたりする。その後、ジェフが来て、さらにドラムをいじる。だから僕がチューニングを全部やっていたというのは嘘が混じるから、そうは言いたくない。おおよそのところまでは僕が整えたってことだね。彼が座ってプレイできるように準備はしたってことだ。彼が遅れてくることは一度もなかったな。いつでも早く来ていたよ」

さらにジェイミソンは、ボズ・スキャッグスのレコーディング中にジェフから聞いた忘れられない話があるという。スティーリー・ダンのヨーロッパ・ツアーに向けて出発する日、ケネディ空港を歩いていたジェフはドラマーのアンディ・ニューマークにばったり会ったそうだ。「(ドナルド・)フェイゲンがジェフをアンディに紹介した。もちろんジェフの方では相手が誰か知ってたけどね。ニューマークがシンバル・バッグとスティック・バッグを持っていたから、『どこに行くんですか?』と聞いたそうだ。すると、『イギリスだよ。ジョージ・ハリスンのアルバムをやるんだ』と。それを聞いた瞬間、ジェフは『僕もやる』と心の中で言ったんだって。パッと先が見える瞬間って、誰にでもあるんだよね。ジェフもそのとき将来を見通したんだ」

『BAM』誌のインタヴューで、ペイチはTOTOのファースト・アルバムのコンセプトを説明している。「イエスとかELOみたいなイギリスのバンドが向かっている方向、アメリカのバンドがやっていない方向を目指していたんだ。だけど僕らがヒップだって証明するだけのために10年もかけて、それからやっとヒットが出るなんてのは嫌だったのさ。その順番を逆にして、まずヒットを出し、みんなに僕らの存在を知ってもらって、それから僕らが本当にヒップだと思っているものを伝えていこうと思った。もちろんファースト・アルバムも、僕らが本当にいいと思ってるものを出したんだよ。でも一番の目的はアルバムからヒット・シングルを出すことだった」

その目的は達成された。バンド名を冠したＴＯＴＯのデビュー・アルバム『宇宙の騎士（ＴＯＴＯ）』は、１９７８年10月15日にリリースされ、シングル・カット第１弾〈ホールド・ザ・ライン〉はビルボード・トップ１００で最高位５位を獲得した。ジェフはこの曲でのプレイについて次のように語っている。「〈ホールド・ザ・ライン〉では、スライ＆ザ・ファミリー・ストーンのオリジナル・ドラマー、グレッグ・エリコの感じでプレイしようと思っていた。〈ホット・ファン・イン・ザ・サマータイム〉の感じ。ここではハイハットで３連を刻み、スネアで２拍４拍のバック・ビートを入れて、バス・ドラムを１拍目と２拍目ウラに入れてるんだ。２拍目のバス・ドラムでは、８分のトリプレットのフィールを強く出してる。それがこのグルーヴの基本だ。で、あの曲のとき、『うん、この曲はヘヴィな４つ打ちにするつもりだったけど、スライのグルーヴを入れたい』と思った。あれはデヴィッド（・ペイチ）が書いた曲で、トリプレットのグルーヴだね。スライのグルーヴをもらって、そこにハード・ロック寄りの、もっとプリミティヴなアプローチを織り込んだんだ」

ルカサーは初期のＴＯＴＯを次のように振り返る。「当然ながらジェフとペイチがリーダー格だった。このバンドは彼らの子どもだからね。でも彼らは寛大で、メンバー全員で収益を完全に平等に分けるようにしてくれた。しかも、アルバム制作全般についてすらそうなんだ。確かに僕ら全員が参加していたけど、最初の２枚くらいでは、僕ら数人はまだ10代で、19歳とかの子どもだった。それに比べて、ジェフとデイヴは遥かに経験豊富だった。ジェフは常にスピリチュアルなグル（師）であり、バンドの流れを作り出すリーダーだったと思う。ジェフが頷けば、僕は間違ったことをやっていないってことなのさ」

〈ジョージー・ポージー〉もシングルとしてリリースされたが、こちらはそれほどヒットせず、チャート48位止まりとなる。だがポーカロ・ファンには、このグルーヴの深みも愛された。〈ジョージー・ポージー〉は、ペイチがスタジオに持ち込んできた時点で、あのミドル・ブレイクも含め、すべて完璧に仕上がっていたとルカサーは言う。「デビュー作からあれだけたくさん曲を作れる奴なんて見たことないよ。『シルク・ディグリーズ』を経て、ペイチは一気に爆発したんだ！」

　ペイチが〈ジョージー・ポージー〉をピアノで弾き、誰かがコード・チャートを書いて、そのままジャムを始めた。ルカサーによれば、ジェフ、ペイチ、ハンゲイト、ルークの演奏を生で録り、その瞬間の勢いを捉えたのだという。

　ジェフは当時、この曲での自分のパートについて次のように言っていた。「〈ジョージー・ポージー〉で、僕はモーリス・ホワイトにフレディ・ホワイトのプレイを全部真似てるんだよ。ポール・ハンフリーもかなり真似てるし、アール・パーマーはたっぷり真似させてもらってる。あのグルーヴで一番影響を受けたのがポール・ハンフリー、エド・グリーン、アール・パーマー、それに16ビート・グルーヴのゴッドファーザー、ジェームス・ギャドソン。〈ジョージー・ポージー〉のあのグルーヴは、彼らのおかげなんだ。〈ロウダウン〉のグルーヴなんだけど、ちょっとリフトが違うかな。テンポが違うんだ。僕はああいうグルーヴを全部あの人たちから盗んでるんだよね。でも、曲によってビートをほんのちょっと変えてるってことかな」

　シングル・カットされたもう1曲、〈愛する君に（I'll Supply The Love）〉は、チャート最高位45位にとどまった。１９７９年2月8日、ロサンゼルスのロキシーでＴＯＴＯが初の大規模なショーを行ったとき、この曲はオーディエンスに思い出深い瞬間を残すことになる。とりわけ、ジェフの子ども時代の友人、ケリー・モリスにとってはそうだったろう。悪役登場に似合いそうなインストゥルメンタルのインタールードに入ったところで、ロキシーのバルコニーに着ぐるみ姿のモリスが現れた。衣装はもともとジェフが仮装に使ったもので、この特別な夜にケリーにも出番を与えたいと思った彼が思いつき、その提案にバンドも乗ったことで実現した。客席からは巨大なニワトリのように見えたが、ケリーによれば「ブツブツだらけの醜い鳥」だったそうだ。

「その前の年、ジェフがハロウィーンでその格好をしたんだよ」とケリーは説明する。「恐竜みたいなでかい鳥の着ぐるみで、身体中ぶつぶつだらけでね。スクレッド[*49]っているだろ、リリー・トムリンと一緒にテレビに出てたマペット。あんな感じ。その格好で出ていったのさ。怖いはずなんだけど、あの後、『君があのチキンだったの？』と、みんなにさんざん訊かれたよ」

その晩のステージにはパーカッショニストのレニー・カストロ[*50]も加わっていた。彼はこのデビュー作でも、デモやトラックの一部に参加している。カストロが初めてジェフに会ったのは1977年、プロデューサーのリチャード・ペリーがオープンしたばかりのスタジオ55で、ダイアナ・ロスのアルバム『ベイビー・イッツ・ミー(Baby It's Me)』をレコーディングしたときだ。カストロによれば、このセッションにはルカサー[*51]も参加していたという。当時はパーカッションを他のインストゥルメントと一緒にライヴ録音することが多かったそう

[＊49] TV番組『サタデイ・ナイト・ライヴ』に登場するキャラクター。

[＊50] 70年代より活躍するセッション・パーカッショニストで、長年にわたりTOTOのサポートを続けた。ポップ／ロック系のフィールドにおけるパーカッションのポジションを確立した存在とも言われる。2018年にリーダー作『Hands Of Silk And Stone』を発表。

[＊51] さらにデヴィッド・ハンゲイトとデヴィッド・ペイチも参加している。

だ。
「ジェフが入ってきて目を合わせた瞬間、『僕はこいつを知ってる』と思ったんだよ」とカストロは振り返る。「初めてお互いを見たそのときから、物凄く親近感があったんだ。『おい、僕はおまえを知ってるぜ。会うのは初めてだけど、もう知ってる仲だ』という感じでね。セッションが終わって片づけていると、彼が僕とルークのところにやってきてね、『ねえ、仕事を1つやる気ないか？』と言うんだ。当然、ルークも僕も『おう、どんなのやるんだ？』と言った。すると彼が『ボズ・スキャッグスがギタリストとパーカッショニストを探してる』って。本当のことを言うと、そのとき僕はボズが誰かも知らなかった」

ジェフからリハーサル・スタジオの場所を教わり、カストロとルカサーは約束の時間にスタジオに行って、スキャッグスと全員で演奏した。スキャッグスは「最高だ」と言うなり出ていってしまったという。残されたカストロとルカサーは、「はあ？」とジェフを見やった。

「僕たちはオーディションだと思ってたんだよ」とカストロ。「ところがそうじゃなかったんだ。『ジェフ、どうなってるんだよ。俺たちはこの仕事をもらえるのか？ ボズは出ていっちまったぜ』と言ったらさ、ジェフは笑って僕たちを見て、『来る前からもう話は決まってたよ』と言うのさ。ジェフが言えばボズは信頼して、そのまま受け入れたんだ。だいたいジェフって、誰にとってもそういう存在なんだよな。ジェフが何か言えば、それが聖書の文句同然になる。セッションでジェフと組むだろ？ で、みんなでプレイバックを聴く――ジェフはテイクを2回か3回やったら、もうそれ以上はやりたがらない。時間の無駄だというんだね。最初のテイクをやって、『これはパスだな』となって、2回目もまだ駄目。じゃあ3回目。その後はもう、やる前にあれこれ考えてから入るようになる。そういうのが彼は好きじゃなかった。彼はプレイバックを聴くと、『ドラム最高、パーカッション最高。あとはみんながオーヴァーダブを加えればいい。さあレニー、バーに行こうぜ』。それで僕たちはスタジオを出ていく。プロデューサーは『うん、その通り。ドラムとパーカッションは問題ない。ベースを変えて、キーボード変えて、ギターも……』と言う。ジェフの曲構成のセンスは天性のものだった。リフをどこで入れるか、フィルをどこで入れるか、彼には最初からわかってるんだよ。コーラスのどこでぐっと前のめりにテンポを刻んでいくべきか、みんながちゃんと気づいてない部分が見えてるんだ。みんなが実際にはわからないままでも、彼がそうやって盛り上がりを作ってくれるんだよ。いつも彼がバンドを引っ張っていたんだよね」

その〝オーディション〟の後、何度かリハーサルを行い、程なくボズ・スキャッグスのツアーが始まった。カストロはそのツアーを笑って振り返る。これがルカサーにとって初めてのツアーだったという。「あの頃の遊び方は半端じゃなかったね。みんな若くて愚かで、もうとにかく……」

幾晩も外に繰り出してはしゃぎまわり、クラブに行って酒を飲み、存分に楽しんだとカストロは思い返す。

「ジェフはもう旅慣れていたから、観光まがいのことにはほとんど興味がなかった」と彼は続ける。「でも若いミュージシャンには常に関心を持っていたね。特に他の国の連中。そういう若手ミュージシャンが来ると、必ず時間を見つけて、アドバイスをするとかして力になっていたよ。自分の知識を伝えていきたいと、それをすごく重く考えてたんだ。そういうところもほんとに、本当に素晴らしい人だった」

何時間もバスに揺られている間、ジェフとはどんな話をしていたのだろうか。「女の子、人生、金に車。彼は南北戦争の時代にも、すごく興味を持ってたな」とカストロは言う。「ニューオーリンズに行ったときなんて、まずアンティーク・ショップ巡りをして南北戦争ゆかりのものを見つけたいって言ってさ。あの時代の話がとにかく大好きだったな（ペイチによれば、『ＴＯＴＯⅩⅣ～聖剣の絆～』に収録された〈アンノウン・ソルジャー（フォー・ジェフリー）〉は、南北戦争好きのジェフのためにペイチとルークが書いたものだ。この時代への友の想いをきちんと伝えられるような歌詞を書くため、ペイチは南北戦争のリサーチに長い時間を費やしたという）」

ジェフとカストロの間で諍《いさか》いが起きたことはなかったのだろうか？

「僕たちはずっと仲が良かったよ。何かあったとしたら、僕が吹っかけたんだろうな。こいつはどうしてこんなに女の子を大勢引っかけられるんだよって、いつも嫉妬してたんだ」とカストロは笑う。「バーに入って行くだろ。彼が視線を向けると、女の子はすぐ参っちまう。そういう、なんかこうスルッと惹きつけてしまう何かがあったんだよな。クールな香りを振りまいてる。歩き方、煙草の持ち方、話し方、やることなすことクールだった」

カストロはバンドの正式メンバーではないことに不満を感じたときがあったかもしれないが、ある日、ジェフは彼に本当の理由を明かしたという。「僕はスティーヴィー・ワンダーの仕事をもらって、それから彼と組み始めてね。ツアーから戻ってきて興奮状態でジェフの家に行って、『なあ、スティーヴィー・ワンダーとツアーしてたんだ』って、ガーっとまくしたててたんだ。そしたら彼はただそこに座ったまま、僕を見てるのさ」と、カストロは思い返して語る。「それでベラベラ喋るのをやめて、『ジェフ、どうしたんだ？』と言ったら、『ええい、くそったれ』と言うのさ。『なんだよそれ、どういう意味だよ？』。すると彼が『僕はおまえみたいにできないんだよ。誰かと組みたい、またツアーをやりたいと思っても、レコード会社の馬鹿どもにマネージメントの馬鹿ども、さらにプロモーター、あっちこっちに話を通さなきゃいけない。僕らと契約しなくて良かったな。幸運に感謝しろよ』。そもそも、そういうことがあったんだよ。どうして僕にバンドに入れと言わなかったのか不思議だったんだけど、これを聞いて納得した。『何かまずいことが起きたら、おまえもそれに巻き込まれる。それに今みたいに飛び回って活動することもできないよ』。彼はそう言うと、その後はひたすらスティーヴィーのツアーの話を何から何まで細かく聞きたがった」

TOTOのデビュー作のアルバム・ジャケットには剣が描かれている。これはジェフのアイディアで、これ以降のアルバムの多くに続くテーマだ。ジェフはこれが〈マヌエラ・ラン〉に因んだものだと説明してくれた。「オープニングの歌詞だよ。〝Don't look now, you'd better watch that sword that's hanging over you（今見てはいけない、頭上の剣に気をつけろ）〟」

この新バンドはリスナーには受け入れられたよ

1979年〜80年頃、TOTOのツアー中、リムジン車に乗るジェフとデヴィッド・ペイチ（右）
Courtesy of David Hungate

うだが、なぜか評論家はこの類まれなミュージシャンたちが素晴らしい曲を生み出した事実よりも、彼らがセッション・プレイヤーであることに着目した。そしてこれもどうしたわけか、一部ジャーナリストにとっては、スタジオ・ミュージシャンという響きは否定的な含みを持つようだった。ファースト・ツアーのライヴ評の中には、スタジオ・ミュージシャンは堅苦しいと決めつけたようなものがあり、ジェフは怒りが収まらない様子だった。

「あのツアーのレヴューを読むと、あの人たちってさ、クラッシュやＡＣ／ＤＣはステージを飛び回ってるからすごいと思ってるんだよな。僕らがバンドをやろうと思ったのはロック・スターになりたかったからじゃない。僕らはまずミュージシャンなんだよ。僕らはどうプレイするべきかを知っている。ショーを見にきたら、僕らが動き回らないし、舌をつき出して跳ね回らないから面白くなかったって言うんなら、勝手にしろクソったれだ」とジェフは怒りを吐き出した。「そういう人たちが興奮するのはさ、才能のかけらもない、音楽になってない、調子外れでいい加減な曲なんだ。この世で一番いかがわしいプレイに興奮するんだ。またそういうバンドが今一番ビッグなアクトの仲間入りをしてる。僕らは音楽をやってるだけさ。レヴューを書いてる人間のほとんどが、ゴミを聴き分ける耳すら持っていないんだ」

ジェフは、セッション・プレイヤーであるが故に絶えず否定的に捉えられることには我慢できず、こう反論した。「僕の知ってるミュージシャンで、ステージに出て観客を前にプレイできない人なんていないさ。何もわかってない奴らの前でプレイするプレッシャーなんか、ポール・マッカートニーがいる前で楽譜に向かい、きちっとやらなきゃいけないプレッシャーに比べたら何でもないことだ。それがどうしたってんだよ？　人のことをあれこれ書く奴らや、この街の人間のせいで、ピリピリ神経を尖らせてナーヴァスになるとでも思うか？　冗談じゃない。スタジオで突きつけられるものの方がよっぽどきついんだ。スタジオ・ワークは誰にでもできるものじゃないんだよ」。彼はさらに続ける。「とんでもなくハードな仕事なんだ。物凄いプレッシャーがのしかかってくるし、それもその時々で種類が違う。どこに視点を置くかによるんだよ。どんな分野のどんな人でも同じだろ。どういう種類のプロジェクトに取り組みたいのか、自分の情熱をどこに向けているのか。僕にとってはフェイゲンやベッカーとスタジオに入って、10曲のうちの1曲でも一緒にやれて、彼らに満足してもらえたら、それは物凄い達成感なんだ。フェイゲンやベッカーや、彼らの音楽を知っていればわかるはずだ。ワン・テイクで決めて、大金を使わせずにアーティストを満足させることができたら、それは素晴らしい功績なんだよ」

評論家が気づいていたかどうかわからないが、TOTOのメンバーは最高にヒップな、時代の象徴というべきプロジェクトにも参加している。1979年8月、ジェフはピンク・フロイドの『ザ・ウォール（The Wall）』に1曲参加してほしいと連絡を受けた。5分32秒と、このダブル・アルバム中でも2番目に長尺のナンバーである〈マザー〉でジェフと組むことになった経緯を、ギタリスト／ヴォーカリストのデヴィッド・ギルモア[*52]は振り返る。

「フランスからLAのスタジオに移動して、『ザ・ウォール』を仕上げることにしたんだ。それまで

[＊52] ピンク・フロイドのギタリスト。ジェフは『ザ・ウォール』を機会に親交を深め、84年のソロ2作目『狂気のプロフィール』の全編でドラムを担当。続く06年の『オン・アン・アイランド（On An Island）』ではジェフが敬愛していたアンディ・ニューマークがフィーチャーされた。

2回か3回〈マザー〉のセッションを）やってたんだが、あの風変わりな拍子の出てくるところがどうもうまくいかなくてね。それで僕が試しに別のドラマーでやってみたらどうだろうと言った。誰だったか、たぶんボブ・エズリン（プロデューサー）だったと思うけども、ジェフの名前を出したんだよ。それで彼がプロデューサーズ・ワークショップ・スタジオに来て、セッションをやることになった」。ギルモアは続ける。「彼は曲を聴き、『いいよ、問題ない』と言うと、ハワイ産の太いマリファナ煙草に火をつけて、ドラムの前に座り、すごい速さで片づけてしまった。今ならきっと当たり前の解決法なんだろうが、彼はその時点ですぐにそれがわかったんだね。物凄く楽しいセッションだったし、僕が今まで組んだドラマーの中で一番だなと思ったよ」

1979年、ジェフはとんでもない忙しさだったため、ピーター・フランプトン[*53]のアルバム『ブレイキング・オール・ザ・ルールズ（Breaking All The Rules）』のレコーディングは完全にジェフのスケジュールに合わせるしかなく、その結果、大半が夜中に行われることになった。当初フランプトンは、コア・メンバーのミュージシャンたちとA&Mサウンド・ステージでレコーディングを行い、その録音をライヴ録音と合わせるつもりだった。彼とプロデューサーのデヴィッド・カーシェンバウムはスティーヴ・ルカサーをメンバーに加えることに決め、そして当初予定していたドラマーではうまくいかないのが見えてくると、ルークがジェフを呼んではどうかと提案した。フ

［*53］スティーヴ・マリオットと結成したハンブル・パイでの活動後、セッション・ギタリストとしてジョージ・ハリスンなどのレコーディングに参加。ソロ作も72年以降リリースし続け、76年のライヴ盤『フランプトン・カムズ・アライヴ！』でブレイクを果たす。ジェフが参加した作品は81年の『ブレイキング・オール・ザ・ルールズ』。

ジェフとピーター・フランプトン(右)。1979年、『ブレイキング・オール・ザ・ルールズ』のレコーディング中。A＆Mサウンドステージにて
Photo courtesy of Peter Frampton

ランプトンは笑いながら振り返る。「彼は24時間休みなしで働いてたね。10時から14時、14時から18時、18時から22時とぶっ通しなんだ。僕が頼んだら、ジェフは『夜中からならできるよ』という。それでセッションは〝ゾンビの時間〟にスタートすることになった。夜中から朝の8時までさ。その1回目のセッションでかなり収穫があったから、自然な流れでアルバムをフルでやってほしいと頼んだんだ。だけど、これも当然ながら、彼には既に予定が入っていて、『うーん、火曜の午前3時ならできる』みたいなことになってね。アルバム全部、そんな調子でやったんだ。スタジオを出るといつも外は明るくなっていた。だけど彼は僕らと別れた後で朝のセッションに行くんだよ。あの頃のA＆Mスタジオはめちゃくちゃだったね」

フランプトンが初めてジェフとTOTOのメンバー全員に会ったのは1978年のことで、TOTOがハワイでフランプトンのオープニングを務

めたときだった。実はこれがＴＯＴＯとしてのまさに初舞台で、見事な大成功だったとフランプトンは言う。その頃、彼はチャート1位を記録したアルバム『フランプトン・カムズ・アライヴ！（Frampton Comes Alive!）』のツアーを2年近く続けていた。今作から〈君を求めて（Baby, I Love Your Way）〉〈ショー・ミー・ザ・ウェイ〉とヒット・シングルも出していた彼だが、舞台袖からＴＯＴＯを見ているうちに死ぬほど怖くなったという。「こんな奴らの後でステージに立ちたくないと思った」と彼は笑う。

その2年後、カーシェンバウムがＴＯＴＯのメンバー2人をスタジオに呼ぼうと提案したとき、フランプトンは胸が弾んだという。この伝説のギタリストは、ボーカロ家の人間は誰もが「地に足がついていて、謙虚で、信頼できて、これ以上ないくらい素晴らしいプレイヤーだ」と讃える。「僕が人間として惹かれるのはそういう人たちなんだよ。彼らにもエゴはあるけど、それを出さない」。さらにフランプトンは、スタジオでのジェフはいつもにこやかだったと語る。「僕が曲をピアノで弾いたときもそうだったな。僕はあんまりピアノが上手くないんだけど、あれはピアノで作った曲だったもんだから。彼と僕だけでやっていて（書いたばかりの曲だった）、僕が間違えてばかりいたせいで何度もテイクを重ねることになってしまったんだ。でも、彼は何も文句を言わず、しかもすべてのテイクがどれもまったく同じように素晴らしかった。本当に曲に入り込んでるんだなって思ったのを覚えている。そういうところが彼はすごいんだ。セッション・プレイヤーだからってことじゃない。彼のプレイはセッション・プレイヤーのプレイじゃないんだよ。彼はバンドのメンバーのようにプレイしていた。それに彼はカメレオンみたいに自由自在だったね」

ＴＯＴＯのごく初期に、ジェフがセッション・

プレイについての思いを語ったことがあったが、情熱に溢れたその語りは今も深く私の記憶に残っている。「スタジオ・ワークに完全に没頭してた頃――まだＴＯＴＯを始める前だね――朝はアニメのアーチーズ[*54]、午後はヘレン・レディのアルバム、夜にはトミー・ボーリン[*55]のアルバムという日もあった。３つとも、まるっきり領域が違うだろ。スタジオ・ワークの素晴らしいところはさ、例えば（バーブラ・）ストライサンドの日なら、僕は違うドラム・セットを使うかもしれない。というのは、そこではストリングスの生演奏で、すべてライヴ録音だから。夜のボーリンでは、ヘッドバンドに鹿皮のブーツって格好で、まるっきり違う意識とアプローチでいくかもしれない。いつもあいうのは役者の仕事に似てるなって思う。常に環境が変わるから、こちらも姿勢を変えていく。それが楽しいんだ。自分で心の準備をしていく感じ。同じ自分なんだけれど、ドリー・パートンとプレイするなら、Ｒ＆Ｂとか別のものをやるときとは、力の使い方もプレイの面でも、まったく違う取り組み方にしていこうとするはずだ。そういうのは学んで身につけられるものじゃないけど、それでもさまざまなスタイルのレコードを集めて、自分に教え込もうとすることはできるし、どんな種類の音楽であれ、本気で好きになれば、それにふさわしいアティチュードがわかってくるはずなんだよ。

でも、例えばそれが自分の初仕事だったとする。まだ仕事を始めたばかりで、誰もこちらがどういう奴か知らない。プロデューサーとか契約者とか

［＊54］TVアニメ『アーチーでなくちゃ!（The Archies Show）』に登場する架空のバンドで、番組内でオリジナル曲を発表していた。楽曲制作と演奏は一流ミュージシャンが担当。

［＊55］ジェフはトミー・ボーリンのソロ・ファースト『炎のギタリスト（Teaser）』に収録された〈ザ・グラインド〉〈ホームワード・ストラット〉〈ドリーマー〉〈ティーザー〉の４曲に参加。

がそのアーティストのために雇ったわけで、だからアーティストがボスだ。失敗したらそれきり2度と雇ってもらえない。その人だってその仕事に生活がかかってるんだからね。スタジオ・システムには、そういう駆け引きみたいなものが詰まってるんだ。それに加えて、スタジオに入った途端、これがプレイする初めてのチャンスなんだっていうプレッシャーがかかってくる。まず何より自分には力がある、自分が彼らに与えたいと思っている通りのエネルギーを出せるんだ、という自信が欲しくなる。自分のすべてを出し切り、彼らに強く印象づけたいと思う。でも、そういう意識で向かっていくと、結局はたいてい裏目に出るんだよ。とにかくひたすらタイムを刻む、それが何より大事な基本として押さえるべきことなんだ。僕は曲のアレンジを手伝ったり、曲構成について提案したりするのも好きだよ。曲を知るのが楽しいんだ。だけど今まで僕が出会った中には、担当楽器が何であれ、歌も曲構成も全然わかっていない人がいた。曲や歌のことこそ、本当にしっかり把握していなきゃいけないんだ――ヴァース、コーラス、ブリッジ、強弱、そういった諸々だね。とにかく最高のタイムをキープして、そしてできる限りシンプルに保つこと、それを常に心がける。トラックがファースト・テイクで決まったときもあって、あの瞬間というのは、本当に魔法みたいに素晴らしいんだよ」。さらに彼は続ける。「ちょっと前にジミー・ウェッブのアルバムをやったんだけど、あれはほとんど全曲がファースト・テイクなんだ。それにリズム・セクションのみんなが、見事に波長が合うときがあるんだよね。そういうことが起きるもんなんだよ」

〈ビートでジャンプ（Up, Up And Away）〉〈恋はフェニックス（BY The Time I Get To Phoenix）〉〈マッカーサー・パーク〉〈ウィチカ・ラインマン〉など、時代を代表するヒット・ソングを生み出したソングライター、ジミー・ウェッブ[*56]は、サンセット・サウンドのコントロール・ブースの窓から向こうを見やり、自分の目が信じられない気がしていた。TOTOを自分のバンドに迎え、アルバム『エンジェル・ハート（Angel Heart）』（1982年）を作っているのだ。何より彼が感激したのは、ドラム・セットの向こうにジェフ・ポーカロが座っていることだった。

「みんな若くて素晴らしい才能があって、想像力に溢れていて、それに楽しい連中だった」とウェッブは言う。「ジェフがドラムをプレイしている姿は、今でもはっきり頭に浮かんでくるよ。あのときやっていたのは完全なロックのシャッフル・ナンバーで、かなり速いテンポだった。プレイしているうちに彼があの素敵な天使のリズムに入っていくんだよ。彼はどの曲でもずっと微笑んでるのさ。ほんと天使だ。まあ、あの曲ではちょっと狂気をはらんだ笑顔を浮かべていたかもな。バンドは完全にグルーヴに入り込んでいた。もうみんな曲を覚えていたから、そのまま最後まで通した。他のメンバーも見事な腕だったよ」

ウェッブはデヴィッド・ペイチのことを、彼が父親マーティ・ペイチのセッションについて来ていた12歳の頃から知っているという。マーティからは多くのことを学んだそうだ。

「素晴らしい人だった」とウェッブはデヴィッドの父を称える。「自分の秘訣は絶対明かさないアレンジャーがほとんどなのに、彼は何でも教えてくれた。『どうすればストリングスでそのサウンドが出せるんです？』と訊けば、『僕のやり方を

[＊56] シンガー・ソングライターであり、アメリカを代表する作編曲家の1人。86年にはソングライター・ホール・オブ・フェイムに選ばれる。68年からソロ作の制作も続けており、82年作『エンジェル・ハート』の全曲に参加。

教えてあげよう』と、何小節か譜面を書いてくれるんだ。あの頃、僕たちのセッションをとてもおとなしく見守っていたあの子、デヴィッド・ペイチが、こんな怪物ピアニストになるなんてね。まったく夢にも思わなかったよ」

ウェッブによると、『エンジェル・ハート』のミュージシャンを集める段階になったとき、TOTOのメンバーを何人か呼べるようであれば、他のメンバーもなんとか引っ張ってこられないだろうかという話になったという。

「彼らが揃えば完璧だろうと思ってね」。ウェッブは振り返る。「デヴィッドを押さえられたら、スティーヴも呼ぼう。でも『ジェフは無理だよな』と思っていた。それがさ、確か彼らが決まった後なんだけど、ジェフが電話してきて、『ねえ、どうして僕はこのアルバムでプレイさせてもらえないんだ?』と言うんだよ」

ウェッブは今作のレコーディングを「ワイルドな冒険」だったと表現する。2週近くをかけたレコーディングは、ジェフが言ったように、ほぼすべてファースト・テイクで決まったが、彼らはまずリハーサルをしていた。

「ジェフは自然児なんだよ」。ウェッブは強く言う。「ドラマーはいくらでもいるし、いろんなドラマーがいる。ただ叩くだけのドラマーもいれば、リードしてくれるドラマーもいる。ジェフはグッと前のめりになって、バンドの全員と何度もアイ・コンタクトを取る。そこから『行くぜ』と。それも声に出して言うわけじゃないんだ。態度とかボディ・ランゲージでわかるんだよ。『さあみんな、やるぞ。乗って行こうぜ』とね。僕はぽかんと口を開けて、ジェフを見つめていたもんだ。それから彼は笑いながらコントロール・ルームに入ってきて、みんなとハイタッチするんだよ」

休憩中はジョークを言い合ったりしてふざける一方で、ロックンロール哲学を語り合いもした。

セッションがうまく進まず沈んでしまうようなときには、ジェフがスティーリー・ダンの〝恐ろしく面白い〟エピソードでみんなを和ませてくれたという。

ウェッブは一瞬口をつぐんでから続ける。「あの小さな体のどこに、あれだけのエネルギーと楽しさを詰め込めるんだろうな。彼のドラム・プレイの力強さは半端じゃないよ。すごい音量だ。これは決して見下して言うんじゃないけども、彼は体が小さかっただろ。華奢な体格だった。周りを見れば、NFLのラインバッカーみたいな腕の太いドラマーがゴロゴロいるじゃないか。彼は全然そんなじゃないのに、そいつらと変わらないノイズ（大きな音量）が出せる。しかも疲れ知らずで続けられるんだ」

ウェッブは、1992年にオリンピック観戦のためバルセロナに来ていた夜を思い出す。アメリカ人の仲間みんなで食事をしていて、彼の隣にはベット・ミドラーがいた。彼女が泣いているので訳を訊ねると、「『ジェフ・ポーカロが死んだのよ』と、彼女がそう言ったんだ」。ウェッブは振り返る。「貨物列車に跳ね飛ばされたような衝撃だった。僕は飲むのをやめ、立ち上がって外に出た。誰の車だか知らないがドア開けて、後ろの席に座り込んで、ただ泣き続けていた。今でも覚えてるけど、ジャック・ニコルソンがさ――信じられないかもしれないけど――ジャックってもともとそういうことをする人じゃないのに、外までついて来ててね。ドアから体を乗り出すようにして僕の手を取ると、握手みたいに握ったんだ。彼が戻って行った後で手の中を見てみたら、ザナックス（抗不安剤の一種）があった。ジェフの死は僕が今まで経験した中でも一番悲しいことかもしれない。50年この業界にいる僕でもね。世界から光が消えてしまったような――とてつもなく素晴らしいものがこの世から突然いなくなってしまったような気がした」

ウェッブのアルバムに加え、ジェフがセッション・プレイヤーとしての彼の〝トップ5〟と位置づける作品の1枚に、トミー・ボーリンの『炎のギタリスト（Teaser）』がある。このアルバムについてジェフはこう説明していた。「あれはハイ・スクールの頃に僕がプレイしていた感じに近いんだ。ちょっとジミ・ヘンドリックスっぽいやつ。ハイ・スクール時代のバンドではヘンドリックスやフェイセズをよくやってて、あれは僕がアシッド並に中毒になってる音楽だったんだよ。トミー・ボーリンとか、あの手のバンドも大好きだった。何ヶ月か前に、あのレコードのカセットを見つけてね。聴き返してみたらぶっ飛んだ。なんてファンキーなんだろうって。それにあの荒削りな生々しさもすごく好きだな。僕の記憶にあるのはソロ・アーティストの彼だけど、ギタリストとしても最高で、それにすごくカリスマ性のある人だった。すごいオーラがあったよ。『バンド・オブ・ジプシーズ（Band Of Gypsys）』（ジミ・ヘンドリックスのライヴ・アルバム）の感じだな。僕はずっと、ああいうバンドでやりたいと思っていたのかもしれない。自分の持っているR＆Bの技や、ジャズから受けた影響を生かすことのできそうなバンド。本当に『バンド・オブ・ジプシーズ』みたいなのをやりたかったよ」

ＴＯＴＯのデビュー作は、スタジオ・ミュージシャンに対する偏見から叩かれ、コマーシャリズムに傾きすぎるという批判を受けたにもかかわらず、２００万枚超えの大ヒットを記録する。これに続き、１９７9年にリリースされたセカンド・アルバム『ハイドラ（Hydra）』は、逆にコマーシャル性が足りないとの批判を受けたが、結果的には〈99〉のヒットを生んだ（蛇足ながら、映画『ゲット・スマート』オタクの方々に言っておくけれど、この歌が60年代のオリジナルＴＶシリーズでバーバラ・フェルドンが演じたキャラクター、エージェント99のことと思った人がいたとすれば、それは間違い。「あんな笑える話はなかったな」とペイチは言っている)。

『ハイドラ』のレコーディングのためスタジオに入ったとき、デビュー作の方向性を変えようという意図はなかったとジェフは言っていた。「セカンド・アルバムに関して考えていたことがあるとしたら、ファーストを出してツアーをやった結果、曲作りとプロデュースの面で気づいた点についてだね。つまり、パフォーマンスを無理なくこなすためには、アルバムを作るときにいろんなものを削らなくてはいけないんだよ。ツアーに出てライヴでプレイするつもりなら、5部ハーモニーではなく、3部に収める方がいいとかね。その方がやりやすい」

要素を削ろうと決めたのは自分たちのためだとジェフはきっぱり言い、こう繰り返す。「批評や僕らのパフォーマンスについて言われたこととは、まったく関係ない。そもそも実際のパフォーマンスというのは、プレイそのもののことだ。僕らはタップ・ダンスとかを見せてるわけじゃないんだから」と彼は笑った。

また、レコーディングのプロセスについてはこう言っていた。「とにかくスタジオに行ってプレイを始めるんだ。まだ曲が書けていない場合もある。コーラスだけができていて、そこから始めるとかね。例えば〈ハイドラ〉は、ジャムをやってるうちにどんどん長い大作になって、それを編集したら面白い出来だったんだ。それで『いいじゃないか、これで行こう』ということになった」

1982年、ポーカロはマイケル・マクドナルド[*57]から、ドゥービー・ブラザーズ解散後の初ソロ・アルバム『思慕(ワン・ウェイ・ハート)(If That's What It Takes)』に参加してほしいと連絡を受ける。このキーボーディストは〈ミニット・バイ・ミニット〉〈ドゥービー・ストリート〉〈イット・キープス・ユー・ランニン〉〈ホワット・ア・フール・ビリーヴス〉などのヒット曲を書き、すぐ彼とわかる独特の声でヴォーカルとしてもドゥービーを引っ張る存在だった。だが、ドゥービーのメンバーとして際立った功績をあげる以前から、ポーカロはマクドナルドのそうした才能すべてを認めていた。マクドナルドはジェフが推薦してくれたおかげでキャリアに弾みがついたのだと、今も感謝している。

「毎日必ず何かのきっかけでジェフを思い出すんだ。僕のキャリア、人生、友情、そのすべてにおいて、彼は物凄く大きな存在だから」。初めてジェフに会ったのはマクドナルドが16歳の頃で、「ヴァレーにあったブラス・レイルというクラブだったと思う」と彼は言う。「出演バンドはそれぞれ違うセットをやっていた。僕はテリー・ファーロング（以前はグラス・ルーツに在籍）のブルー・ローズ・バンドでプレイしていた。同じ頃にヴォルテージもいてね、そのときは違う女性シンガーだったけど、そのうちチャカ・カーンをフィーチャーしてルーファスになった。ドビー・グレイもバンドで出ていたし、デラニー&ボニーも出演していた。あの頃はレコード会社がバンドに6万ドルくらいくれて、それで何年かライヴをやって曲作りの腕を磨きながら食えるようにしてくれていた。みんなそうしてたんだよ。ジェフのバンドはメンバー全員まだ高校生で、僕の記憶ではフュージョン・バンドだったね。そのとき初めてジェフを見て、気になったのを覚えてる」。そのとき

[＊57] セッション・キーボーディストとして活動を始め、75年にドゥービー・ブラザーズ加入。82年のバンド解散後はソロ・アーティストとなり、〈アイ・キープ・フォーゲッティン〉〈オン・マイ・オウン〉などをはじめ、いくつものヒット曲を生む。『思慕』『ノー・ルッキン・バック』『テイク・イット・トゥ・ハート』と、ジェフは亡くなるまですべてのソロ作に参加しており、信頼関係の厚さがうかがえる。

『ハイドラ』(1979) からのシングル・カット曲〈99〉のためのビデオ撮影風景
Courtesy of Mike Baird

『ハイドラ』からのシングル・カット曲〈St.ジョージ&ドラゴン〉ビデオ撮影でのジェフ
Courtesy of Barney Hurley

は話をしなかったが、ジェフのプレイに目が止まり、シンバル・ワークを多用していることにも注目していたという。

「次に直接会ったのはテレビ・ドラマ『エマージェンシー！』の打ち上げのときで、軽く一緒にプレイしたんだ」。マクドナルドは振り返る。「その晩、彼がスティーリー・ダンとアルバムをやるっていう話をしてね。それが『プレッツェル・ロジック』だった。『すごいな、こんなに若いのに』と思ったのを覚えてるよ。あの頃、彼はたぶん19歳くらいだったんじゃないかな。その若さで、僕が世界で一番好きなバンド、スティーリー・ダンのアルバムに参加するなんてさ。僕はスティーリー・ダンに惚れ込んでるような感じだったんだ。既に『エクスタシー』も出ていたしね。それで彼にバンドのことをあれこれ訊きまくった。彼はセッションのことやバンドのみんなの話をしてくれて、僕は全身耳になって聞いてたよ」

どうやらこのときの演奏では、ジェフの方がマクドナルドの腕に目を止めたらしい。およそ1年後、ポーカロからマクドナルドに電話が入った。共通の友人から電話番号を聞いたと彼は言い、スティーリー・ダンがツアー・メンバーのオーディションを行うことを知らせてきたのだった。彼らのツアーが何度もキャンセルになっているとマクドナルドは聞いていた。

「『キーボードとヴォーカルにどうかって、名前を伝えておいたから、今夜モダン・ミュージックに来てもらえたら嬉しいんだけど』と彼が言うんだよ。『バンドのオーディションを受けられるかもしれない』って。僕はすぐさまウーリッツァーを小さなフォード・ピントに放り込み、その車を走らせて、バンドのリハーサルに参加した。結果、仕事を手に入れることができたんだ」

オーディションに合格したのは高音部を歌えたからだろうとマクドナルドは言う。そして彼はツアーに参加し、それをきっかけにジェフと親しくなっていった。

「人間としてのジェフに、僕はいつも感心させられていたんだ」。マイケルは声に力を込める。「彼は常に自分を信じていて、その自信が素敵だと思ったな。それに、根っから心のきれいな人なんだよ。しっかりとした自信を持っているその人が、いつだってみんなにすごく優しくてね。そういう場面を僕はしょっちゅう目にしていた。東部に行ったときには必ず祖父母に会っていたし。昔の友達や知り合いに会いに行くのを絶対忘れない。そういうところが本当に偉いなと、強く印象に残ってる。ジェフが亡くなったとき、葬儀には何千人という人が集まった。だけど、それは彼が素晴らしいドラマーだからじゃない。彼が素晴らしい人間だったからだよ」

『うそつきケイティ』のセッションでは、ジェフがリズム・トラックを入れた後にマクドナルドがヴォーカル録りで入ったため、レコーディング日が合わなかった。「それでもときどきデニー・ダイアスの家に集まって、ドナルドにウォルター、デニーと奥さん、みんなでレコードを聴いたりしていたよ」とマクドナルドは振り返る。

ある土曜の朝のことを、マクドナルドはこの先ずっと大事に胸にとどめていくだろう。スティーリー・ダンの時代が過ぎ、マクドナルドがドゥービー・ブラザーズに加わってまだ数ヶ月という頃で、彼はジェフのアパートに来ていた。

「彼が僕に、ドゥービー・ブラザーズでの活動はどうだい？って訊いてきた」とマクドナルドは思い返して語る。「彼の方はあのアルバム、『シルク・ディグリーズ』をやっているところだった。『ドゥービー・ストリート（Takin' It to the Streets）』のラフ・ミックスを何曲か聴かせたら、彼はすごくいいって押してくれてね。ちょっと風変わりなところが気に入ったらしい。それから彼も自分のやってるやつを聴かせてくれた。〈ロウダウン〉だった。ボズの曲の、まだラフ・ミックスのやつ。2人でただそこに座って過ごしてね。あれからあのときを何度も振り返っては思うんだ、『ああ、僕ら2人とも、それぞれのアルバムでその先どんなことが起きるか、知りもしなかったな』と。あの土曜の朝を思い出すだけで楽しい。これといってやることもなくて、ただお互いの曲を聴かせあって。僕にとって本当に楽しい思い出だよ」

　マクドナルドがドゥービー・ブラザーズを離れ、『思慕（ワン・ウェイ・ハート）』をレコーディングしたとき、ポーカロはこのアルバムで3曲に参加していた。そのうちの1曲がヒット・シングル〈アイ・キープ・フォーゲッティン〉である。

「〈アイ・キープ・フォーゲッティン〉では最高に素晴らしい瞬間があった。即興の途中で彼がスティックを落として、ハイハットのビートが1つだけ抜けたんだけど、すぐ彼は下に手を伸ばして別のスティックを取り出した。実際に何があったか知らない限り、絶対気づかないよ。スティックが床を転がって行くのが見えたのを覚えてる。でも彼の手には既に新たなスティックが握られていて、彼はプレイを続けてるんだ。僕ら全員そのテイクが気に入った。スタジオで彼と組めるのは最高だったよ」。それからマクドナルドは付け加える。

「僕が会えた最後の数ヶ月まで、ジェフはずっとそのまま、素晴らしい人だった。それに『テイク・イット・トゥ・ハート（Take It To Heart）』[*58]でも僕と組んでくれた」

　ジェフがいるとスタジオがどれだけ楽しくなったかをマクドナルドは語る。「とにかくいつでも、そうは手に入らないテープを持って来てるんだよ。彼はそれをみんなに聴かせたいんだ。ビートルズのアウトテイクとか、まだマッカートニーが歌詞を書く前の〈フール・オン・ザ・ヒル〉のデモとか」。マクドナルドは続ける。「僕にとって彼の最高に素敵なところはね、『今日はこれをやろう』と思って朝スタジオに入っても、結局『こんなことやるとは思ってなかった』ってことをやって終わるんだよ。ジェフとセッションをすると何度もそういうことがあった。彼は自分のセッションがなくても、その日の作業が全部終わるまでいるんだよ。で、ある日のこと、僕らは新しい曲にかかっていた。彼はもう自分のパートを終えていたんだけど、そのまま残っていて、『この曲に合いそうなのがある』と言うんだ。何かと思えば、エミール・リチャーズの持っていた、こんなにでかいアフリカン・ドラムでね。結局、エミールのレアな楽器をそのトラックの一部で使ったんだ。確か(『テイク・イット・トゥ・ハート』に収録された)〈ユー・ショウ・ミー〉だったと思う。ブラジルのバラードみたいな曲だ」

ポーカロは昼前に自分のパートを終えていたが、午後5時にリチャーズのドラムがA&Mに到着するまで一緒に待っていたとマクドナルドは振り返る。

「シャッフルも、典型的なロックンロールのドラム・パターンも、彼の手にかかればガラリと違うものになる。もっとソフィスティケートされた、グルーヴィーなものに変わるんだ。同じプレイができるドラマーが100人いたとしても、あそこまでやれる人間はいないよ」

ポーカロはTOTOに専念するようになってからもセッションに参加し続けていた。バンドのプロジェクトにかかっている間は、たいてい週に5

[＊58] 1990年にリリースされたマイケル・マクドナルドのソロ3作目。ジェフは6曲にドラムで参加し、パーカッションも4曲に入れている。

日、夜7時ごろから作業を始めるとのことだった。「ひどく遅くまでやらない限り、昼間も仕事できるし、午後とか週末にセッションを入れられる」

　バンドのレコーディングはいつもセッション・ワークより自由な気分でやれたとジェフは言い切る。

「僕らが（TOTOとして）スタジオに入るときは、僕らの楽器を演奏してそれをレコーディングし、僕らの曲をアレンジして、僕らの曲をプロデュースする。すべて僕らのためだ」と彼は強調する。「サイドマンとして入っている場合には、自分が組んでいるプロデューサーとアーティストの要求を満足させるためにそこにいるんだ。それも僕には楽しい。だってさ、ときにはグループから抜け出して、ほっとすることもあるじゃないか？」

　ツアーに出るためにその場を離れれば、いずれは次に控えている人間にセッション・ワークを奪われることになる、と彼はいつも言われていたそうだ。「だから常にリスクを犯しているわけだよ。戻ってきたらもう、前に声をかけてくれた人が電話してこないかもしれない」

　だが、当事者以外の人間が間に入る場合には確かにそういうこともあったものの、アーティストやプロデューサーから縁を切られることはほとんどなかったとジェフは言っていた。生き馬の目を抜くような世界にいても、彼はそこでの自分の位置をほとんど気にかけることがなく、それどころか、他のドラマーを推薦することすらあった。70年代末から80年代はじめのシーンで彼が特に推していたのが、素晴らしい新人ドラマー、[*59]ヴィニー・カリウタである。

　カリウタによれば、ポーカロがどのようにして自分のことを知ったのかはよくわからないが、初めて会ったのは[*60]1979年頃のトム・スコットのセッションで、そのときのドラマーがジェフだったという。その年、カリウタはまだほとんど無名ながらフランク・ザッパのオーディションに通り、ザッパの記念碑的アルバム『ジョーのガレージ（Joe's Garage）』のレコーディングに参加したことで、ドラマーの間では既に噂が広がっていた。テイクを終えたボーカロが出てくると、カリウタの友達のベーシスト、ニール・スチューベンハウスが2人を引き合わせた。ジェフはそのとき、少し疲れていて今ひとつ乗れなかった、と言ったそうだ。

「だけど、惚れ惚れするようなグルーヴだったんだよ」とカリウタは思い返す。「ちょっとサンバ風の、いつもジェフがみんなを唸らせる、あのファンクっぽいグルーヴ。あれを聴くともう最高の気分なんだ。僕には魔法に思えたよ。心のこもった真実の音。だから彼の言葉を聞いたとき、『これで疲れてるっていうなら、疲れてないときは一体どんなプレイなんだ』と思ったね。あれは彼の

1990年、『モダン・ドラマー』誌の取材で出会ったジェフとヴィニー・カリウタ。後ろにいるのはジム・ケルトナー。サン・フェルナンド・ヴァレーの著者宅にて

Photo by Lissa Wales

[＊59] フランク・ザッパの79年作『ジョーのガレージ (Joe's Garage)』や81年作『黙ってギターを弾いてくれ (Shut Up 'n Play Yer Guitar)』でフィーチャーされ、その超絶的ドラミングに注目が集まる。難解なザッパのドラム曲〈ブラック・ペイジ〉を初見で叩いたという逸話も残っている。以降、ジョニ・ミッチェル、スティング、トム・スコット、ジェフ・ベック、メガデスなどジャンルレスで無数とも言えるセッションに参加。94年には唯一のリーダー作『Vinnie Colaiuta』を発表。

[＊60] トム・スコットの79年作『ストリート・ビート』のレコーディング・セッションと思われる。

謙虚さの表れだと思う。ジェフみたいに、本当に根っから優しくて心が広い人にはついぞ会ったことがない。ジェフも（スティーヴ・）ガッドも僕にとってはそういう存在だったけど、ジェフと僕はこっち（西海岸）に住んでたからね。ジェフの方が深く知り合えた」

このドラマー2人の関係はだんだん深まっていったという。ヴィニーは直接のきっかけをはっきりとは覚えていないが、互いに相手のギグを見に行っているうちに、いつの間にか、地元の〝クール〟なクラブ、ベイクド・ポテトで代わりを務めてほしいとジェフから声をかけられるようになったそうだ。ベイクド・ポテトでプレイしていた晩にポーカロが客席に来ていたことがあったと、ヴィニーはそのときを振り返る。曲に没頭し、目を瞑ってプレイしていた彼がその目を開くと、ドラムの下にジェフがいたという。実はその曲の演奏中にハイハットのスタンドが壊れていた。

「ドラムはクラブの端に置かれていてね。ステージにはウェストくらいの高さの、ちょっとした仕切りがあって、その向こうのテーブルに彼は座ってたんだ」。ヴィニーはそのときの様子を語る。「ところが、僕がハイハットのペダルを見下ろしたら、どうしたことか彼がその仕切りを飛び越えてきたらしくて、床から僕を見上げてるんだよ。彼は僕のハイハットを直してたんだ。僕は呆然と見下ろして、『一体何やってるんだ？』と言った。そしたら彼が笑い出して、僕も一緒になって大笑いさ」

2人は電話番号を交換し、電話をかけあって話すようになった。マイアミでビー・ジーズ[*61]との仕事を終えて戻ってきたポーカロから、延々と批判を聞かされたことがあったとカリウタは笑う。「彼はもう爆発しちゃってね。『まったく、クリック・トラックをとんでもなく大きく出すもんだから耳がおかしくなりそうだった。たかがクリックのために、ヘッドフォンをガムテープで頭に括りつけるはめになったんだぞ。あんなことやってるなんて、あいつら信じられないよ。テープをバラバラに切って、テイクを何度も何度も重ねて、そのビートを全部並べて比べようってんだから』。彼は本気で腹を立てていたよ。彼にとっては地獄の苦しみだったんだ。僕は彼の話を聞きながら、『どうして彼にそんなことができるんだ？ 間違いなく完全に頭がどうかしてる。彼を雇っておきながらそんな目に遭わせるなんて』とつくづく思ったよ。この業界が変人に仕切られてきたってことの証しだね。まともに考えればわかるだろ。ジェフがレコードに参加すれば必ず最高のフィーリングが加わるのに、他に何が聴きたいんだ？ グルーヴが聴きたいのか、それとも機械に全部やらせようとしてるのか？ ジェフですら言ってたよ、タイムが完璧でも、フィーリングも最高になるとは限らないんだって」

面白いことに、ジャクソン・ブラウンもジェフからこのビー・ジーズの話を聞いた記憶があるそうだ。「ガッドと（ラス・）カンケル、あと確かボブ・グラウブも一緒に、フロリダのビスケーン湾沿いにある彼らのミドル・イア・スタジオに行ったんだ」。ポーカロは『モダン・ドラマー』誌の合同インタヴューで、その場の全員にこの経験を語っている。「彼らはいつもウーレイ・クリックを使っていた。で、2小節分のループを作りたいということでね。デモを流して、ヴァース、コーラス、ブリッジそれぞれにどんなドラム・パターンを入れたいかを説明されて、それからテープを

［＊61］ビー・ジーズの82年作『リヴィング・アイズ（Living Eyes）』のレコーディングと思われる。

回した。とんでもなく巨大なリールで、あんなの見たこともなかったよ。2小節クリックを聴いてから、ダウン・ビートのバス・ドラムを入れるだろ。そこから8ビート叩いて止まると、（プロデューサーの）アルビー・ガルテンとカール・リチャードソンがそのリールをテープヘッドまで手で動かして、拍子を見て、定規を出して、テープを測って印をつける。これに7分かかる。それから彼らはトークバック・ボタンを押して言うんだ。『3ミリ・セカンド遅いね。もう一度やろう』。テープを巻き戻すまで待って、またクリックで8ビートを聴いて、叩いて、計測が済むまで7分。それから言われる。『惜しかった。今度は1ミリ・セカンドだけオーヴァーした。1ミリ・セカンド分やりすぎたね』。2小節のループのためにプレイした4分音符をワン・トラックに入れて、別のトラックに8分音符を入れて、16分をまた別のトラックに入れる。ハイハットの16分音符は1打ずつやらなきゃいけないんだ。1トラックに1打ずつ、それを2小節分だ」

「まだリン・ドラムも出たばかりの頃で、彼らは機械について知りたいとも思ってなかった。アナログじゃなきゃ駄目だと言うんだ」。ポーカロは続ける。「このループ作りをしているとき、奥の部屋にセスっていう科学者がいてね。そこに、締め具のついた、大工が使うような木の作業台が置かれていた。その締め具で大きな真鍮のモーターが固定され、そこにボルト4本で真鍮の部品を取り付けてある。その中にリーガル・ティップの5Aのドラム・スティックが留めてあって、その前には12×8インチのタムタムが置かれ、スタンドが完璧な角度に傾けてあってさ、ソェアライトでミドルCを叩くと、人間じゃ出せないような強さでアームがドラムを叩く。その後、アームが元に戻ってしまうから、また叩けるようにプログラムしようとするんだけど、そこでライトがパパパッと白から黄色、緑、赤と点灯していくんだ。緑まで来たらプラグを抜かなきゃいけない。モーターは1個750ドルするから、オーバーヒートでお釈迦になったら困るだろ。彼らはそれでもこれをなんとかうまく使おうと、フェアライトの上にスタンド置いて、そこにバス・ドラムを立て、ライザーの下からロッドを2本、フット・ボードにボルトで取り付けた。一方のモーターでペダルを押し下げて、もう1つのモーターで上げるようにすれば、次のビートが打てる。ハイハットに2本、フロア・タムに1本、スネア・ドラムとマウンテッド・タムに1本、それぞれアームがついていた。要するにこれ全体で何をしようと考えてたかというと、ガッドとカンケルと僕がこっちで仕事をしてる間、その科学者がロボットに僕らと同じことをやらせて、アナログ・サウンドを録ると同時にプログラムも可能にしようってことさ。あまりに金がかかりすぎて、失敗したけどね。だけどミリ・セカンドまできっちり測ってるのを見たときにはぶっ飛んだな。2時間後に休憩に入ったときには頭痛がするし、めまいを起こしそうだった。戻ってみたらその科学者がこっちの仕事を代わりにやろうとしてるしさ」

ポーカロとはよく食事もしたとカリウタは振り返る。そして2人の関係は次第に友情へと膨らんでいった。ジェフはとても寛大な人でもあったとヴィニーは言う。セッションでアーティストがカリウタのドラムのサウンドをあまり気に入らないときには、ポーカロが自分のセットを使わせてくれた。さらにそれを超える心の広さを見せたこともあったという。「ある日、彼が電話してきて『なあ、A&Mのセッションに出られないから、代わりをやってくれないか？ ドラムはもう僕のを置いてあるから』というんだ」。カリウタは回想する。「それがスタン・ゲッツのアルバムだったんだ。そのアルバムがリリースされたのか、そのトラックが使われたのかどうかも知らないけど、プロデュースはハーブ・アルパートで、ジェフがやるはずの仕事だった。それでも彼は気にしなかったんだよ『ああ、ヴィニーならやれるはずだ。僕は別にいいさ。彼のことを気に入ってるから推薦するんだ』と、そう思うような人なんだ。いつだって彼は僕を応援してくれた。いつだって守ってくれた」

そしてジェフは、ヴィニーがギタリスト／ソングライター／プロデューサーのジェイ・グレイドン[*62]から不当に扱われていると感じたとき、その強烈なバックアップの力を発揮した。当然、この事件の捉え方は両者で異なるが――広まった話は悪ふざけとして語られることもあれば、笑い話になることもあり、たちの悪い話とされることもあった――ジェフにすれば、カリウタに対する忠義に欠けると感じたための仕返しでしかなかった。

一方、グレイドンにすれば完全な不意打ちで、まったくの見当外れにしか思えない出来事だった。グレイドンは、彼のプロデュースするペイジズ[*63]というバンドのサード・アルバムで、若手ドラマー、ヴィニー・カリウタを起用していたが、そのプレイに不満だった。グレイドンは当時のカリウタに対する評価として、「まだ腕が追いついていなかった。あのアルバムで彼が参加したトラックの中にはすごくいいのもあったけど、成功と言えないのもあったから、それでジェフに入ってもら

[＊62] 70年頃からセッション・ギタリストとして活動し、スティーリー・ダン、ボズ・スキャッグス、ジョージ・デューク、マーヴィン・ゲイなどのアルバムに参加。プロデューサーとしても辣腕を振るい、アル・ジャロウやマンハッタン・トランスファーなどの作品を手がける。80年にはデヴィッド・フォスターと共にエアプレイを結成。その唯一作『ロマンティック』でも、もちろんジェフが叩いている。

[＊63] ユニット名をタイトルとした82年作の『ペイジズ（Pages）』。同作にはドラマーとしてジェフ・ポーカロ、ヴィニー・カリウタ、ラルフ・ハンフリー、マイク・ベアードが参加。なお、ややこしいことに78年作のファースト・アルバム『Pages（邦題：ファースト・ペイジズ）』にも同じタイトルがつけられている。

ったんだ」と説明し、続けてその後の顛末を語る。ある日、ソロのオーヴァーダブをやっている最中に、彼は右側に誰かがいる気配を感じたという。「そっちを見たら、ジェフが僕のギター・ケースに小便をかけていたんだ」。グレイドンはそのときのことを思い返す。「僕はギターを置き、ジェフの首根っこ掴んで、肺が張り裂けそうなくらいの大声で怒鳴りながら、サウンド・ラブの壁に押しやった」

グレイドンは怒り狂った。ポーカロは1時間以上かけてケースをきれいにしたそうだが、グレイドンはいまだにそれを思い出すと不快感が蘇るらしい。ポール・ジェイミソンによれば、ポーカロは当時彼が後押ししていたカリウタのキャリアをグレイドンが潰そうとしていると思ったのだという。「ジェフは何かされたらやり返すタイプだから」とジェイモは言う。「実際、ジェームス・ブラウンの〈ザ・ペイバック〉(〝仕返し〟という意味)は僕らの大好きな曲だし」

これ以降、カリウタは目覚ましいキャリアを築いているし、彼にとってはすべて過ぎたことだ。だがその時点では、自分もペイジズの一員であり、したがってアルバム全曲に参加するものと思っていて、1つのプロジェクトで複数のドラマーを使うという考え方が理解できていなかったという。バンドは既に全曲のリハーサルを済ませ、カリウタにしてみればそのメンバーのみで完全な形のユニットだった。「その後、セッションをもっとたくさんこなすようになってから、だんだんわかってきたんだよ。こういうものなんだ、プロデューサーがいろいろなミュージシャンを使う場合もあるんだって。今は振り返って笑うこともできる」。今、カリウタはそう言う。

1990年の『モダン・ドラマー』誌での合同インタヴューのときには、ジェフも同じような気持ちになっていた。「君はバンドの1人だったたんだから」と彼はヴィニーに向かって言った。「あのアルバムが出る前、君はあのバンドとリハーサルをしていて、ロサンゼルス中の噂だったんだ。『このアルバムは楽しみだぞ。こいつは成長株だ。クールだよ。こいつは聴かなきゃだめだ』って。ヴィニーを聴いたミュージシャンは1人残らず、彼をヒーローと崇めていたよ。当時、彼はまだそんなにセッションをこなしていなかったかもしれないけど、みんな既に彼のことを知っていた。そのときには、もうザッパと『サタデイ・ナイト・ライヴ』に出ていたしね。黄色のグレッチのセットでさ。みんな『こいつ、一体何者だ?』って見てたんだよ」

グレイドンによれば、この一件の後、彼とハンゲイトは、ハンゲイトが自宅の庭で袋に詰めてきた犬の糞を持ってTOTOのリハーサル・ルームに行き、ポーカロのドラムをめちゃくちゃにしたそうだ。

「乾いたクソをタムとスネアに突っ込んで、一番水っぽい奴をハイハットの表面になすりつけてやった。ハットを鳴らすたびに匂いがするようにさ。残りはバス・ドラムの後ろに置いておいた。リハーサルが始まる前にジェイモが片づけたけど、それでもまだ臭いが残ってただろう」とグレイドンは振り返る。「次の日、チェロキーでドラムを鳴らしたら、〝ブブブブブ〟みたいな音が聞こえて、エンジニアが『なんだこれ、どうしたんだ』とマイクを確認したけど何の問題もない。それでコントロール・ルームに戻ると、また〝ブブブブブ〟だ。それでまた出てきてチェックしたら、ジェフのドラムの周りをハエが飛び回ってたんだってさ」

あれ以来ポーカロとの関係は変わってしまったとグレイドンは正直に認めるが、もちろん彼と組むことをやめはしなかった。彼のプレイは他には変えがたいものだったからだ。グレイドンがポーカロを起用してプロデュースしたアーティストには、アル・ジャロウ、マンハッタン・トランスファー、ディオンヌ・ワーウィック、ケニー・ロジャース、エル・デバージなど、錚々たる顔ぶれが並ぶ。[*64]

「彼は素晴らしいドラマーだよ」と彼は断言する。「彼のようなプレイをするドラマーはいまだに誰もいない。シャノン・フォレスト[*65]が一番近いかな。ジェフは飛び抜けてるんだ。どうして僕が可能な限りどこにでも彼を使ったと思う？　どうして彼があんな山ほどたくさんのレコードでプレイしてると思う？　彼本人はシャッフルをプレイできないと思っていた。だけどエアプレイのアルバムの〈貴方には何も出来ない（Nothin' You Can Do About It）〉、あれはシャッフルだよ。ファンク・シャッフルと言われるタイプのグルーヴで、〈アル・ジャロウの〉〈モーニン〉も同じものだ。ポップ・ジャズ・フィール、3連のフィールだね。シャッフルの部類だよ。シャッフルには100種類はヴァリエーションがあるけど、彼は自分がどれも全然ダメだと思い込んでいた。頭がおかしいんじゃないかって言ってやったね。〈ロザーナ〉だって同じグルーヴじゃないか」

セッションに行き、ジェフと組むとわかると、もうそれでその日の曲のフィーリングが予想できたとグレイドンは懐かしむ。「僕はロサンゼルスにいるドラマー全員のグルーヴを知ってる」。彼はきっぱり言う。「どのドラマーが何を得意にしてるか全部知ってるよ。ジェフの得意技の何がすごいかって、彼はスネアのバック・ビートをほん

[＊64] 作品名で言うと以下。アル・ジャロウの81年作『ブレイキン・アウェイ（Breakin' Away）』と83年作『ジャロウ（Jarreau）』、マンハッタン・トランスファーの79年作『エクステンションズ（Extensions）』、ディオンヌ・ワーウィックの82年作『フレンズ・イン・ラブ（Friends In Love）』など。

[＊65] 90年代頃から活躍するアメリカのセッション・ドラマーで、ケニー・ロジャース、ジョシュ・ターナー、ブルック＆ダン、アート・ガーファンクル、ドン・ヘンリー、テイラー・スウィフトなどの作品に参加。2014～2019年にはTOTOのツアー・ドラマーに抜擢され、アルバム『Old Is New』にも1曲参加。

の少しだけ遅らせるんだ――マイクロ・セカンドのレベルでだよ――そして自分がバック・ビート側に回る。すると他のみんなは当然センター・タイムをプレイすることになって、そこがまさにクールに聴こえるポイントなんだ。あるとき（キーボーディストのグレッグ・）マティソンがバック・ビートをプレイしてジェフと合わせたら、テイクの後でジェフが『あれはダメだよ。センターをやってくれ、そこは僕にやらせて』と言うんだ。どうしてジェフがそう言ったか僕にはわかったし、納得できた。ジェフが（セッションに）いて、さらにハンゲイトとレイ（・パーカー・Jr.）と（デヴィッド・）フォスター、あるいはペイチがバックにいれば、その日はファースト・テイクで決まるはずだって確信できた。そうじゃなくてもセカンドかサードで終わるんだ――本当に頭が下がる。それも天才的なテイクなんだ――本当に頭が下がる。あのリズム・セクションはまさに驚異的だった」

ジェフがカリウタに向ける敬愛の情は特別なものだった。長い付き合いの間に、私はジェフがヴィニーの技をどれほど尊敬しているか、何度となく聞かされた。さらに彼は、自分の能力には限界があると打ち明けさえした。彼はフランク・ザッパから何度もレコーディングに誘われながら、そのたび辞退していたのだという。ザッパの複雑極まる楽曲の譜面を初見でプレイするなど無理だとわかっていたからだ。

「僕にはハードルが高すぎる」とジェフは正直に口にした。「たまにプレイのアイディアが浮かぶことがあって、頭の中では『行け、これをやるんだ』って声がする。だけど、ああいう器用な技を持っていないから僕にはできない。じっくり1人でこもって練習して練り上げてからでないと、実際にできないものもあるんだよ」。さらに彼は、ベイクド・ポテトのような場所で演奏した機会などに、失敗の上手なごまかし方を覚えたと私に打ち明けてくれた。そうやってカリウタの真似をしようとしたものの、本当は怖くてたまらず、苦しんでいたのだという。「みんなは言うんだ。『なんだよ、ジェフ、やってみろよ。おまえには時間もあるし、グルーヴもある。あの人たちがやってることはおまえにだってできるさ。とにかくじっくり練習してみればいいじゃないか。怠けちゃだめだ』と。だけどさ、それなら僕は絵を描いていたいよ。加えて、僕はその人たちが人間として感じるところに近くて――スピリチュアルな面でアーティストとして感じることに――だから、もし僕がヴィニーみたいにプレイできたら、あれだけの技を使わずにはいられないだろう。あまりに忙《せわ》しなく動きすぎるドラマーは嫌いだという人もいるのは知ってる。でもね、彼らのような技を持っていたら、セッションをやっていてもどれだけイライラするだろうって、僕にはわかるんだよ」

１９７９年、ＴＯＴＯが『ハイドラ』をリリースした頃、彼らの物語にシェップ・ロンズデール[*66]が登場する。彼は１９７３年にイギリスからアメリカに移住し、ライヴ・ミキサーとしてアメリカのバンドと仕事をしていた。ドゥービー・ブラザーズのアルバムのミキシングを担当したのに続き、彼らのオープニング・アクトを務めていたチャーリーというバンドのドラマーとしてツアーにも参加したロンズデールは、そのツアーを終えてリーズ・リハーサル・スタジオにいたある日、ちょうど『ハイドラ』ツアーに出発間際だったＴＯＴＯのスタッフから声をかけられる。「一緒に来ないか、何か仕事を見つけてやるよ」

[＊66]『デューン 砂の惑星』のサウンドトラックやTOTO諸作のエンジニアとして知られているが、もともとはドラマー／パーカッショニストであり、英AOR系ハード・ロック・バンドのチャーリーの４作目『ファイト・ダーティー』ではスティーヴ・ガッドとのダブル・ドラムが聴ける。ケルト音楽を演奏するゲーリック・ストームではジェンベやドゥンベックなど多彩なパーカッションも披露。

ロンズデールは誘いに乗ってツアーに加わり、雑多なエンジニアの仕事をこなしていた。そんなある日、ペイチが彼をサンセット・サウンドで見かけた相手だと気づく。そのときロンズデールはドゥービー・ブラザーズの日本ツアーのテープをミキシングしていた。ペイチはツアー・マネージャーのクリス・リトルトンに確かめ、同じ人物と確認すると、彼に言った。「彼にモニターをミックスしてもらったらどうだろう？　今のモニターが最悪なんだ」

モニター担当はすぐロンズデールに仕事を引き渡し、そしてツアー半ばにサウンド・ミキサーが辞めると、ロンズデールがそのポジションに着いた。後年、80年代はじめに、スタジオを建てることに決めたジェフはロンズデールに協力を求めた。ジェフが〝ザ・ヴィラ〟と名づけたこのスタジオは、ハリウッドでも名高いスタジオの1つであるサウンド・ファクトリーとまったく同じ寸法で設計されていた。ペイチも自宅にキーボード・スタジオを持っていたが、ジェフはすべてのトラックのレコーディングが可能なスタジオを作り、ドラムもレコーディングできるようにしたいと考えていた。１９８３年9月には、既にヴィラは動き始めていた。

「あのスタジオがあれだけうまく行ったのは、あの寸法のおかげだ」とロンズデールは説明する。「それと機材だね。ＡＰＩレベル24のミキシング・コンソールに、アルテックの〝ビッグ・レッド〟スタジオ・モニター・スピーカー、アンペックスのマシン類。まさにロックに向いているものが揃っていた。プロデューサーのヴァル・ギャレイが、この完全なレプリカを（カリフォルニアの）シャーマン・オークスに作っていてね。結局このレコード・ワンというスタジオで、ＴＯＴＯの『ＴＯＴＯⅣ～聖なる剣』のミキシングをやることになったんだ」

ロンズデールはジェフの家のすぐ近くに住んでいたので、自然とヴィラのエンジニアになった。ロンズデールによれば、ジェフは誰かのレコーディングに呼ばれたもののセッションに行く気にならない場合、テープを送ってもらい、ヴィラでプロジェクトに取り組むこともあったそうだ。もちろんＴＯＴＯのアルバムのレコーディングもこのスタジオで行われている。

ヴィラのセッションでも特に注目すべきは、『ファーレンハイト（Fahrenheit）』の〈ドント・ストップ・ミー・ナウ〉でマイルス・デイヴィスがオーヴァーダブを加えていることだ。スティーヴ・ポーカロが作編曲した〈ヒューマン・ネイチャー〉をカヴァーしていたデイヴィスは、今回も

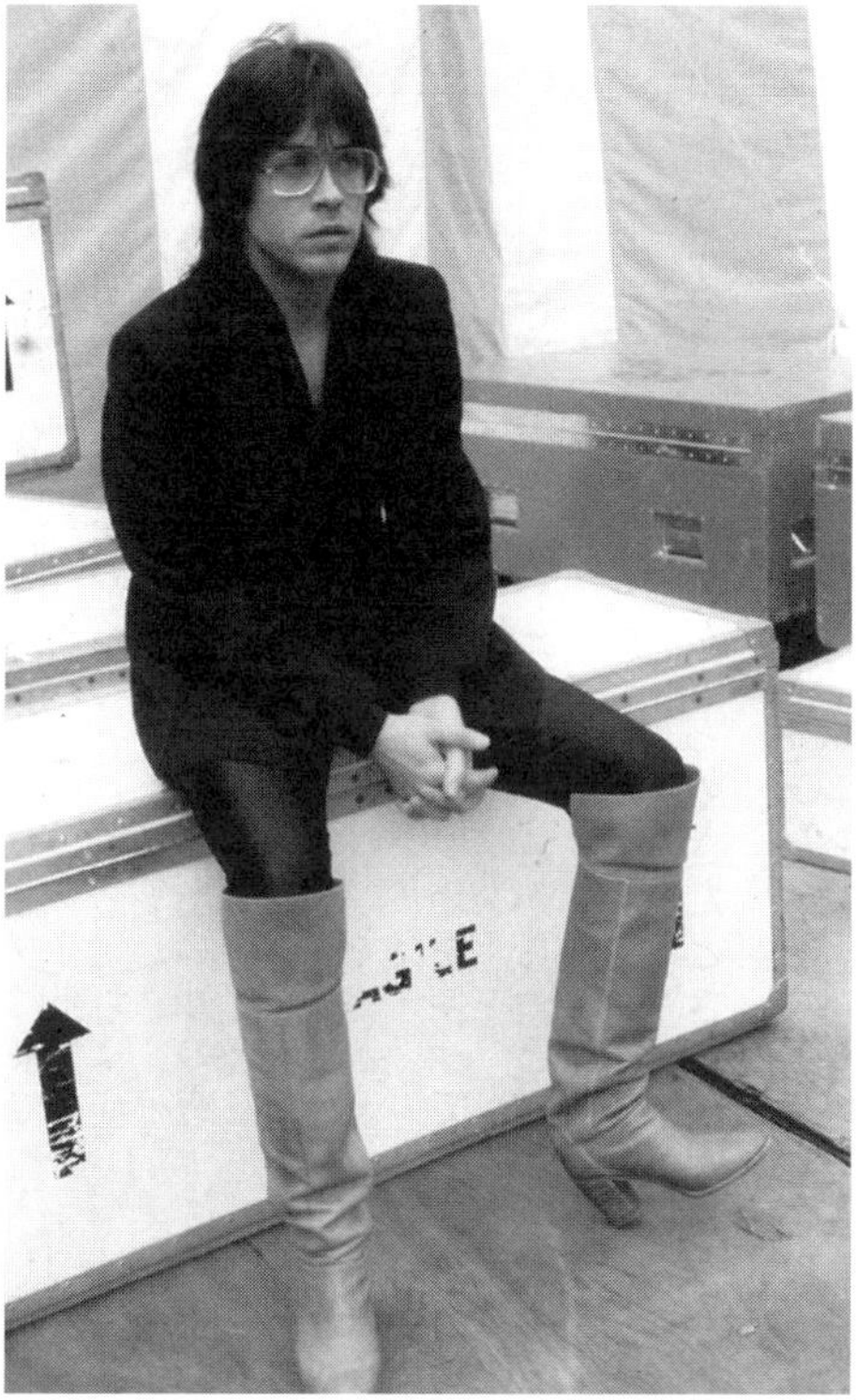

1980年春、TOTO『ハイドラ』日本ツアーでのジェフ
Courtesy of Barney Hurley

素材探しのため、2週間ほど前からヴィラに来ていた。ある朝、マイルスがやってくると、ちょうどTOTOが映画『DUNE／デューン 砂の惑星』のサウンドトラックのレコーディングを終えたところだった。

「ジェフがマイルスに『2週間スタジオを使っていいよ。シェップがエンジニアをやるから』と言ったんだ」。ロンズデールはそのセッションを思い出して語る。「マイルスが入ってきたとき、僕はスタジオを片づけ終わったところだった。18時間くらい寝ないで作業した後だよ。彼は僕を見て、『誰だ、君は』って言うのさ。『マイルス、あなたのエンジニアですよ』と答えると、『そんなはずはない』という。それで思い出したんだ。以前、彼はインタヴューで、なぜいつもそんなふうにきちんとした格好でいるのかと訊かれて、『自分らしく見える格好をするべきだ』と答えていたなと。僕は自分の姿を見下ろし、それから彼に目を向けて、『10分だけ待ってください。すぐ戻ります』と言うなりダッシュで家に帰り、シャワーを浴びて、きれいな服に着替えてスタジオに戻った。マイルスは僕を見ると、『間違いなく僕のエンジニアだ』と言ってくれたよ」

2週にわたり、ロンズデール、スティーヴ・ポーカロとマイルス・ディヴィスは素材を選んでレコーディングを行い、その間にデイヴィスはさまざまな話をした。時にはジェフもひょっこり顔を見せた。ロンズデールは、ドナルド・フェイゲンがソロ作『ナイトフライ』に続くアルバム用の曲のループをジェフに作ってもらうためヴィラに来たときのことも記憶に残っているという。これがひどく厄介だったとロンズデールは振り返る。「ドラムのグルーヴを録っていたんだけどね。ジェフのドラムをすべてサンプリングしたいと言うんだ。そうすれば、あとからもっと膨らませたくなってもデジタル処理で入れられるから、ドラム全部のサンプルを個々に欲しいと」。ロンズデールは説明を続ける。「当時、そんなことやるのは珍しかった。かなり時間がかかったし、ちょっと退屈な作業でもあった。でも、どうにかそれを終わらせたんだよ。16回くらいループをプレイしてね。テープを切ってループを作り、スタジオ中のあちこち、マイク・スタンドの周りとかにもテープを巻き散らかして、彼らの希望通りあらゆるヴァージョンのグルーヴを用意した。その中から彼らが自分たちのループに使いたいものを選んでもらう。彼らはその12種類だか16種類だかのセクションから4つくらいに絞った。正直に言わせてもらえば、どれを選んでも問題なかったと思う。どれを使っても素晴らしいものになったはずだ。ジェフのプレイは完璧だったからね。グルーヴがとにかく素晴らしい。タイム・フィールも最高で、『なんだかすげえものを聴いてるんじゃないか？』みたいな感じにまでなっていたね。するとジェフが『ねえ、ちょっとやることがあるんだ。少しだけ出かけてくるから、続けてて』と言った。それで僕は、そのままそこに何時間も閉じ込められた。

彼らはようやく2ヴァージョンまで絞った。僕は長いループからその2種類をカットして小さいループを作り、彼らがその2つを聴けるようにした。それから彼らは『食事に行こう』と言った。でも行く前に、もう一度通して聴きたいということだった。ゲイリー・カッツが『もう充分聴いただろ。どれにするんだ？』と言ったけどね。それで彼らが実際に選んだのは……聴き始めてすぐに『これだ、ここで止めてくれ』と言ったところ。僕はテープを止め、そこで彼らは、じゃあ食事に行こうと出て行った。僕はヘッドからテープを外した。つまりそのループはヘッドから外れた状態になったわけさ。そのうち彼らが食事から戻ってきて、できたものを聴きたいという。僕が『わかった。ちょっと待って……』と用意しようとすると、『いや、今聴きたいから』と言うから、『オーケー』と僕はテープ・マシンのプレイ・ボタンを押した。彼らは、『これで決まりだ』と言った。だけど実はそれ、さっき選んだループの後のグルーヴだったんだよ。あれだけ苦労した挙句にこれだ。僕は何時間もかかりきりになっていたというのに！　でも、どれを選んでも問題なかったんだよ。すべて最高の出来だったから。ジェフもそう思っていたはずだ。戻ってきた彼に『これ言っても信じないぜ、結局どうなったと思う』って言ったら、『信じるよ。僕はスティーリー・ダンのアルバムを経験してるんだからさ』」

１９８１年にリリースされたＴＯＴＯのサード・アルバム『ターン・バック（Turn Back）』は前作よりさらにチャート順位は落ちてしまったものの、ポーカロはこれについて面白い見方をしていた。「日本ではサード・アルバムが１位になったんだ。つまり、あれを最高だと思った人たちもいたということで、その人たちにすればセカンドは〝天才的〟だった。この国の人はファーストが最高だと思ったけど、あれは大したことないと考えた人たちもいたわけで、だから単に意見の違いってことさ」

80年代の〝音〟を作った『TOTO Ⅳ〜聖なる剣』

TOTO Ⅳ

1982年、TOTOは崖っぷちに追い込まれていた。次が売れなければ今回限りだとコロムビアから言い渡されていたのである。スタジオ入りした彼らにはプレッシャーがかかっていた。そこで駆り出されたのがエンジニア界の巨匠、アル・シュミットである。それまでジャクソン・ブラウン、リンダ・ロンシュタット、バーブラ・ストライサンド、アル・ジャロウ、ジョージ・ベンソン、スティーリー・ダンといった面々と組んできた彼は、TOTOとの仕事を依頼されたとき、既にポーカロと10本を超えるスタジオ・ワークで組んでいたという。

「僕が行くと必ずジェフがいると言ってもいいくらいの時期があったね」とシュミットは思い返す。「彼とはすごく気が合ったんだ。僕はジェフが好きで、ジョー（・ポーカロ）も好きで、彼の家族も大好きだった」

もともと今作には他のエンジニアが入っていたはずだとシュミットは言う。だがそのエンジニアではうまくいかず、ジェフがシュミットの名前を出したのだそうだ。シュミットはそのことにとても感謝している。〈ロザーナ〉を聴いた瞬間、ぶっ飛んだと彼は言う。

「グラミー賞を取れるって思ったよ。僕の友人に、いつかグラミーに行きたいとずっと言っていた人がいてね。『次にグラミーの授賞式に出るときは、連絡してくれよ？　チケット買って僕らも行くから』と言われていたんだ。〈ロザーナ〉と〈アフリカ〉を聴いてから、僕は彼に電話した。『グラミー賞のチケットを買っておけ。僕らで1つもらったぞ』」

1つどころではなかった。このチームは今作で、何と6部門受賞を果たしたのである。1983年のグラミー賞で『TOTO Ⅳ〜聖なる剣』はアルバム・オブ・ジ・イヤーを獲得。シングル・カットされた〈ロザーナ〉は、レコード・オブ・ジ・イヤーとベスト・ヴォーカル・アレンジメントに輝いた。TOTO自身もプロデューサー・オブ・ジ・イヤーに選ばれ、さらにデヴィッド・ペイチ、ジェフ・ポーカロ、ジェリー・ヘイ[*67]は〈ロザーナ〉でベスト・インストゥルメンタル・アレンジメント・アカンパニング・ヴォーカルズ[*68]を受賞。シュミットもこの素晴らしいサウンドを生み出したエンジニアの一員としてグラミー賞を獲得した。

シュミットが録ったサウンドをバンドは大いに気に入ってくれたという。〈ロザーナ〉をプレイバックした途端に全員が大喜びだった。シュミットは仕事が速く、バンドが曲をプレイしているのと同時進行でサウンドをアレンジしていた。ワン・テイクを終えたときには、もうサウンドが仕上がっている。ペイチがポーカロに「ジェフ、アルのミックスはいつ頃できる?」と訊いているのがトーク・バックで聞こえ、シュミットは「サウンドはできているよ。聴きにきてくれ」と声をかけた。入ってきた彼らにテイクを聴かせると、彼らは顔を見合わせ、「すげえ!」と声をあげた。それから彼らは再びスタジオに戻り、もうワン・テ

[*67]トランペッターであり、デヴィッド・ペイチと共に〈ロザーナ〉のホーン・アレンジを担当。〈ロザーナ〉以前にも、クインシー・ジョーンズの〈愛のコリーダ〉で同賞を獲得している。

[*68]ヴォーカルの入った楽曲の演奏アレンジに対して贈られる賞。

イク録った。このテイクが〈ロザーナ〉として採用される。

〈ロザーナ〉を作曲したのはペイチだが、スティーヴ・ルカサーは曲の完成にはポーカロの貢献が大きかったと言い、こう説明を加える。「デヴィッドが〈ロザーナ〉をピアノで聴かせて、ジェフに『ボ・ディドリーのグルーヴだと思うんだ』と言ったんだ。するとジェフは『いや、違うと思う。これを聴いてくれ』と言って、それでやり出したのがレコードに入っているヴァージョンなんだ」とルカサー。「僕ら全員、スティーリー・ダンの〈バビロン・シスターズ〉やレッド・ツェッペリンの〈フール・イン・ザ・レイン〉を聴いてきた人間だから、ジェフはああいうグルーヴを組み替えて……いや、ジェフはあれを自分のものにしたんだ。そして、それがあの曲の歴史を変え、ああいうフィーリングの曲にした。ポピュラー・ミュージック史上、最も有名なドラム・イントロの1つだよね。聴いたらすぐに何だかわかるだろ！　そんな曲、そうそうありゃしない！」

ジェフの説明はこうだ。「デヴィッド・ペイチが最初にあの曲を弾いたときには、確かにボ・ディドリーのグルーヴを感じた。あの曲はシャッフル・フィールだったからね。ハーフタイム・シャッフルが一番いいと思った。でも同時に、ニューオーリンズ・タイプのセカンドライン・ビートを思い起こさせる曲でもあったんだよ。だからあの曲を初めて聴いたとき、あの時代のドラマーやグループといった、ずっと馴染んできたものが丸ごと蘇ってきたんだ。僕の源泉になったもの、今も大事に蓄えているものがね」

シュミットによれば、収録曲はそれぞれ作ったメンバーがプロデュースしていたという。「〈ホールド・ユー・バック〉をやったときは、スティーヴ・ルカサーが中心になっていた。とはいえ、いつもみんなで話し合っていたね」。プロジェクト

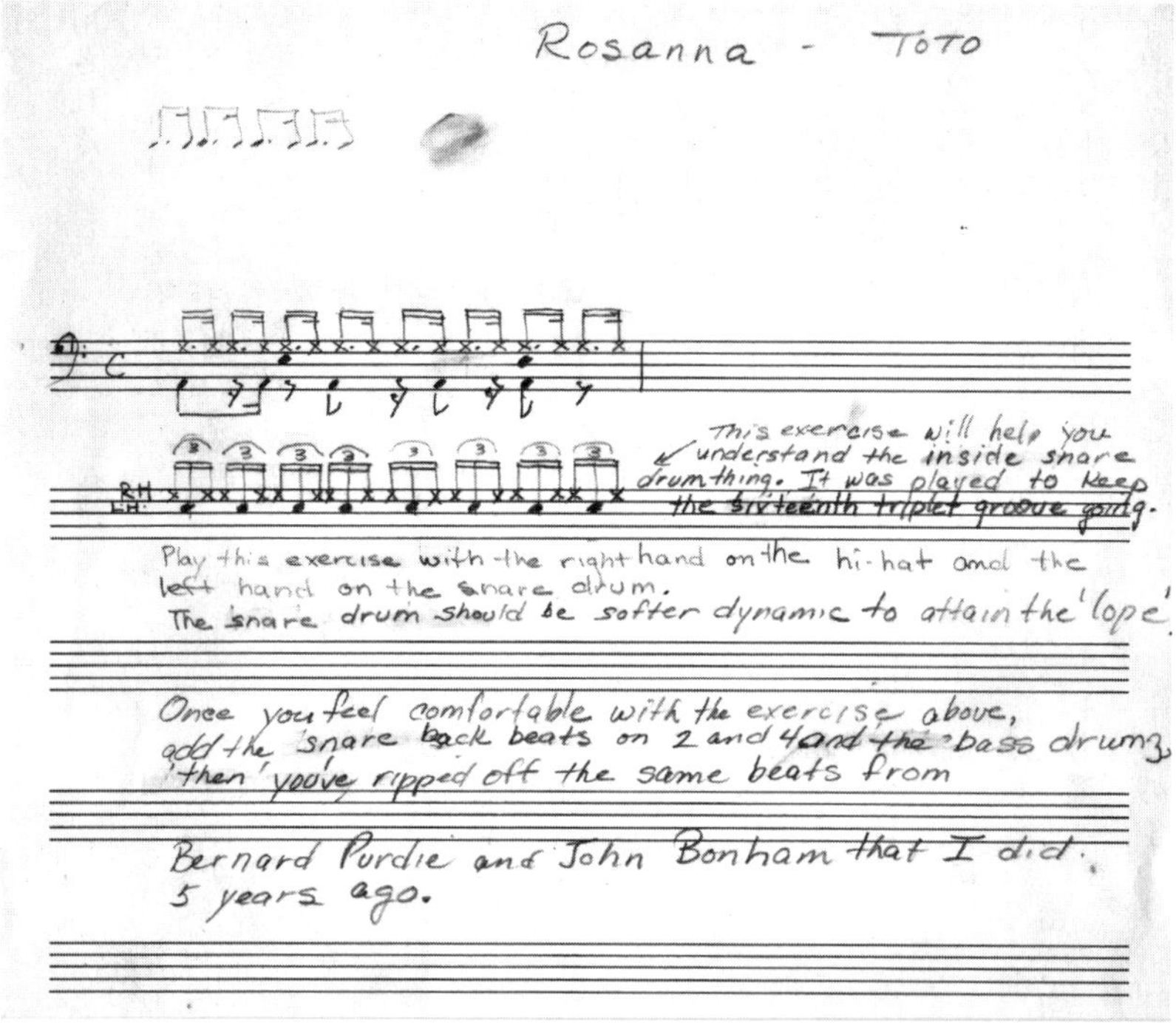
Rosanna - TOTO
RH
LH
This exercise will help you understand the inside snare drum thing. It was played to keep the sixteenth triplet groove going.
Play this exercise with the right hand on the hi-hat and the left hand on the snare drum.
The snare drum should be softer dynamic to attain the 'lope'.
Once you feel comfortable with the exercise above, add the snare back beats on 2 and 4 and the bass drum, then you've ripped off the same beats from
Bernard Purdie and John Bonham that I did.
5 years ago.

ジェフ自身が書いた〈ロザーナ〉のリズム譜（上段）と、このハーフタイム・シャッフルを叩くためのエクササイズ用譜面（下段）。

Courtesy of Rick Van Horn

全体を引っ張っていたのは、明らかにポーカロとペイチだったとルカサーは付け加える。

当時のレコーディングの基本的な進め方について、ジェフは概略をこう説明した。「10日くらいスタジオにこもってトラックを録る。10曲くらいレコーディングしたら2週間離れて、まあ歌詞に取り組んだり、あるいは他の曲に手をつけてみたりする。それから少し休んで、またスタジオに戻って、さらに2曲くらい録り、少しオーヴァーダブを入れたりするかな。歌詞が出来上がってる曲があれば、ヴォーカルも入れる。〈ロザーナ〉の場合には、9ヶ月間のレコーディングのうち1週目にトラックを録って、ヴォーカルを3ヶ月目、ホーン・セクションを5ヶ月目、それにたぶんパーカッションを6ヶ月目にちょっと入れて、その間に他の曲も進めていった。これのいいところは、同じものだけにかかりきりにならずに済むことなんだ。少し引いて、そこから離れて他のものをやり、そのとき本当にやりたいことをなんでも気が向くままやってみる。その日は、例えば〈ロザーナ〉のヴォーカル録りの予定だったとするよ。だけどスタジオに入ると機材があるだろ。それで、そのまま座ってみんなで音を出してるうちにジャムが始まって、『今日はヴォーカルはいいや。今のこのグルーヴいいじゃないか。この曲を録っちゃおう』となる。そんな感じなんだよ」

〈ロザーナ〉はビルボード・チャート2位まで達し、〈アフリカ〉はTOTO初のナンバー・ワン・ヒットとなる。このアルバムで彼らはバンドとしての力を皆に証明してみせたが、それでもなお評論家は、彼らがセッション・ミュージシャンであるという部分を攻撃した――まるでそれがなんらかのマイナスになるとでもいうように。ジェフにはどうしても納得のいかないことだった。スタジオでプレイできるということは、それだけミュージシャンとして優れているということだと、彼は常に言っていた。それのどこが悪いんだ？　しかし『L.A.タイムズ』紙の音楽評論家、ロバート・ヒルバーンをはじめ、一部の評論家はその点を批判した。グラミー受賞スピーチでペイチは抑えきれず、皮肉を込めてヒルバーンの〝多大なるサポート〟に感謝の言葉を贈った。

ジェフの頭に〈アフリカ〉の種が植えつけられたのは、彼が11歳のとき、家族と行ったニューヨーク万国博覧会でアフリカ・パビリオンに入ったことがきっかけだった。

「本物を見たんだよ」と彼は話してくれた。「なんていう民族か知らないけど、ドラマーたちがプレイしていてね。それでもう、ぶっ飛んだんだ。何にやられたかって、全員が同じ1つのパートをプレイしていたんだよ。僕はコネチカットの子ども時代、プエルトリコやキューバのミュージシャンが公園でジャムをやっているところをよく見ていた。だけど、1つのビートをプレイしていて、まるで外さないなんてのを見たのは初めてで、まるで何かの宗教体験みたいだったんだ。音が高まっていくにつれ、全員がトランス状態になっていくような感じ。ドラマーばかりのバンドにしても、そういった種類のオーケストラが僕は前からずっと大好きなんだ。とにかく大勢で1つのことを表現するのが好きなんだよ。だからマーチング・バンドも気に入ってたのさ。『わあ、ドラムのオーケストラをやるんだな。みんなで1つのことをやって、絶対そこから外れない。倒れるまでやるんだ。もしその1つのパートから外れたら、ここから追放されるぞ』とね」

〈アフリカ〉のレコーディングで、ジェフはバス・ドラムとスネア・ドラム、ハイハットをセットし、パーカッショニストのレニー・カストロがコンガを用意した。ジェフはこのときの様子をこう語っている。「2人で視線を交わし、そのままベーシック・グルーヴに入っていった。1拍目、2拍目ウラ、3拍目にバス・ドラムを入れて、3拍目にバック・ビートを入れる。だからハーフタイム・フィールだね。それで16分音符をハイハットで刻む。レニーがコンガのパターンをプレイし始める。5分くらいプレイして録音した。クリックなし、何もなしで、ただただプレイを続けた。僕は頭の中で〈アフリカ〉のベース・ラインを歌いながらプレイしていたから、テンポはそれに合わせていた。レニーと僕はブースに入り、その退屈なパターンが5分間続く音源を聴き、一番グルーヴが効いてると思える部分を2小節選んでテープに印をつけた。その2小節の手前の4小節にも印をつけて、それからまたレニーと戻る。僕がカウベル、レニーがシェイカー。新しいトラックを2本使って、最初の印が出たところでキューを出してもらい、レニーと僕はプレイを開始して、グルーヴに入っていく。5小節目が来たら――つまり、印をつけたクールな2小節の最初の小節だね――そこで気合を入れて、シェイカーとカウベルのオーヴァーダブを入れた。だから最終的にはバス・ドラム、スネア・ドラム、ハイハットに、コンガ2台、カウベルにシェイカーという構成になった。それからテープを切って、1小節分のループを作り、それを何回も回す。その頃はもうリン・ドラム・マシンも使えたから、リンでやればおそらく2分でプログラムできただろう。僕らはこれをやるのに30分かかった。だけどリンでは、あの感じが出ないんだよ！　僕らのグルーヴはアナログなんだ」

そのテープの中の6分を、新たに24トラックに移し、ペイチとポーカロがスタジオに入る。「今度はフルのドラム・セットで、曲が始まるとペイチがプレイに入る」。ポーカロは説明を続ける。「コーラス前のフィルに来て、僕はコーラス部分でプレイを始め、ヴァースかイントロに来たら止める。そうやってピアノとドラムをテープに録ったんだ。〈アフリカ〉にはちょっと変わった箇所があるのに気づいてほしいんだけど、1小節分のループを回してると、いきなりまたレニーのパターンが出てくる部分があるんだよ。つまりレニーが入ってまたプレイしてるんだけど、でも今度は、ターン・バック、フィル、ブリッジ、ソロと、少しずつパターンを変えてるんだ。オリジナル・パートと新しいやつの両方をキープしておいて、それからボンゴ、ジングル・スティック、大きなシェイカーで4分音符を刻む。それにたぶんスレイ・ベルを2トラック、大きいジングル・スティックを2トラック、タンバリンを2トラック。それを全部ワン・トラックに突っ込んだかな。僕はミルト・ホランドやエミール・リチャーズみたいなサウンドを録ろうとしていたんだ。あるいはナショナル・ジオグラフィック・チャンネルの特番で使うようなサウンドというか。つまり、ニューヨーク万博で聴いたようなやつだね」

この曲にはジェフの父親ジョーが、バス・マリンバとゴングで参加している。セッションはジェフがプロデュースを担当した。ジェフはかなり厳しかったとジョーは言う。「60秒ぐらいやったら、ジェフに止められてね。『父さん、抑えて。速すぎるよ』って言われるんだ。想像できるかい？　息子が父親にリラックスしろって言うんだ」。ジョーはその体験を思い返す。「息子に指図されちゃったよ。確かに言ってることは正しかったけどね」

〈グッド・フォー・ユー〉は、アルバム中で最も力のある曲の1つと称賛されたが、ジェフはただの〝ロックンロール〟に過ぎないとそっけなかった。中盤のドラム・フィルについて尋ねると、「変わったフィーリングのフィル……ただそれだけだよ」と彼は言った。「妙なフィーリングのフィルになったのは、あれも自然に出てきたものだったから。あのアルバムに入ってるフィルは、僕があるのとき初めてプレイしたものなんだ」

シュミットは、スタジオの雰囲気について、「しょっちゅうジョークを飛ばしていたけど、それでいて、そのときやってることにしっかり集中していた」という。さらにこれが契約上最後のアルバムになることを強く意識していただけに、彼らの今作に賭ける意気込みは並外れたものだったと付け加えた。

シュミットは『TOTO Ⅳ〜聖なる剣』のレコーディング中、私生活では片親の身で8歳と11歳の息子を育てていたと明かす。そういう状況でポーカロの見せた優しさが忘れられないと彼は言う。

「ジェフはニックにもクリスにもドラムを買ってくれたんだ。そのうえ、僕と暮らしていた11歳の長男を彼の家に呼んで、ビデオ・ゲームで一緒に遊んでくれたりしてね。息子たちはジェフに夢中だったよ」

シュミット自身も、ジェフと過ごすときが最高に楽しかったという。他のアーティストのレコーディングで組んだときも、ジェフはいつもスタジオに早く来てドラムをセットしていたそうだ。

「ちょっと喋ってから彼のサウンドを録るんだけど、いつも彼は優しくて気さくだった」とシュミットは振り返る。「相手が大切な存在だと思わせてくれるんだよね。いつだってあの素敵な笑顔で、それにいつだって最高のジョイントを巻いてくれた」

ポーカロはインタヴューで、特に気に入っているエンジニアの1人としてシュミットの名前を挙げていた。「『TOTO Ⅳ』のリズム・セクションは全部アル・シュミットがレコーディングしてるんだ。あのアルバムでも他のアルバムでも、例えば一番最近では『TOTO Ⅳ』の5年後のルーベン・ブラデスのアルバムのときも[*69]、何度彼から同じ言葉を聞いただろう。『セッションの1時間前に来てくれ、僕はきちっと準備を整えておきたいんだ。バス・ドラムは聴こえるか？　スネア・ドラムは？　タム・タムは聴こえるか？　準備万端にしておかないと』ってさ」。ポーカロはそう語った。「アルみたいなエンジニアはね——そういうところはロイ・ハリーも同じだな、ニューヨークでポール・サイモンのアルバムをやったのを思い出すよ。彼もミュージシャンのプレイをしっかり聴いてるんだ。こちらのプレイを聴きながら、どういうふうに鳴らしているか聴いてる。ほんと笑っちゃうんだけど、ほとんどのエンジニアはあの部屋から出てこないんだ。楽器がどんな音を出してるか聴きにこないんだよ。コントロール・ルームからぜんぜん動かないまま、『スネア・ドラムの音が良くないね。これはやめて、[*70]ウェンデル・ジュニアを入れよう。それでうまくいくだろう』なんて言うだけだ」

「アル・シュミットやロイ・ハリー、それにジョージ・マッセンバーグ。彼らは部屋から出てきて実際のサウンドを聴く」とジェフは続けた。「僕がハイ・ピッチにチューニングしたピッコロ・スネアを使っていて、スタジオがすごく広い場所だとしたら？　彼らは歩き回って、頭上の集音機を動かすかもしれないし、離れた位置にあるバッフルを動かすかもしれないし、マイクの位置を変えるかもしれない。そうやって、よりタイトなサウンドを得ようとするんだけど、彼らはミュージシャンと一緒に音を聴いている。前にいたり後ろにいたり横にいたりして、こちらの音を感じてるんだ。理想的なのは、その音がどんな音で、望ましいのはどんな音か。プロデューサーやアレンジャーやアーティストと、プレイする側との間に共通の理解があること。これはロックンロール・トラックだ、ロックンロールのサウンドだ、ここなら最高のサウンドが出せる、だからそいつを聴かせてくれ、と。君たちを生かせる技術があるんだ、だからやってくれってね。それがあるべき形のはずだけど、当然ながら、それをやらない人に当たってしまうこともある。『タムを弱めてくれ。共鳴しちゃってる』って言うだけ。でもそのドラムの音は君のスタジオで鳴ってるんだぜ」

ニコ・ボラス[*71]も、ジェフリーがエンジニアとしても人間としても大好きだった1人だ。ボラスがTOTOのアルバムに参加するようになったのは、エンジニアのグレッグ・ラダニーがきっかけである。ラダニーは彼のアシスタントとして、その後はレコード・ワンのハウス・エンジニアとして、ボラスをTOTOの仕事に引き入れた。ボラスはバンドのメンバーと懇意になると、ラダニーと共同で、また個別でも、TOTOと組むようになる。『TOTO Ⅳ』はとにかく作業量が膨大だったから、メンバー全員が、スタジオも、サブミックス・リールも、それぞれ個別にもらっていた」とボラス。「メンバーは各々スタジオに入ってオーヴァーダブを入れてくる。彼らが入れてきたものをすべてステレオにサブミックスし、全体を把握して操作できるようにすることが僕の仕事だった」

ジェフは常にTOTOを動かすクリエイティヴな力になっていたとニコは見ている。「彼は単なるドラマーじゃなかった。彼が舵を握っていたんだよ。言ってみれば船長だ。彼らの間では常にとんでもないアイディアが3つ4つ飛び交っていて——どれも素晴らしいアイディアだったけど、でもそこでそういう理性の声が響いて、みんなを落ち着かせ、一度に1つずつ片づけていこうってことになる」

ルカサーも同意する。「ジェフに言われると納

[＊69] 88年作『ナッシング・バット・ザ・トゥルース』。

[＊70] ドラム／パーカッションのサンプル音源。

[＊71] エンジニア／プロデューサーであり、現在ではインターネット・ラジオの運営までも手掛ける。エンジニアとしてはニール・ヤングの諸作に携わり、TOTOの『Ⅳ』～『キングダム・オヴ・デザイア～欲望の王国』のレコーディングにも参加。

得しちゃって、ほとんど何でもその通りにやってしまうし、『ここでテイク完成』というのも受け入れてしまうんだよね」と彼は言う。「ときどき彼は『僕のテイクは終わった。みんなは自分のパートを直して』って言うんだよ。でも彼が正しいから、言われた通りやり直す」。それからルカサーは笑って続けた。「だけど彼だって見過ごすことはあるんだよね。バイロンを思い出すよ」。彼が言うのは、『ザ・セブンス・ワン～第7の剣～(The Seventh One)』のレコーディング後、4代目リード・シンガーとなったジャン・ミシェル・バイロンのことだ。「ジェフは懸命に僕らを説き伏せて彼を引っ張ってきたものの、最後になって、『あれれ……』って気がついた。すべて終わった後でね。誰にだってそういうことはあるさ。完璧な人間なんていない」

「〝話すよりプレイした方が早い〟という格言を教えてくれたのがジェフなんだ」。ボラスはそう言ってから、曲の核になるのはドラムとメロディだと説明する。「TOTOの曲のほぼすべてに言えることだけど、一番の鍵になるのはグルーヴだ。アイディアはいろいろ試したり、変えたりやめたりできるけど、グルーヴは外せない。そしてそれは全部ジェフが持ってるものなんだ。〈アフリカ〉はあのグルーヴをもとにして作られている。アフリカにまつわるジェフの思いや想像力が、さらにそこに加えられたんだね。曲というのは、まあ一般的にレコードの場合、メロディとグルーヴが第一で、僕らが享受し、楽しむ上では、それ以外の部分はすべて2次的な要素だ。でも究極のリトマス試験の役割を果たす場所は、実はスーパーの店内なんだよ。そこではジェフの叩いている曲がよく使われている。そのとき何が耳に入ってきても、間違いなく実際に聴こえているのはグルーヴとメロディだけだ。その点でジェフは完璧にトップだったね」。ボラスはきっぱり言い切ると、さらに続けて、ジェフはスタジオにいるときだけでなく、プレイバックの間もグルーヴしていたと言い添えた。「コントロール・ルームの後ろで踊った人はジェフが初めてだ。そこをグルーヴしてもいい場所に、彼が変えたんだよ」

グルーヴ。これはおそらく本書で最も頻繁に出てくる言葉だろう。そしてボーカロが音楽にもたらしたものを表現するとき、誰もが最も口にする言葉に違いない。私が以下の文章を書いたのは1988年だが、今でも同じことが言える。「私は車を走らせながら、ジェフ・ポーカロについて何を書こうかと考えていた。頭の中はそのことで一杯だったので、ラジオの音量はほとんど消音に近いほど絞っていたのだが、不意に曲を聴きたくなってヴォリュームを上げた。聴こえてきたのは、ほとんど潜在意識に響いてくるかのようなグルーヴで、なんとも心地良く——その曲がボズ・スキャッグスの〈ロウダウン〉だと気づいたときには思わず笑ってしまった。そのとき私の頭の中を占めていたのはドラム・プレイのことだったのだから。ほとんど聴きとれないくらいのラジオでもそのドラム・トラックがしっかり聴こえたのは、耳を捉えずにおかないサウンドだったからだ。その曲が終わると、私はラジオ局を切り替えた。すると次にスピーカーから流れてきたのは、TOTO最新作『ザ・セブンス・ワン～第7の剣～』収録の〈パメラ〉だった。ここでまた同じ感覚を味わう。このとき、ジェフ・ポーカロについて私が伝えたいことはこれだという確信が生まれた。それから数時間後のこと、レストランで友人と話していると、かすかに聴こえてくるBGMがふいに耳に入ってきた。TOTOのデビュー作に収録された〈ジョージー・ポージー〉だ。それまでずっと店内に音楽は流れていたのに、なぜ他の曲には気づかなかったのだろうと不思議に思えた。でもそれはきっと、ジェフのようなグルーヴを出せる人が他にいないからだろう。彼のプレイを生で見たことがある人なら、そういうプレイヤーは彼しかいないとわかっているはずだ。彼は身も心も曲のフィーリングに注ぎ込む人だから」

デヴィッド・ハンゲイトが『TOTO Ⅳ』のツアー前に脱退し、代わってマイク・ポーカロがベースを担当することになった。それ以外に選択肢はなかったとジェフは言う。弟とは過去に何度となく組んでいたし、加えてマイクはハイ・スクール時代のバンドのオリジナル・メンバーでもあり、ボズ・スキャッグスのライヴ・バンドにも参加していた。

『TOTO Ⅳ』のリリースと同じ頃、ジェフ、ペイチ、ルカサーは、マイケル・ジャクソン／ポール・マッカートニーのデュエット曲〈ガール・イズ・マイン〉のレコーディングに参加を求められた。ウェストレイク・スタジオで行われたセッションに、ポールはリンダ・マッカートニーと、マイケル・ジャクソンはエマニエル・ルイスと共に現れ、他にジョージ・マーティン、エンジニアのジェフ・エメリック、プロデューサーのクインシー・ジョーンズとブルース・スウェーデンが参加していた。バンドのメンバーにはデヴィッド・フォスターとルイス・ジョンソンも加わる。ペイチにとっては「信じられない」出来事で、電話が入ったときには、まさしく「ほっぺたをつねってくれ」と言いたくなったそうだ。スタジオでマイクのテストをしている間に、誰かがスティーヴィー・ワンダーの〈愛するあの娘に（I Was Made To Love Her）〉をプレイし始めると、マッカートニーが歌い出したことがあったという。素晴らしい歌声だったが、やはりポールが歌うとポールらしい歌になっていた、とペイチは振り返る。それからマイケル・ジャクソンがマイクに近づいてきて、軽やかに身を揺らして踊り、最高の声を響かせた。〈ガール・イズ・マイン〉のテイクの合

ウェストレイク・スタジオで、『スリラー』に収録される〈ガール・イズ・マイン〉の歴史的セッション。左からジョージ・マーティン、クインシー・ジョーンズ、ブルース・スウェーデン（前列）、マイケル・ジャクソン、ジェフ・ポーカロ、スティーヴ・ルカサー、ポール・マッカートニー

間、ペイチが〈ア・デイ・イン・ザ・ライフ〉の最後のコードに似た低いコードを弾いた。するとポールがマイクに顔を寄せ、「君たちとやってると、あの連中とヴァン1台に乗り込んで回っていたデビュー当時を思い出すよ」と言ったそうだ。

リンダ・マッカートニーはペイチの肩越しにカメラを構えていた。ペイチは彼女を「最高にクール」な女性と言い、ちょっとした思い出話を付け加える。「ジェフがジョイントを巻いていると、リンダがからかったことがあった。彼女はジェフの手からジョイントを取り上げて、なんて下手な巻き方と言ってね。イギリス人とアメリカ人じゃジョイントの巻き方が違うんだ。イギリス人はマリファナにタバコを混ぜるんだよね」

この曲の後も、ジェフはマイケル・ジャクソンのアルバム『スリラー（Thriller）』収録の〈今夜はビート・イット（Beat It）〉に参加した。この曲のレコーディング・エンジニアだった[*72]ウンベルト・ガティカは、マイケル・ボディカーのプログラミングしたドラム・トラックを受け取っていたが、ジェフがサンセット・サウンド・スタジオ2に入ると、このプログラムされたトラックをジェフの生録に置き換えにかかったという。

「『スリラー』の素材はすべてマシンでカットされていて、コンセプトもビートも方向性も設定されていたけれども、生身のドラマーが必要だという点では全員の意見が一致していた。グルーヴをプレイし、マイケルにライヴ感覚を与えてくれるような、安定感のある最高のドラマーがね」。ガティカはさらに、パート自体はシンプルだったが、ポーカロがそれをさらに上のレベルまで引き上げたという。2人はバス・ドラムのパートとフィールに磨きをかけていった。「彼のおかげで、本当に、本当に、特別なものになったよ。彼があそこに極めて明確なフィールを加えてくれた」とガティカは称賛する。「違う形でレコーディングしてみて、ファイナル・ミックスでどれが生きるか確かめることにしたんだ」

ガティカはジェフがこのパートを気に入り、いろいろ試しては「ハム（クインシー・ジョーンズがガティカにつけたニックネーム）、これチェックしてみて」と声をかけてきたと言う。「そうやってちょっとずついじって方向を変えてね。彼も少しマシンのプログラムに違和感を覚えなくなってきた。確か2回か3回のテイクでパートを録り終えたと思う。それから2人でベストと思えるものを選び、ドラム・パートを合成した。クインシーは出来上がりに大満足だったよ」

その頃、既にガティカはポーカロをよく知っていたという。2人はガティカの友人で作曲家のジョン・ダンドレアを通じて知り合った。ダンドレアが楽曲を提供していたテレビ番組に、ポーカロが起用されていた頃である。「ジェフは当時、既にスティーリー・ダンと組んでいて、実際、彼らとセッションをやってから、こっちに来ることもあったくらいだ。僕が彼のドラムを録るとすごく気に入ってくれてね。それにつれて僕らの付き合いも深まっていった。彼は僕のラテン気質が気に入っていて、僕らはすごく気心が通じるようになった。ドラマーを推薦する機会があれば、僕は必ず彼を推したよ。それから僕はデヴィッド・フォスターと組むようになり、スティーヴ・ルカサーと知り合い、そこからもういきなりペイチやデヴィッド・ハンゲイト、スティーヴ・ポーカロに出会うことになった。グラミー賞を総なめにしたあのアルバムのときも、エンジニアをやってくれと言われたんだけど、デヴィッド・フォスターのアルバムをやることが決まっていたから受けられなかったのさ。ジェフは偉大なドラマーで、そして最高の人間だった。彼に勝る人はいないよ。それに彼はクリエイティヴだった。プレイは正確で、そして楽しくて、優しくて、信じられないほど素晴らしい人だった」。それから彼はこう言い添えた。「僕は彼を愛してるよ。本当にいい奴だった。いつだってあの笑顔でね」

同じ1982年、ポーカロはドン・ヘンリーの〈ダーティ・ラウンドリィ〉[*73]にも参加している。この曲で果たした役割を訊かれると、ジェフはさらりと言った。「〈ダーティ・ラウンドリィ〉ではガンガン叩いてるだけだよ。あれはエレクトロニクスの曲だ。つまりシーケンサーを使ってる。あのファルフィッサ・オルガンのパートはシーケンスだから、僕はただ思い切り叩いてるだけ。1拍目

[＊72] プロデューサー／エンジニア。〈ウィー・アー・ザ・ワールド〉のプロジェクトに関わったことでも知ら、シカゴ、セリーヌ・ディオン、クインシー・ジョーンズなど多くのヒット曲に携わっている。マイケル・ジャクソン〈バッド〉、セリーヌ・ディオン〈フォーリング・イントゥ・ユー〉、マイケル・ブーブレ〈イッツ・タイム〉などでグラミー賞を受賞。

[＊73] ドン・ヘンリーが82年に発表したソロ作『アイ・キャント・スタンド・スティル』に収録。ジェフは同作の〈ユー・ベター・ハング・アップ〉〈ロング・ウェイ・ホーム〉〈トーキング・トゥ・ザ・ムーン〉にも参加している。

をバス・ドラム、2拍目、3拍目がスネア。ほんとにガンガンやってる。とにかくグルーヴってだけだ」

この曲の共作者であり、ギターで参加しているダニー・〝クーチ〟・コーチマーは、ポーカロの貢献がなければこの曲は違うものになっていたという。ドラマーにはジェフしか考えられなかったとコーチマーは断言する。彼はファルフィッサ・オルガンで曲を書いた後でスティーヴ・ポーカロに弾いてもらい、リン・ドラム・マシンに合わせてプレイするようジェフに頼んだ。

「言うまでもなく、彼はマシンを打ち負かし、別の次元を与えてくれた。いつでも必ず彼のプレイになっていく。彼はどんなものでも、どう混ぜ合わせればいいのかわかってるから」。コーチマーはきっぱり言う。「当時はまだドラム・マシンが出て間もない頃でね。ほとんどのドラマーが怖がってて、手を出したくないと腰が引けたままだった。だけどジェフは喜んで受け入れた。彼には怖くなかったんだよ。だってジェフが機械にとって変わられるはずないじゃないか。機械と組んでもまるっきり負けやしなかった」

ジェフはその後の1989年に、ドン・ヘンリーのアルバム『エンド・オブ・ジ・イノセンス』収録の〈ニューヨーク・ミニット〉でもプレイしている。コーチマー、ヘンリー、ジェイ・ウィンディングによるこの曲で、ポーカロは手の込んだスティックさばきを数多く持ち込んでいる。オープニングはブラシだとコーチマーは言う。

「Aのパートではブラシ、次のヴァースでは片方がブラシで片方がスティック。それからコーラス・パートで両手ともスティックに持ち替えた」。その後、ブラシに戻り、またブラシ1本にスティック1本、それから両方スティックでコーラス部分とブリッジを通したとダニーは説明を続ける。

「それからトランペットのインタールードが入り、

次のヴァースで彼はまたブラシに戻る」とダニー。「続いてまた片手がブラシで片手がスティックに戻り、その後また両手ともスティックと、そんな感じで曲を終える。彼はそういうチャレンジをするのが好きなんだよね。あの曲を聴けば、彼があそこでやってることがどんなに絶妙かわかるよ」

コーチマーによれば、彼が初めてジェフに会ったのは70年代はじめのセッションで、そのとき「あいつ、どこかで見た気がするな」と思ったのを覚えているという。「誰だっけ?」。それからハッと、『ソニー&シェール・コメディ・アワー』[*75]のドラマーだと思い出したそうだ。

「そこで彼を見たときに、『あのドラマーはすげえな』と思ったんだよ。それきりしばらく忘れていたんだけど、ある仕事で一緒になったとき、『君があのときの……?』と。すぐその場で彼を抱きしめて、『君は素晴らしい』と言ったんだよ。彼はまだすごく若くてね。とにかくほんとにいい奴だった」。そうダニーは振り返る。「『ああ、あの番組で最高にいいプレイをしてた奴と組めるんだ』って、嬉しくてたまらなかった」

何年もの間に多くのプロジェクトで組み、深くジェフを知るようになったコーチマーは、「ジェフには自分の考えや姿勢というものがあった」という。「自分が誰よりも優れていると思ってるとか、そういうのとは違う。ただ彼は、馬鹿らしいことをされるとそのままにしていられないんだ」

コーチマーはその一例を挙げる。「ニール・セダカのカムバックのときだ」と彼は振り返る。「エ[*76]

[＊74] キャロル・キングとザ・シティを結成し、69年に『夢語り (Now That Everything's Been Said)』を発表。グループ解散後はセッション・ギタリストとしての活動が主軸となり、ソロとなったキャロルの『つづれおり (Tapestry)』やジェームス・テイラー『スウィート・ベイビー・ジェームス (Sweet Baby James)』などを通して名を馳せる。もちろんジェフとの共演も数多い。

[＊75] 71〜74年に放送されたソニー&シェール夫婦によるテレビ番組。

ルトン・ジョンに再発見されたおかげで、トゥルバドールでのステージが実現して――ニールにとって大事なカムバックの日だよ。僕らはリハーサルにリハーサルを重ねた。全員それぞれ楽譜をもらっていた。その重要なコンサートの当日、サウンドチェックのためにトゥルバドールに集合し、ニールが『さあ、みんなやるよ。楽譜を開いて……』と言ったんだけど、ジェフは『はあ？　楽譜ってどこ？』と言うんだ。『持ってないのか？』とニールが言うと、『持ってないよ』。『どこにあるんだ？』。ニールの額に汗が流れ始めていた。ジェフは楽譜を持ってなくて、その責任を取るつもりもなく、『持ってないよ』と言う。僕ら全員、ジェフをただ見つめていた。だけど彼は、眠っていたって楽々プレイできるんだよ。彼はニール・セダカをからかって面白がってたんだと思う。そういうことでもしないと、僕らみんな頭がおかしくなりそうだったしね。ジェフにはちょっとサディスト的なところもあったかな」。正直な思いを口にしてから、コーチマーはもう1つエピソードを加えた。「これは聞いた話だけど、バーブラ・ストライサンド主演の映画『スター誕生』の音楽をやっていたときにね、その日の作業が終わりに近づいてた頃に休憩になった。するとジェフは『電話をかけてこなきゃ』と姿を消し、そのまま帰ってしまったそうだ。月曜の朝、スタジオに入ってきた彼に、誰かが『ジェフ、どこにいたんだ？』と訊くと、『ああ、電話が終わったから帰った』ってさ」。コーチマーは声を出して笑った。

　コーチマーは自分がプロデュースした作品でもジェフを起用している。アイヴァン・ネヴィルの[*77]『プリミティヴ・マン（If My Ancestors Could See Me Now）』もそうだ。彼はその中でも特に、6／8拍子の〈太陽（Sun）〉でのジェフのプレイを指摘する。「彼は本当によく考えて、本当に頑張って取り組んでくれた」とコーチマーは言う。「あのドラム・パートの解釈はすごいよ。アイヴァンのループはセクシーなパーカッションで、それに合わせてプレイしてるんだけど、変化が多彩なんだ。とてもクリエイティヴなんだよ」

コーチマーによれば、ジェフはその日の仕事が終わった後も、だらだら残っているのが好きではなかったという。

「みんなもっと遅くまで残ってたね」とダニーは言う。「彼は誰よりも先に帰った。最高のマリファナやってるときでさえそうだった。当時、僕の家はLAのレイク・ハリウッドを見下ろす場所にあって、みんなよく遊びにきてたんだ。音楽を聴いて、曲を作って、プレイして、すごく楽しかった。でもジェフは、来てもすぐ帰ってしまうんだ。いつでも最初に帰ったね。彼は完璧なヒップスターだったな。ジェフほどヒップな人間はいなかったよ。でも、それに加えてオジー・ネルソン（バンド・リーダー、俳優、監督、プロデューサー）の要素も持っていた。そういうふうに育てられたんだよね。すごくバランスの取れた人だったな。ちょっとひねったユーモアに、完璧なヒップスターのオーラ。それがもう永遠に戻ってこないと思うと、たまらなく寂しい。彼を知る人はみんな同じ気持ちだよ。僕らはみんな、彼がまたひょっこり入ってきそうな気がしているんだ」

TOTOは最終的にマイク・ポーカロをベーシストとして加え、『TOTO Ⅳ』の大ヒットを受けてのワールド・ツアーに乗り出す。シェップ・ロンズデールが思い起こすのは、日本武道館3夜[*78]

[＊76] ニール・セダカは60年代のブリティッシュ・インヴェイジョンの頃に一度表舞台から遠ざかるが、70年代に入り、エルトン・ジョンのロケット・レーベルと契約してカムバックを果たす。

[＊77] アイヴァン・ネヴィルの88年作。全10曲中、8曲をジェフが叩き、残りの2曲はスティーヴ・ジョーダンが参加。

[＊78]『TOTO Ⅳ』ツアーの来日公演は、1982年5月7日～19日の期間に行われた。そのうち日本武道館公演は5月17日、18日、21日という飛び石の3デイズだった。

連続公演の初日の出だしで起きたアクシデントだ。ステージ奥に、ジェフのデザインによる、リングのついた大きな剣が設置されていたのだが、回転するはずが前後にぐらぐら揺れ始めた。アート・ディレクターも兼ねていたジェフは激怒した。その晩、彼はスネアのマイクに向かって怒鳴りまくっていたとロンズデールは振り返る。ロンズデールによればジェフは完全にキレていたとのことだが、ルカサーによれば、日本の有名な会場での2日目、ジェフのデザインは既に歴史になっていたそうだ。

1983年、ソロ・アルバム第2作のレコーディングにかかることになったデヴィッド・ギルモアは、79年のピンク・フロイド『ザ・ウォール』でポーカロが1曲レコーディングした縁から、再びジェフに声をかける。フランスのブーローニュービヤンクールにあるパテ・マルコーニ・スタジオで、彼の第2作目『狂気のプロフィール(About Face)』のレコーディングが始まった。「『狂気のプロフィール』のセッションに誰を使うか考え始めたとき、ドラマーにはジェフしか考えられなかった」とギルモアは言う。「パリに彼を呼び、ベーシストのピノ・パラディーノと組んでもらった。ピノのプレイとサウンドも、僕はすごく気に入っていたからね。この素晴らしいプレイヤー2人でバック・トラックを録ったのは、僕の音楽人生のハイライトの1つになった。ジェフとピノがトラックを録っている間、コントロール・ルームのプロデューサーやエンジニア、テック、みんなが浮かべてた表情といったら、ちょっと表現しようがないな」

ジェフからも『狂気のプロフィール』のレコーディングは大好きなプロジェクトの1つだったと聞いたことがある。「あのアルバムはやっていてすごく楽しかった。面白いアルバムだったよ。曲も好きだったし、あれにはグルーヴがあったんだ。

あの作品では、僕はパーカッションもちょっとプレイしてるんだよ」

同じ1983年、ジェフはランディ・ニューマンの象徴的な曲〈アイ・ラヴ・L.A.〉にも参加している。ニューマンはポーカロを「素晴らしいドラマーにして素晴らしい人間」だと思い返す。

この歌はロサンゼルスのテーマ・ソングと思われているが、実際には皮肉のつもりで作られたものだとルカサーが説明する。「あれはランディの見たLAなんだよ、あそこがどれだけ適当な、ふざけたところかっていうね」とルカサーは笑う。「僕らにとっては、ランディは昔からのヒーローで、それにいい人でね――完璧なプロだよ。それにジェフやあのみんなと一緒にやったセッション、数え切れないほどやったセッションすべてがそうだけど、あのときも最高に楽しかった」

今作のプロデューサー、ラス・タイトルマン[*79]は、ワーナー・ブラザーズのアミーゴ・スタジオでのセッションは進行が楽で、短時間で完成したと振り返る。「他のトラックでは、そううまくいかない場合もあったんだ」と彼は言う。ベーシック・トラックは生演奏で録音したが、ジェフについてタイトルマンは次のように言っている。「最高に素晴らしいセンスを持っていた。完璧なドラマーであり、常にある種の深いグルーヴ、深いフィーリングを出せる人だった。本当にパーフェクトなプレイができる人はたくさんいるけれどね、そういう人はすごく硬いプレイにもなりがちなんだ」

そのメンバーで『トラブル・イン・パラダイス[*80]（Trouble In Paradise）』全編をレコーディングし、

［＊79］プロデューサー。初のプロデュース作はリトル・フィートの1作目『リトル・フィート・ファースト（Little Feat）』で、ライ・クーダー『パラダイス・アンド・ランチ（Paradise And Lunch）』、ジョージ・ハリスン『慈愛の輝き（George Harrison）』、リッキー・リー・ジョーンズ『浪漫（Rickie Lee Jones）』、エリック・クラプトン『アンプラグド（Unplugged）』などアーティストの人気／重要作を数多く手がける。

［＊80］ランディ・ニューマンの84年作。TOTO関係では、ジェフの他にデヴィッド・ペイチ、スティーヴ・ルカサー、レニー・カストロも参加している。

さらにニューマンと〈アイ・ラヴ・L.A.〉のビデオも録った。このセッションを思い返してルカサーは言う。「ランディが曲をプレイして聴かせてくれた。僕らに譜面もくれたよ。大方のレコーディング・セッションよりちょっと細かかったけど、〝僕らのもの〟を加える余地はたっぷりあった。彼がピアノの前に座り、弾きながら歌う。僕らはあの曲がすごく気に入ってね。僕らは全員LA出身だし――いやまあ、全員じゃないけど、ほとんどがね。とにかくその時点ではみんな住んでいた。あのフックを聴いて、ランディが〝we love it〟の部分を大勢のシャウトみたいな感じで入れたいと言った途端、絶対僕らがやる！って言い張ったのさ」。ルカサーは続ける。「トラックはかなりの速さで録り終えて、それからオーヴァーダブに入って、〝we love it〟って全員で叫んでるのを重ねた。ジェフの声はすごくはっきりわかるよ。いや実際、僕ら全員の声がよく聴き取れる。みんなゲラゲラ笑ってたね」

正確に誰と誰が声を出していたかとなると、ビッグなサウンドになるよう何度もオーヴァーダブを重ねていたこともあり、記憶が少し曖昧になる。だがルーク、ペイチ、ポーカロ、ラス・タイトルマン、レニー・ワロンカー（プロデューサー）、レニー・カストロ、[*81]ネイザン・イーストが参加しているのは確かだ。イーストとの初顔合わせは、少なくとも彼らの何人かにとって、このセッションでの特別な思い出になった。ルカサーはこの日までネイザンに会ったことがなかったそうだ。だがネイザンとジェフはニューマンのセッション以前に組んだことがあったという。ネイザンと私とで遡って調べてみたところ、どうやら1981年、メリサ・マンチェスターのアルバム[*82]『き・れ・い・だ・ね・メリサ（Hey Ricky）』の〈スローリー〉のセッションだったようだ。

スタジオに入り、ドラムの前に座るジェフを初めて目にしたとき、ネイザン・イーストは「今日は僕の持つものすべてを注ぎ込まなきゃな。大好きなドラマーと組むんだぞ」と思った。「期待通りだった。天にも昇る心地だったよ。ジェフは曲に入る前のカウントからして素晴らしい。彼のあのグルーヴだよ。彼がスティックを鳴らし始めると、もう最高の気分で、スタート前からもう駆け出してるんだ。彼は何も口にしなくていいのさ。振り向いたらあの大きな笑顔が返ってきて、さあこれで行けるぞって気合いが入るんだ」

『トラブル・イン・パラダイス』でTOTOのメンバーと組むのは最高に心が躍ったとイーストは懐かしむ。「ランディ・ニューマンがリラックスした感じで入ってきて、ほとんどプレッシャーも感じさせずに曲をプレイして聴かせる。たいてい1日に1曲か2曲やった。(彼が弾いている間に)ピアノに近づいて、みんなそれぞれメモをとる。曲はテンポ・チェンジがさまざまで、短いヴァースもあれば、ピアノとヴォーカルのみのヴァースもあった。本当にクリエイティヴなプロセスだったな」

ネイザンとジェフがスタジオで顔を合わせると、決まって2人ともパッと表情を輝かせた。「その日は仕事という感じにならずにすむってわかるからさ」とネイザン。「それにあのみんなと一緒なんだ。楽しくて、ずっと冗談を言いながら笑ってばかりいた。あれほど互いに認め合ってる仲間はこの地球上で他にいないよ」

イーストは初期にボーカロと参加したセッションを思い起こし、ヴィレッジ・スタジオでのジョ

[＊81] 70年代にセッション・ベーシストとして頭角を現し、多くのソウル／R＆B系シンガーを支える。ジャズ／フュージョン系セッションも多く、90年には ボブ・ジェームスらとフォー・プレイを結成し、継続的に活動。TOTO35周年ツアーでは正式メンバーに迎えられた。

[＊82] アルバムのリリースは82年。本作でジェフは、〈スローリー〉以外の7曲でエイブ・ラボリエルとリズム隊を組んでいる。

ー・コッカー、バーブラ・ストライサンド、バリー・ギブ、ジョージ・ベンソンなどのアーティストの名前を挙げる。「デヴィッド・ペイチがジョージ・ベンソンに書いた〈レイディ・ラヴ・ミー〉もやった。アリフ・マーディンのプロデュースでね」とイーストは懐かしむ。「今でもラジオであの曲を聴くと、あのときの楽しい気分が蘇ってきてさ。レコーディングのときのあの大きな笑顔を思い出すんだ」

ジョージ・ベンソンのセッションは夢のように素晴らしく、「大きな、あったかい毛布に包まれている」ようだったとペイチは振り返る。「全員が知り合いだったし、プレイしやすい曲だったしね。確かワン・テイクかツー・テイクで録り終えた。どこもまったく問題なしだった」

ネイザンはポーカロが常に助言や提案を惜しみなく与えてくれたという。そしてあるとき、ジェフはとんでもないアイディアを思いつく。その頃、日本の新人バンドが、自国での大々的なお披露目のために彼らを呼びたいと打診してきていた。音楽業界に金が潤沢に流れていた時代だったし、それに日本人はアメリカのミュージシャンに夢中だった（それは今も変わらない）。

「向こうはジェフに来てもらえないか、一緒に僕も連れてこれないかって訊いてきたんだ」とイーストはその経緯を語る。「それがちょうど12月のクリスマス時期でね。ジェフは『え、家族と離れたくないな。日本まで行く気にならないよ』って、気乗りしなかったんだよ。2夜連続のステージだったから、向こうに行って、2日間演奏して、すぐに戻る感じ。だから都合4日間になる。そこでジェフは、これ以上考えられないって額を提示したわけ。彼と僕と2人の合計のつもりで、『わかった。30万ドルなら行こう』とね。ところが向こうは、僕らそれぞれにその額を出したんだ。それで彼も断りきれなくなって――しかもファースト・クラスに乗せてくれた。忘れられないね。日本行きのファースト・クラスに乗っていたのは僕ら2人だけだった。そこに客室乗務員が4人もついてるんだから。帰りの飛行機でも、ずっと笑いが止まらなかったよ」

ジェフは最高のドラマーというだけでなく、最高の友人であり、メンターであり、最高にクールな人間だったとイーストは言う。「辞書で〝友達〟を引けば、そこにジェフリーが出てるよ。それに何と言ってもすごいのは、どこの誰に対しても分け隔てなく、態度が変わらなかったことだね。相手がローディーでもテックでも関係ないんだ。むしろアーティスト本人より、そういう奴らの方を大事にしていた感じだな。ジェフと同じときにこの地球にいられたことに、僕は心から感謝してる。本当にありがたいと思うよ。一緒にこれだけの時間を過ごせたんだ。友情のくじで大当たりを引き当てたようなもんだな」

ポーカロとイーストが出会うきっかけとなったメリサ・マンチェスターのアルバム『き・れ・い・だ・ね・メリサ』で、このシンガー・ソングライターは、1983年グラミー賞ベスト・ポップ女性ヴォーカル・パフォーマンスを獲得する。その対象曲〈気になるふたり（You Should Hear How She Talks About You）〉は、ジェフが参加した[*83]5曲のうちの1曲だ。マンチェスターによれば、ミュージシャン選びはプロデューサーのアリフ・マーディンに任せていたらしい。ルカサーも2曲に参加し、その片方が〈気になるふたり〉だった。もちろんジェフのことは、彼が参加する前から知

［＊83］実際には、ジェフは本作で8曲にクレジットされている。

っていたとマンチェスターは言う。

「あの頃はスター・パフォーマーやスター・ミュージシャンがいて、リズム・セクションのどのパートにもトップ・ランクのプレイヤーがいてね。ボーカロはそのトップ中のトップだった」とマンチェスター。「私は彼やスティーヴ・ガッドと何度も組む機会に恵まれて、そのたび光栄に思っていたわ。あの頃のレコード作りはすごく人間的だったの。生身の人間相手で、機械相手じゃなかったもの。本当の意味でコラボレーションだった。常に音楽を通して会話をしていた。そのうえアリフ・マーディンという素晴らしい人が引っ張ってくれたから、本当に、本当に、素晴らしい作品になったわ」

バラードで評価を得ていたマンチェスターは、今作のようなシンセ・ポップをそれまで手がけたことがなかった。レコード会社とマネージメントから挑戦してみるように励まされ、彼女はマーディンとプレイヤーたちを信頼して「冒険に乗り出す」ことを決意したという。トラックを録る場にはいなかったので、確かにボーカロとの交流はほとんどなかったものの、ときおり廊下ですれ違うことがあったそうだ。そういう折に、彼が周りのみんなからどのように思われているかわかったと彼女は言う。

「彼がミュージシャンに気軽に話しかけているのをよく見かけたわ」とマンチェスターは言う。「みんな彼を愛していて、みんな彼を知ってたの」

このプロジェクトで一緒にスタジオに入ることはなかったが、彼はかけがえのない貢献をしてくれたとマンチェスターは実感している。「信じられないようなグルーヴを与えてくれた」とマンチェスターはしみじみ語る。「リズム・セクションの構成も曲の構成も、物凄くソリッドだから、あの80年代初めという時代が反映された作品でも、あのアルバムはずっと聴き継がれていくと思う。あんなに巧みな、あんなにクリーンなプロデュースなんだもの。しかもミュージシャンのライヴ演奏で、それをジェフがしっかり支えてくれてるのよ。たとえポップ・ソングだろうと、彼はそこに魂を注ぎ込んでくれた。生身の人間がドラムをプレイしている、その道のトップの人が生で演奏してる。その事実は無視しようもないし、消せるものでもない。そのうえ彼のいるスタジオは錚々たるミュージシャンで占められていたの。あのミュージシャンたち、そしてあの時代とあの曲群。時が経てば経つほど、私はますますその価値を感じるようになってる。コメディ・ソングでも泣けるバラードでも、ポップ・チューンでもダンス・ソングでも、どんな曲も素晴らしい。だってそれを編み出したのは、生きた人間なんだもの。それはつまり実際に言葉を交わし合っていたということ。全員が同じ目的に向かってつながっているということを、みんなしっかりわかっていたの」

Post-Grammys

「僕のタイムは最悪だ」とジェフは言った

1983年、TOTOが映画『デューン 砂の惑星(DUNE)』で新たなサウンドトラック・プロジェクトを手がけることになり、ジェフは大いに意気込んでいた。1997年にこのサウンドトラックの豪華リイシュー盤がリリースされ、デヴィッド・ペイチはそのライナー・ノーツに、メキシコ・シティでのデヴィッド・リンチ監督との初ミーティングにデモを持参したと記している。彼は自分とTOTOはもちろん、ウィーン交響楽団の指揮者を(アリン・ファーガソンと共に)務めていた父マーティ・ペイチのためにも、このプロジェクトを手掛けたかったという。彼はこの97年盤を、父(この頃には世を去っていた)とジェフリーに捧げている。まずウィーンでレコーディングを行い、その後はほとんど、ジェフのスタジオ、ザ・ヴィラで作業を続け、シンセサイザーのパートはペイチのスタジオ、〝ザ・マナー〟でレコーディングした。

「スネアをたっぷり入れ、あらゆる種類のパーカッションを入れてね。パーカッションの大半は、エミール・リチャーズが世界中から集めた素晴らしいコレクションを使ってる」とシェップ・ロンズデールは振り返る。「ボウイング・ベースのパートはマイク(・ポーカロ)、ギターは全部スティーヴ(・ルカサー)。とにかく全体ですごい仕事量だった。それに加えてTOTOの仕事もあったからね。そちらは何があろうと絶対休みなしなんだ。

ジェフは進行中の仕事の大半に深く関わっていて、頭がおかしくなりそうなくらいのところまでのめりこむ。デヴィッド・リンチがどんなギター・サウンドを求めているか――例えば遠い月でハリケーンが起きて旗が燃えるとか、そういう電話がかかってくると、ジェフはよく自宅にこもった。たとえ時間がある程度かかったにしても、最後には素晴らしいサウンドが出来上がってくる。僕と組んだとき、ジェフがセッション中にずっと習慣にしていたのは、アーティスティックな面でのコメントを〝描く〟こと。自分の周囲で起きていることについて彼の感じたことを絵にすることだった。どのプロジェクトでも、セッションが終わるとあちこちでそういう漫画を見つけたよ。レポート用紙や封筒やナプキンや、何でもその辺にあるものに描いてあるんだ。それが素晴らしく上手で、たいてい、まさにドンピシャで正確ときてる。僕はどれも絶対捨てずにとっておいた。1日の作業を終え、スレーヴ・リールを作って、その日のセッションの記録をつけるとき、マイクをしまう引き出しにその絵も入れておいたんだ。彼は僕が絶対捨てないことを知っていて、ドラム・マイクと一緒にしまっていることも知っていた。あれはどうなったんだろうってよく思うんだよね」

『デューン』レコーディング中のジェフは、とりわけ多作だったに違いない。プロジェクトは混沌を極め、挙句にリンチは最終的な編集権を与えられず、映画の評価も低かった。またTOTOも『デューン』に関わったことで、バンドのキャリアに不幸な影響を被ったと言えるだろう。グラミーを総なめにした勢いで、間をおかず次作のレコーディングに入るのが理想だったのだろうが、このプロジェクトに参加したために、その絶好のチャンスを逃してしまったのである。さらにタイミングの悪いことに、リード・シンガー交代という状況が重なった。報道によればボビー・キンボールはドラッグの影響で喉を痛め、交代させるしかなかったという。『TOTOⅣ～聖なる剣』の大ヒット後にツアーを行わず、そのまま新作のレコーディングを待つうちにシンガー交代。そうこうするうちに勢いは失われていった。

1984年、TOTOは新たなシンガーとして、ルイジアナのバンド、ル・ルーにいたファーギー・フレデリクセンを迎え、アルバム『アイソレーション（Isolation）』に取り掛かる。レコーディングはジェフのスタジオのザ・ヴィラ、ペイチのザ・マナーの他、レコード・ワンでも行われた。前作のヒットの要因となったものを取り入れるのではなく、違う方向を目指した作品は、ラジオを味方につけることはできなかった。だがもちろん当時のジェフは、ロック寄りの方向性を選んだことに大いに満足していた。

「マイクやファーギーとやった最初のアルバムだ」。ジェフは1984年秋、今作がリリースされたときに言っている。もちろんこの時点では、ファーギーと最初で最後のアルバムになるとは思ってもいなかった。「新しいベーシストはもうツアーにも参加してる。マイクだよ。マイクは僕らのハイ・スクール時代のバンドでベースを担当していた。〈カルメン〉がこのアルバムの感じを示すいい例になるかな――ジミ・ヘンドリックスの『バンド・オブ・ジプシーズ』時代みたいな感じ。ああいう感じの曲をハイ・スクール時代の僕らはやっていたんだ。1年かけてこのアルバムを作っていて、その間ずっと、グルーヴ重視のやつをやろうっていう気分ではなくてね。気持ちとしては、もっとこう……つまりこのアルバムを聴くと、『あれ？　テンポがほとんど同じようなやつが4曲くらいあるじゃないか』って思う。だけど僕らはライヴをやるたび、こういう曲が足りないと感じていたんだよ。このアルバムに入ってるこういう感じの曲を、ステージでやりたいんだ。僕らはあらゆる種類の曲をプレイしたい。ショーの半分がグルーヴを効かせたやつで、ロックンロールがあんまり入ってないのなら、よほど古いのでない限り、そういうのも何曲か入れる方がいいだろ」〈ストレンジャー・イン・タウン〉はビルボードのロック・チャートで7位（ホット100では3位）まで上がった。ジェフはペイチとともにこの曲のサード・ヴァースに熱心に取り組んだ。「最初は〝この殺人鬼に気をつけろ〟っていう歌だったんだ。殺人犯が歩き回ってるぞ、と」。そうジェフは言っていた。「でもそれから、『もっと謎めいた感じがいいな、こいつにちょっと心や魂を与えようよ』と変わっていった。あの歌にはすごくいろんなものが読み込めるんだよね。僕はそこが気に入ってるんだ。特にビデオを見ると、あの歌がさらに理解できるだろう。あれは優れたもの、例えば信心深い人とか、新しく出てきたロック・シンガーとか、新しい考え方とか、そういうものに対して人が抱く恐れなんだ。物凄く怖がって入り込まない人もいるし、逆にそれを見ても、他のみんなにわかる悪い面に気づかない人もいる」

『アイソレーション』のレコーディング中、ジェフとルークはポール・マッカートニーから映画『ヤア! ブロード・ストリート』プロジェクトへの参加を打診された。ジェフがイギリスからひどく興奮した調子で電話をかけてきたとペイチは振り返る。ジェフは〈ミスター・フレンドリー〉のベース・トラックを既に録っていたが、これにはまだポールのヴォーカルが入っていなかった。するとポールは歌いながら即興で歌詞をつけ始めたという。「（ビートルズが）〈ツイスト・アンド・シャウト〉でやったみたいにね」とペイチ。「ジェフはテープに録っておきたかったと悔やんでたよ。まるでポール・マッカートニーがTOTOのリード・シンガーみたいだったからって」

デヴィッド・ペイチは1984年12月1日に結

ポール・マッカートニーの映画『ヤァ！ブロード・ストリート』撮影中の1コマ。歌舞伎風のメイクをして、ポールとリンダ・マッカートニーが中央縦に並び、ジェフとスティーヴ・ルカサーが寄り添っている

1984年12月1日、デヴィッド・ペイチの結婚式にて

Courtesy of Paich family Archives

婚した。その年、ジェフは突然電話をかけてきて、自分が介添人をやると告げたという。「自分がずっと付き添ってそばについていよう」とジェフは言ったそうだ。その頃、既に2人は全部を言わなくても互いに気持ちが通じるほどになっていたので、自分の緊張がジェフにはわかっていたのだとペイチは説明する。ロード・マネージャーのクリ

ス・リトルトンが、いかがわしく下品と悪評高い、ハリウッドの〝トロピカーナ・モーテル〟を会場にバッチェラー・パーティー[*84]を計画し、泥レスリングなどの催しを企画した。ペイチの趣味からは最もかけ離れた出し物である。リトルトンは新郎もこの乱痴気騒ぎに加われば盛り上がると考えたが、穏やかでシャイなペイチの性格をよく知っているジェフは、バーで静かに2人だけで飲もうと、別のプランを立てていた。ジェフはトロピカーナに向かうリムジンの中で、バーに行こうと説きつけたが、デヴィッドは店で待っているみんなに悪いと、そのまま店に向かった。そして気のいいペイチはみんなに囃し立てられながら余興に加わった。

一大イベントの当日、バンドのメンバーとエンジニアのグレッグ・ラダニーは結婚パーティーに参加したが、スティーヴ・ポーカロは席につかず、ボディ・ガード的な役割を引き受け、万一花婿が興奮しすぎたり緊張しすぎたりした場合に備えて見守ることにした。ペイチはこのイベントそのものが「大ヒットだった」という。〝パレス〟というハリウッドの会場で開かれたパーティーにはバンドが2組出演し、ペイチによれば参加者はおそらく300人から400人で、外からふらりと入ってきた人も混じっていたかもしれないという。

翌年、TOTOは『アイソレーション』ツアーに出た。サクソフォン、リズム・ギター、カウベル担当で参加を呼びかけられたスコッティ・ペイジは、思いがけない誘いに驚き、感激した。ジェフ・ポーカロ脱退後のシールズ&クロフツ、スーパートランプなどのバンドで長年ミュージシャン

[＊84] 新郎が独身の最後の日に友達と過ごすためのパーティー。

としてキャリアを積み重ねる間も、彼にとってジェフは常に物差しであり、自分のパフォーマンスを評価する基準だった。

「興奮すると同時に死ぬほど怖かった」とペイジは回想する。「曲を全部覚えなきゃいけなかったし、あの最初のリハーサルは一生忘れない。それまでずっと眠れなくてね。まさに引きこもり、ひたすら1人で練習してた——1日10時間くらいはやってたな」

リハーサルでジェフから最初に手渡されたのはカウベルだった。ここが本当の試練だ。

「ほんとにビビっちゃってね」とペイジは正直に言う。「彼のタイム・キープがどんなに正確かってことは充分知ってたから、『うわ、どうしよう』と思った。食事するにも酒飲むにも、寝るときだってメトロノームを離せなかった。僕は狂信的ファンだったからね。彼がいたからこそ、僕はタイム・フィールを本気で考えるようになったんだ」

ペイジはさらに、彼がバンドに加わったその頃、ジェフがメトロノームの活用法を教えてくれたという。「『カチカチって、その1音ずつをダウン・ビートで捉えるんじゃなく、2拍目と4拍目に（ダウン・ビートを）置いて、1拍目、3拍目は叩かない』と言われたんだ。それで完全にフィールが変わり、注意を向ける焦点が違ってくる。たったそれだけのことで、僕のプレイは物凄く変わったんだ」

ペイジがリハーサル初回の1曲目を終えると、ポーカロがそばに来て、彼に腕を回して言った。「やったな、ペイジ！」。ペイジは大きく安堵の息が漏れたのを自分でも感じたという。そして彼はめでたくバンドとともにツアーに出ることになった。ツアーバスも、ジェフ、レニー・カストロ、レニーの当時の妻ポーレットと同じB号車だった。「天国だったよ。何時間も何時間もずっと話ができたんだから」。話題の大半が音楽のことで、その中心になっていたのが3人のアーティストだったという。ジミ・ヘンドリックス、スティーリー・ダン、それに『マーヴィン・ゲイズ・グレイテスト・ヒッツ(Marvin Gaye's Greatest Hits)』だ。

日本に行ったときには[＊85]、ペイジがジェフの手の込んだ悪ふざけのターゲットになった。午前2時頃、ペイジはアメリカにいる妻と電話で話をしていた。まだ携帯電話などなく、ホテルの部屋から長距離通話をかければとてつもなく高くついた時代である。ポール・ジェイミソン、ルカサー、ジェフの3人は、ペイジの部屋の前に行ってドアをノックした。ルカサーが大声を出し、「ジェフが大変だ。助けてくれ」とペイジを呼ぶ。急を要する事態かと、ペイジは妻に少し待つように言い、保留にしたまま受話器をベッドに置くと、下着1枚の姿でドアに向かった。

「ドアに駆け寄って覗き穴から外を見たら、ジェフがルカサーに腕を掴まれてて、失神でもしそうな様子だった」。ペイジが慌ててドアを開けると、3人が一斉に飛びついてきて彼の下着を剥ぎ取り、それを部屋に放り投げてドアを閉めてしまった。彼の後ろでバタンとドアが閉まり、自動ロックが

1985年、『アイソレーション』日本ツアーで、新幹線車内でのTOTO。トークショー・ホストのディック・キャヴェットと

Courtesy of Susan Porcaro Goings

[＊85] TOTOの『アイソレーション』ツアーは日本からスタート。1985年2月25日の静岡産業ホールから3月8日の仙台市体育館まで、日本武道館3デイズを含む7会場9公演が行われた。

かかる。「みんなそのまま廊下を走って逃げていっちゃって、あとは僕がドアの下から『電話を切れ、電話を切れ！』と妻に怒鳴る声だけが響いた」

つまりペイジは、素っ裸のまま、真夜中に5つ星ホテルで叫び続けることになったのだ。妻が今も電話を切らずに待ち続けているのではないかと、生きた心地もしなかった。電話代が着々と積み重なり、数百ドルという額に達するかもしれない。幸い、廊下の大騒ぎを聞きつけ、何が起きたかとドアを開けた人がいて、ペイジにタオルを投げてくれた。おかげで彼はロビーに行って鍵をもらうことができた。

翌日、彼はあのおふざけには笑わせてもらったとバンド仲間に告げた。一緒に笑わなければ、また何かやられるだろうと思ったからだという。そして今度は彼がいたずらを仕掛ける側に回った。ファーギーがちょっといい気になっているからと、みんなでお仕置きをしたのである。「彼のヘアドライヤーを持ち出して、ケータリングで取り寄せたエビの頭を詰めて押し込んだんだ」とペイジは笑いながら振り返る。「彼は知らないままスーツケースに入れてね。鼻が曲がりそうな物凄い臭いになった」

ペイジにとって忘れられないツアーの思い出の1つが、全米ツアー中のある日、まだ薄暗い夜明け頃、一行のバスがドライヴインに寄ったときの出来事だ。A号車のバスは、彼の言葉によれば「ハイになっていた」そうだ。「何か食べようと入っていったんだけど、朝の4時で、中にいるのはトラック運転手ばかり。そこに髪の長い、あほの集まりみたいなのが現れたわけだ」とペイジ。「ちょっと何か食べようと席に着くと、たぶん80歳過ぎくらいの可愛いおばあちゃんがいてね。そこでもう50年くらい働いてそうな感じだった。ジェーンとかなんとか、とにかくみんなが彼女の名前を知ってる。そのおばあちゃんが注文をとりに来て、ルークに『何がよろしいでしょう?』と聞いたんだよ。そしたらルークが、『アナル・エネマ（膣・肛門洗浄剤）、熱いのがいいな』なんて言うんだ。ジェフと僕は『何を言い出すんだ。俺たちを殺す気か』という感じでね。その瞬間のトラック野郎たちを見せたかったよ。全員が一斉にキレて、すごい形相だった。まったくルカサーは逸話に事欠かないね！　幼い子どもみたいな人なんだよ。僕はもう、死ぬほど好きだ。しょっちゅうジェフとあのときの話をしたもんだ――『ルカサーのおかげで殺されるところだった』って」

それでも楽しい日々だったと彼は言う。その頂点がステージでのリズム・キープだった。

「TOTOとプレイして何が一番良かったかと訊かれると、僕は必ずカウベルでジェフ・ポーカロと一緒に4曲プレイしたことだと答えるんだ。グルーヴの深みがもう素晴らしかったから。僕は彼のすぐ隣に座っていた。セックスより素晴らしかったね」。ペイジはこのツアーの後、『Push Back The Walls』など、自分のプロジェクトでも、たびたびジェフを起用した。

翌年、ルカサーとポーカロはピンク・フロイドのステージでプレイするペイジを観に、ロサンゼルスのコンサートにやって来た。「もう最高に嬉しかった」とペイジは言う。「ジェフ・ポーカロ以上に僕が影響を受けた人はいない。毎日の練習でも、彼は僕を密かに導いてくれる運転手であり、僕のグルだった」

とはいえ、いたずらにかけては、間違いなくポーカロは相当な悪党だった。その辺りはドラマー仲間のマイク・ベアード[*86]がよく知っている。ジェフのせいでベアードはセッションをおろされる羽目になったのだ。2人ともひどいことをやらかしたのは確かで、どちらにも非はあった。しかし最初に仕掛けたのはジェフである。すべては、ベアードがジェフの搬送会社R&Rエクスプレスにドラム・キットを預けたことから始まった。そしてある日ベアードは、スタジオに仕事に出かけた。彼の記憶が正しければ、ウェスタン・スタジオだったはずだ。

「そしたらフロア・タムのヘッドに、とんでもなくどぎつい絵が描いてあったんだ。巨大なディックを手で支えてる男の絵で、その先から小便が出てる。文字の方は忘れた」。ベアードはその光景を思い返す。「僕はフロア・タムを灰皿がわりにしていたんだ――いつもそこにドリンクと灰皿を置いていた。『何のつもりだ?』と腹が立ってね。間違いない、ジェフが倉庫に行って、僕のキットがあるのを見て思いついたんだ。それでこっちも、『よし、そっちがその気なら、やってやろうじゃねえか』と思ってね。彼ほどの絵心はないけど、彼がまだ(スタジオの)隣の部屋にいて、彼のドラムもまだセッティングされてなかったから、僕はマーカーを持ってきて、彼のフロア・タムに絵を描いてやった。僕――こんな太った奴が――彼の顔に跨って、彼が僕のケツを食ってる図だ。そういうのをやりあって、おそらくひと月くらい続けてたね」

だがその後、信心深いアーティストとセッションで組むことになったベアードは、忘れずにヘッドを変えておくようにと搬送業者に念を押しておいた。スタジオに行くと、そのアーティストがパーティションから身を乗り出して覗いていたので、ベアードはいつものように陽気に声をかけた。「『やあ、みんな調子どう?』とね。すると彼女が振り返って、ゴルフ・ボールみたいに目をまん丸

[*86] 70年代に入った頃からセッション・ドラマーとして徐々に活動の場を広げ、76年のスティーヴ・マリオット初ソロ作『マリオット(Marriott)』などで飛躍。その後もケニー・ロギンス、リタ・クーリッジ、ナイジェル・オルソン、ローウェル・ジョージ、エアプレイ、ポール・アンカなど数多くの作品に名前を残し、名バイプレイヤーとして知られる。日本人アーティストでは松任谷由実や浜田省吾などの録音に参加。

にして、文字通り悪魔を見るような目つきで僕を睨んだんだ」。ベアードは振り返る。「そうやって視線を投げたきり、彼女は出て行ってしまった。僕がドラムの前に座ると、プロデューサーが来てね。『セッションは終わりだ。ギャラは払うから』と言われた。それで僕は説明したんだよ。『ヘッドを変えろって、搬入の連中に言っておいたんだ。こんなの誰にも見せたくなかったのに、変えてくれなかったんだな』。だけど彼は、『そうらしいね。彼女は君がサタンだと本気で思ってるよ』と言った。僕は書類を書いて、逃げるようにスタジオを出た」

ベアードの記憶では、彼が初めてポーカロに会ったのは1974年頃、ウェスタン・スタジオで仕事を始めて間もない時期だったという。ベアードは一番前のブースで、ジェフは別のブースでセッションを行っていた。

「休憩中に僕の方に歩いてくる奴が、『君がマイク・ベアード?』と訊くんだ。『そうだよ』と答えると、『君って一体どこの出身なんだ?』。『サウスゲイトだよ』。そしたら彼は『サウスゲイトっていったいどこだ?』なんて言うんだ」

もちろんベアードは既にジェフ・ポーカロの名を知っていたが、顔は知らなかった。ポーカロの自己紹介を聞き、「ひっくり返りそうになった」とベアードは言う。それが彼らの友情の始まりだった。

ヘズビーの自宅にベアードを招いたある日、ジェフは「これいいぜ、聴いてみろ」という前置きから、ステレオで何曲か聴かせた。「彼が次の曲をかけたとき、聴いているうちに『あれ、なんだか聴き覚えあるな。これってなんだっけ?』って思ったんだ」とベアードは振り返る。「それで彼を見ると、呆れたように首振りながらこっちを見てる。大きな、気のいい目でさ。『そうそう、ほら』みたいに。それからついに、『そうだよ、君だよ！』って。僕は思わず、『え、本当に？』と言った。『そうさ、君だよ。よく聴けよ』って。次も僕が叩いてる曲だった」。今ではどの曲だったか思い出せないが、と言いながら、ベアードは振り返る。「それからそのレコードを出して、別のレコードに替える。3回くらいそれを繰り返してさ、それで僕は『もういいったら』と言った。それでジェフのコレクションから、彼がプレイしてる中でも僕が特にすごいと思うやつを探し始めたんだ」

もちろんジェフは聴きたがらず、「どうだっていいよ、そんなクソみたいなの」と抵抗したが、結局折れて、スティーリー・ダンの曲（これもどの曲だったかベアードは覚えていない）をかけた。これはジェフも誇らしく思っている曲で、「『これは聴いてほしいな』と言ってね。それから、『あの時計を見てて』と言うんだよ」とベアードは思い起こす。「壁にかかってるその時計はクオーツで、秒刻みにカチカチ鳴るやつだった。まだクリックなんてない時代だから、当時タイム・キープは自分で測るしかなかった。それで『時計を見てろ』と言われて見ていると、きっかり秒刻みでダウン・ビートになってるんだよ。『うわ、すげえ！』と思った。すると彼も、『だろ。これはいい、これはいい』と言っていたね」

ジェフが自分で自分を褒めることは極めて珍しく、これは間違いなく非常に稀な例である。その証拠に、彼の口から出た中で最もよく引用される（そして、もちろん馬鹿げた）言葉の1つは、1983年に私のインタヴューで彼が発したこの一言だ。「僕のタイムは最悪だ」

スティーヴ脱退とセッションの多様化

Temperature Changes

TOTOの次のアルバム『ファーレンハイト』からはファーギー・フレデリクセンが抜け、ジョセフ・ウィリアムズがリード・シンガーとしてメンバーに加わった。ジェフは仲間のニコ・ボラスをアルバム・ジャケットに登場させている（振り返って女の子を見ているのが彼だ）。今作からは〈アイル・ビー・オーヴァー・ユー〉という新たなヒット曲も生まれた。

ジェフが今作で気に入っていた曲の1つが〈リア〉だ。ボラスはボーカロから電話がかかってきた日を振り返る。TOTOは『ファーレンハイト』のレコーディング中で、ボラスは別のスタジオでスティーヴ・ジョーダンとニール・ヤング[*87]のアルバムに取り組んでいた。ジェフはいつでも、この曲には自分よりこのドラマーがいい、と真っ先に言い出す人間だったとボラスは言う。この電話もジョーダンにプレイしてほしいから、ザ・ヴィラに連れてきてくれという頼みだった。ちょうどポール・ジェイミソンがスタジオでボラスと組んでいたので、彼がジョーダンをジェフの自宅スタジオに連れて行った。ポーカロがそのときレコ

[＊87] 70年代後半頃より、マイケル・ウルバニアクやパティ・オースティンなどのアルバムでフィーチャーされ、セッション・ドラマーとして脚光を浴びる。セッション仲間のハイラム・ブロックやウィル・リーらと24丁目バンドを結成し、2枚のスタジオ作を発表。さらにブルース・ブラザーズ、アイウィットネス、キース・リチャーズ＆エクスペンシヴ・ワイノーズ、ジョン・メイヤー・トリオといったグループで活動する他、数多くのセッションに参加。グルーヴ・マスターとして尊敬を集め、近年ではブルースに深い造詣を示すプロデュース作を手掛ける。

ーディングに取り掛かっていたのが〈リア〉である。スティーヴ・ルカサーによれば、ジェフはいつもTOTOの曲で他のドラマーに叩かせたいようなことを口にしてはいたが、実際に彼以外の人間が起用されたことはそれまでなかったそうだ。けれども〈リア〉では本当にその言葉通りジョーダンがプレイし、ジェフはジム・ケルトナー、レニー・カストロとパーカッションを担当。このテープを使ってパーカッションのループを作った。

ジョーダンはとても光栄に思ったと言っている。言うまでもなく、これはジェフのバンドであり、そのバンドで「彼が僕にドラムをプレイさせたいというんだ。『嘘だろ。すごいぞ！』という感じだった」。ジェフが買ったばかりのグレッチのドラムを使えと言って聞かなかったことも、ジョーダンをひどく感激させた。さらにブルックリンで一緒にハイ・スクールに通っていた仲間であるレニー・カストロに会えたのも、ジョーダンには嬉しい出来事だった。「それに当然、僕たちは全員、彼を崇めていたからね。もうぶっ飛ぶくらい素晴らしい体験だったよ」

TOTOのアルバムでプレイするのは最高に心躍るものだったし、加えてとても楽しかったとジョーダンは言う。彼はジェフのファンで――実際、TOTO全員のファンだったと彼は言う。「みんな僕より前からやってる先輩たちだし。ジェフのプレイの話をするとね、僕がジェフ・ポーカロのファンになったのは、彼が当時の有名プレイヤーの誰とも違っていたからだ。スティーヴ・ガッドが何かの曲でプレイしてるとき、ハーヴィー・メイソンがプレイしてるとき、バーナード・パーディがプレイしてるとき、彼らだってことはすぐわかる。彼らのスタイルや、トレードマーク的なものがあるからね。だけどジェフがプレイしてると、それがジェフだと気づかない。ジェフにとっては、まず曲をプレイするってことが大事だから

TOTO『ファーレンハイト』に収録された〈リー〉のレコーディング・セッションでの1コマ。
左からレニー・カストロ、スティーヴ・ジョーダン、ジム・ケルトナー、ジェフ
Photo courtesy of Paul Jamieson

さ。彼は常に曲をプレイしていたんだよ」

曲ごとに違うドラマーを起用することが多かったスティーリー・ダンが、ジェフに頼むときにはアルバムを通して彼1人を使ったことをジョーダンは指摘する。「彼なら曲をプレイしてくれるからだ」と彼はその点を強調する。「常に音楽が一番の優先事項として、まず先に来るんだよ。ドラムがどんなプレイをしてるかってところに、聴く側の注意をほとんど向けさせない。みんなただそのフィーリングに動かされるんだ。すべてが最高の味わいになる。彼のプレイで最高のフィーリングを感じさせないものはないんだよ。彼は曲をプレイしてるんだ。何より重要なのは、その曲を気持ち良く感じさせることだろ。で、彼はそこをしっかり押さえていた。必要なのはそれだけなんだよ。『ねえママ、僕がこのフィルをやってるんだよ。僕はこれで有名なんだ。ここで〝これは僕だ〟ってわかるんだよ』なんていう必要はない

わけさ。彼は一切そんなことやろうとしなかった。だから彼はあっちで〈今夜はビート・イット〉をやり、こっちでは〈ロウダウン〉をやるなんてことができた。変幻自在のカメレオンだよ。そこがジェフ・ポーカロの音楽性の本質だ」

〈リア〉のセッション中、ポーカロはいつもみんなに気を配っていたとジョーダンは言う。「『みんな調子はどう？　万事オーケー？　何かやろうか？　やることがあったら言ってくれ』ってね」。ポーカロ自身がこれから空港に行って夜行便に乗るというとき（『レターマン・ショー』出演のためニューヨークに戻らなくてはいけなかった）ですら、「『いくらか置いていこうか？　大丈夫か？　何ドルかやるから、ちゃんとしてなきゃ駄目だぞ』と気にかけてくれていた」とジョーダンは振り返る。

ルカサーによると、ジェフは『ファーレンハイト』のタイトル・トラックと〈ウィズアウト・ユア・ラヴ〉の2曲でフェアライト・シンセサイザーも使っていたという。

セルジオ・メンデス[*88]が初めてポーカロを起用したのも、1986年の同じ頃だった。80年代の一時期、あらゆるミュージシャンから、「ジェフ・ポーカロと組め」と言われるようになったとメンデスは振り返る。特に記憶にあるのは、ネイザン・イーストからジェフリーの名前が出たことだったそうだ。メンデスは1964年にアメリカに活動拠点を移し、ロサンゼルスのシェリーズ・マン・ホールでオーディションを行った。そのときに出会ったのがエミール・リチャーズとジョー・ポー

[＊88] 66年発表の〈マシュ・ケ・ナダ〉でよく知られるブラジル出身アーティスト。ブラジル由来の音楽を時代に沿ったエンターテインメントにして人気を博し、本書制作時の最新作『イン・ザ・キー・オブ・ジョイ（In The Key Of Joy)』(2020年）まで精力的に数多くのアルバムを発表。ジェフは『ブラジル'86』『アララ(Arara)』『ブラジレイロ』に参加。

カロである。そのジョーの息子の名前を耳にするようになっても意外ではなかったが、ついにジェフに声をかけて制作したのが『ブラジル'86（Brasil '86）』だった。彼はたちまちジェフのスタイルである、その多彩なドラミングとセンスに惚れ込んだという。

「ブラジル音楽はどんなドラマーでもプレイできるものじゃないだろ」とメンデスはきっぱりとした口調で言う。「通常のシャッフルやロックンロールとは違うからね。別の音楽性が必要になる。ジェフは見事にそこを押さえていたんだよ」

メンデスは彼のセッションに参加したミュージシャン全員と親しくなるわけではないと正直に認めつつ、そんな中でポーカロとは稀有な友情を築けたと言っている。「魔法のような出会いと私は呼んでいる。そういう感じは説明が難しいのだけどね。カチッとハマったんだよ。彼は私にとって弟みたいなものだった」

1991年の春、メンデスは『ブラジレイロ（Brasileiro）』のレコーディングを始めた。グラミーを受賞することになる今作が完成したのはその年の終わりだったと、彼の妻でシンガーのグラシーニャ・レポラーセは振り返る。ポーカロは5曲に参加。〈インデアード〉〈ルア・ソベラーナ〉〈カリンバ〉〈バラバーレ〉に加え〈セニョーラス・ド・アマゾナス〉ではパーカッションをプレイした。

「彼は何をプレイしても、興奮と喜びを加えてくれるんだ。そして何より、私のやっている音楽に新鮮なアプローチを持ち込んでくれる」とメンデスは言う。「優れたミュージシャンはその人自身の言葉を持っている。本人以外、誰にもその言葉は喋れないんだよ。『ブラジレイロ』の中に、ブラジルでレコーディングした曲があってね、既にドラムも入っていた。『ジェフ、この曲でプレイしてほしいんだ』と頼んだんだが、彼はそれを聴くと、『セルジオ、ここで僕に何をプレイしてほしいんだい？　このままで最高じゃないか』と言うんだ。ジェフらしいよ。『ここに僕が何を付け加える必要がある？』ってね。そういう知恵、そういうセンスを持つ人だった。素晴らしいものを見極める力があるんだよ。だから結局、その曲で彼はパーカッションをやることになった」

　このアルバムが出たのは1992年6月だった。レポラーセはこう振り返る。「亡くなるほんの数週間前に、『ブラジレイロ』リリースのお祝いで彼がうちに来てくれたの。『セルジオに』って、素敵なワインをお土産に持ってきて。ジェフはテキーラが大好きだったから、それをずっと飲んでいて——1人でボトル1本空けたりはしなかったけど」と彼女は笑いながら言う。「彼の子どもたちも一緒でね。うちの息子が彼の長男と同じくらいの歳なの」

　ポーカロは友人たちのこともとりわけ気にかけていた。可能な場合には必ず自分のセッションに参加させる。レニー・カストロはジェフからしょっちゅうとんでもない電話がかかってきたと懐かしむ。「今何してる？」という突然の電話に、カストロは、「ああ、シャワーを浴びにいこうとしてた」とか、「今、晩飯を食べているところだよ」とか答える。するとジェフは言う。「着替えて車に乗って、スタジオに来て——今すぐだよ！　タンバリンかボンゴか、とにかく何か持ってきてくれ」

　1987年のある晩、カストロが食事を始めようとしたところへ、オーシャン・ウェイ・スタジオ[*89]でデヴィッド・ベノワのセッションに参加していたジェフから電話が入る。「来てくれ。君が必要なんだ」。このセッションにはジョー・ポーカロも参加していた。レニーは最終的に3曲に参加する。ベノワのGRP移籍後初の作品となる今作『フリーダム・アット・ミッドナイト（Freedom At

Midnight)』は、ビルボード・ジャズ・チャートで5位を獲得した。
ジャズ・ピアニストのデヴィッド・ベノワにとって、今作がジェフと組む初めての機会だった（最後にはならなかったが）。プロデューサーの[*90]ジェフ・ウェーバーからジェフの名前が挙がったとき、ベノワはまず反射的に「彼がやってくれるだろうか？」と思った。ポーカロのとてつもない評判にベノワは気圧《けお》されていた。引き受けてくれるはずがない。

「僕にとってジェフ・ポーカロは巨大な存在だった」。ベノワは「巨大」という言葉に力を込める。「TOTOを作った人で、史上最高のスタジオ・ドラマーだよ。それに引き換え、僕は無名の凡才だ。彼はやる気も起きないだろうと思った。あの偉大なジェフ・ポーカロに会うと思うと緊張して、すっかり怖気づいてたんだよ。ところが会ってみたら、彼があのすごく低い声で言うんだ。『何言ってんだよ？ 僕はずっと君の仕事をチェックしてたんだぜ』って。実際、僕のことをすっかり知っていて、依頼を受けたことを心から喜んでくれていたんだ。だから当然、ヴァイブも本当に最高だった」

ファースト・コール・ドラマーというと、たいてい時間ギリギリに現れるものだが、ジェフは必ず早めにスタジオに来るという話はベノワも聞いていた。そして実際、ジェフは約束の時間より2時間も早くやってきた。

「そういうところが彼は本当に誠実なんだよね。それにもう1つ彼の素晴らしいところはさ、あ

[＊89] 米のジャズ・ピアニストで77年『Heavier Than Yesterday』が初リーダー作。ジェフはGRP移籍第1弾となる『フリーダム・アット・ミッドナイト』と、その後の『シャドウズ』に参加。

[＊90] もしくはジェフリー・ウェーバー。米の敏腕プロデューサーとして知られ、グラミー賞も獲得。デヴィッド・ベノワ『フリーダム・アット・ミッドナイト』、ジェフ・バーリン『パンプ・イット！』、ルイス・コンテ『ブラック・フォレスト』などでジェフ・ポーカロを起用している。

れだけのスターなのに、絶対に法外なギャラを請求しなかったってことだよ」

ベノワは〈フリーダム・アット・ミッドナイト〉のドラム・トラックを、これまでレコーディングした中で間違いなくベストだと明かす。「最高に素晴らしい。完璧なドラム・トラックだった。思うにあのときは、天体が綺麗に一列に並ぶ特別な日に当たっていたに違いない。アレン・サイズという素晴らしいエンジニアにも来てもらえたしね。長年ジェフのレコーディングを担当していた人で、イコライザーを使うとかサウンドを変えるとか、そんな必要のないドラマーが好きなんだ。彼がマイクの位置をバッチリ決めて、ジェフのドラムが一発で最高のサウンドを鳴らす。レコーディングでは、オーヴァーダブも入れなかった。僕はピアノ・ソロの途中でちょっとフィルを入れたんだよ。アップ・ビートの感じでね。するとジェフは、そのフィルにアップ・ビートのハイハットでついてきた。どうしてそんなことができたんだろう。僕がそのフィルをやるって、どうしてわかったんだ？　彼はそれほど、自分の周りの動きに耳を澄ませているんだよ。彼が自分を中心に据えていると感じたことは一度としてなかった。大事なのは曲なんだ。どうすればその曲のためになるか、その曲が素晴らしいものになるかってことを彼は常に考えているんだよ。どういう流れになっているのか、しっかり耳に入っている。それにもう1つ、ジェフは気に入らないことがあると、すごくはっきり口にするんだ」。ベノワはその例を挙げる。「覚えているのは、その数年後に、僕がキーボードを録音していたときだ。ローズのやつで、悪くないサウンドだったんだけど、彼は『そのローズのサウンドはどうかな。ちょっと考えた方がいい』と言った。楽器がどんなサウンドを鳴らすべきか、彼はその基準をすごく高く設定していたんだよ」

ベノワのこのアルバムのプロデューサー、ジェフ・ウェーバーは、この録音の少し前に初めてジェフに会った。『ファーレンハイト』完成から間もなく、スコッティ・ペイジが実験的プロジェクトに取り組んだときである。

「スコッティはバイノーラル・ヘッドのマイクロフォンを使ってレコーディングしようと考えたんだ」とウェーバーはこの実験を説明する。「このマイクロフォンはダミー・ヘッドの耳の中に入っていて、そこでピックアップ装置が働く。人間の頭そっくりのヘッドなんだけど、耳の中にマイクロフォンが組み込まれているんだよ。ここで録音されたものを聴くと、自分の耳でその場で聴いているように聴こえる。これは本当にすごいことだよ。エンジニアは自分たちの耳の型を取り、その型から作った耳をマイクロフォンに入れる。するとまさに、自分がその場で聴いている通りに再現できるんだ。その方式で、生演奏を2トラックに録ったヴァージョンをプロデュースした」

このときは『Push Back The Walls』『The First Dance』という2枚のアルバムがレコーディングされた。集められたミュージシャンはスティーヴ・ルカサー、ボブ・グラウブ、ビル・ペイン（キーボーディスト、リトル・フィート結成メンバーの1人）、レニー・カストロ、ハート・アタック・ホーンズ、そしてもちろんポーカロというオールスター・キャストで、ここにハリウッドのRCAウォーリー・ハイダー・スタジオのエンジニア5人が加わった。

ウェーバーはおまけとして、ダミー・ヘッドから喧嘩が勃発した話を笑いながら教えてくれた。ダミー・ヘッドは自分のものだから使わせない、とスタジオに乗り込んできた男がいたそうだ。「ところがその前に、みんながふざけてそのヘッドの口に煙草をくわえさせて、鼻の下にちょっと粉つけて、首にはスカーフ巻きつけてたんだ。それが最高におかしくて」。そのダミー・ヘッドを持ってきたエンジニアの名前は覚えていないそうだが、ついにはサンセット・ブールヴァードで取っ組み合いの喧嘩に発展し、結局その男はシネラマ・ドームに逃げ込んだという。

１９８９年、ジェフ・ウェーバーは彼自身のプロジェクトで初めてポーカロを起用する機会を得た。エミリー・レムラーというアーティストのアルバムで、一発録り生演奏の２トラック録音だった。

「エミリー・レムラーはジョー・パス的なジャズ・ギタリストだった」とウェーバーは言う。「最高にかわいい、素敵な女性だった。ただ彼女はドラッグ中毒だったんだ。両手の甲に打ってたよ。僕が会ったとき、顔に使う化粧品を手にべったり塗って、針の跡を隠していた」

ウェーバーはジェフをはじめとするオールスター・プレイヤーを集めてバンドを組み、彼によれば「彼女がそれまでにやった作品のどれよりもエレクトロニックなアルバム」が出来上がる。「その頃の彼女は幸せだったんだよ。ドラッグもやめていて、ニューヨーク出身のトロンボーン・プレイヤーと付き合い始めたところだったし、ジャスティス・レコーズで出したこのアルバム[*91]には大満足だった」。ウェーバーはそれからこう続ける。「彼女はヨーロッパ・ツアーに出て、その２週間後、オーストラリアのシドニーのホテルで死んでいるのが発見された。新聞には心臓発作と出ていたけどね。本当のところはわからないな」

ウェーバーは生演奏の２トラックやマルチ・ト

[＊91]エミリー・レムラーの90年作『This Is Me』。ドラムはジェフ、ドゥドゥカ・ダ・フォンセカ、リッキー・セバスチャンが務め、ベースはジミー・ジョンソンとリンカーン・ゴーインズ、キーボードはデヴィッド・ベノワやラス・フリーマン、ピアノはビル・オコンネル、パーカッションはルイス・コンテと、凄腕たちが集結した。

ラック録音をプロデュースする際にポーカロを好んで起用し、時にはプロジェクトの予定を延期さえしてジェフのスケジュールが空くまで待った。その理由についてはこう説明している。「僕はオーディオ・マニアなんだ。つまり馬鹿なオタクということ。僕にとっては、どの楽器も1つ残らず非常に重要だ。なぜなら僕らはミキシングなし、編集なし、オーヴァーダビングなしで、一発2トラックの生録音をやるんだから。作り込まれたものではなく、パフォーマンスそのものを捉えたいんだよ。だからどの演奏者も、恐れ知らずの素晴らしいミュージシャンでなくては困る。『いいか、一発で2トラックに入れるからな。とにかく自分の楽器をしっかりプレイしてくれ』と言い渡すには、ためらいながら恐るおそるプレイするようなミュージシャンが相手じゃ無理だろう。そういう理想のミュージシャンは、そう大勢はいないんだよ。だけどジェフ・ポーカロはね——もう経験してる、了解してるからって奴なんだよ。望むところだ、と。TOTOのあの連中には何でも可能だった。彼らは何でもプレイできる。リハーサルの必要もない。息をするように自然に出てくるんだ。スムースに、それでいて、その演奏には魂とフィーリングがこもっている。本当にもう素晴らしい、最高の贅沢だよ」

ウェーバーによれば、ポーカロはいつも1時間早くセッションに来て、自分の機材がすべて完璧に整っていることを確認していた。「彼は何もかも確実に準備しておきたいんだよ」とウェーバーは言う。「自分の最高のものを提供したいと思ってるからさ。だけどそれって裏を返せば、プロデューサーの方も自分の求めるものをしっかりわかってなきゃいけないということだ。彼はくだらないごまかしを許さない。どっかのプロデューサーみたいに『もっと熱く』とか『もっと魔法をかけてくれ』とか馬鹿なことを言っちゃいけない。

しまいに彼は怒り出すからね。『うん、今のは最高に良かった。もう1回やろう』もダメだ。僕はかなり早いうちに学んだけども、素晴らしいミュージシャンと組んでいるときは、彼らに任せておけば最高のプレイをしてくれる。邪魔をしないことだ。いつも僕は『君たちだから頼んだんだ。君たちのままでやってくれ』と言っている」

プロデューサーとして、ウェーバーはミュージシャンに気持ちを込めてほしいと考えている。だから楽譜は渡すものの、彼らの意見も喜んで取り入れるという。「ただそこにある音をプレイするだけとなると、ジェフ・ポーカロみたいなミュージシャンは恐ろしい速さで興味をなくす。完璧なアルバムは完璧なレコーディングから生まれるわけじゃない」。今でもアルバムを作るたびにジェフがいてくれたらと思ってしまうと、ウェーバーはその存在が消えたことを嘆く。

TOTOの『ファーレンハイト』リリース後に大事件が起きる。スティーヴ・ポーカロの脱退だ。「スティーヴがバンドを抜けたときはメンバー全員落ち込んだよ」とルカサーは言う。「僕は本当にすっかり打ちのめされた。スティーヴがいないなら、僕もバンドにはいられないと」

スティーヴ・ポーカロ自身は、決断は避けようのないもので、彼が告げたときメンバーはみんなほっとしたはずだと考えている。バンドに入ったその日からずっと苦しかったのだと彼は心の内を明かした。

「ジェフは純粋で、生粋のミュージシャンだったろ。ドラマーとして完璧なんだ。何でも簡単にできてしまう。めちゃくちゃ才能に恵まれていた」とスティーヴ・ポーカロは振り返る。「僕の方はまるで違うタイプのミュージシャンだった。僕が夢中になったのはテクノロジー。そこが僕の入り込んだ場所だった」

スティーヴは、自分に兄のような生まれついての才能はないと思っている。その例証として彼は、リチャード・ペリーのプロデュースでポインター・シスターズ[*92]のアルバムに参加したときの経験を挙げる。ペリーは常にシンガーにぴったりのキーを見つけようとしていた。スティーヴはその場面を次のように語る。「何でだったか、僕はウーリッツァー担当で、スタジオでみんなと生で録ることになっていた。コード表はもらっていて、それについては僕もまるで問題なかった。何度か一緒に曲をプレイして、キー・チェンジも気に入ったし、何種類かのリフも飲み込んだ。ところがリチャードはね、素晴らしいプロデューサーだからこそ、シンガーにとって完璧なキーで仕上げようとするのさ。カウントを取り始めたところでいきなり『半音上げて！』とか言い出すことで有名だった。ところが、その場で譜面を変えてしまうだけでは飽き足らずというか、急に僕はリフをＤからＥｂに変えてプレイしなきゃいけなくなったとかで、とにかくキーボードでまるっきり違う世界の動きをしなきゃならなくなった。それで必死になっているときにふと目を上げたら、ジェフがドラムの向こうで『しっかりしろよ！』みたいな目で僕を見てるんだ。もちろん彼の方は、すっかり準備万端なのさ」

ジェフの弟によれば、彼がＴＯＴＯに誘われたのはデヴィッド・ペイチのためにプログラミングを行い、ライヴでペイチのオーヴァーダブをカヴァーする役を務めるためだったという。「ボズ・スキャッグスのときと同じだよ」とスティーヴは説明を加える。「ストリングス・アンサンブルのパー

[＊92] ポインター・シスターズの78年作『エナジー』のことと思われる。本作のLP版B面４曲目〈エコーズ・オブ・ラヴ〉でジェフがドラムを叩き、スティーヴがシンセサイザーを担当。

トに、ミニモーグのパート。素晴らしいキーボーディストじゃなくてもできることさ――シンセサイザーにストリングスだからね。つまり技術的な面でなら、僕も問題なくそういうことを全部こなせる。みんなもまあ実際にはそこだけを僕に求めていたんだよ。デヴィッドのためにプログラムして、ライヴでオーヴァーダブをプレイして、それだけでいい。あとは黙ってろってことさ」

TOTOのアルバムに初めて参加した後、これが自分の役目ならば世界一の〝シンセ・ガイ〟になろうと、スティーヴ・ポーカロはそのことだけに集中した。楽なことではなかったと彼は正直に言う。「僕はああいう高度なシーケンサーを使おうとしていたんだ。するとクリックを使ってプレイしなきゃいけなかった」と彼は続ける。「となると、クリックを使ってプレイするのを気にかけないドラマーと組まなきゃならないわけで、そこで軋轢も生じてくる。まあ業界全体でそういうことが起きつつあったんだけどね。僕がTOTOを抜けてかなり経った頃、ジェフのセッション・キャリアの最後の5年くらいかな、クリック使わなきゃいけないセッションに当たると彼はすごく嫌がっていた。その頃はそういうやり方がもう当たり前になっていたんだけど、そうなる前、僕がそれをやろうとしてた頃、ジェフが必ず呼ばれていた頃は、ジェフが生きた時計だった。彼もそれをすごく誇りに思っていたから、クリックなんて大嫌いだったんだ。だから僕らは、初日から角つき合わせることになったんだよ」

スティーヴは余談として、彼がジェフのとても面白い面として、そして兄と弟の関係を厄介なものにする原因の1つとしても捉えていたことを教えてくれた。ジェフはTOTOに関わるものについては、とにかくそういったテクノロジーを毛嫌いするのに、TOTOから離れればまるで対応が違っていたというのである。「彼は技術的なことなど知りたがらなかった。トリガーも、クリック・トラックも、そういったものは全部大嫌いで、憎んでいるくらいだったね。だけど日曜に電話をかければ、すぐザ・マナーに飛んできて、クリックを使ってプレイしてくれるし、僕の望む通りに何でもやってくれた。それが僕のプロジェクトなら構わないのさ。TOTOじゃなければいいんだよ」

『ファーレンハイト』はまずまずの業績でツアーも成功したが、それでもバンドのレコード契約更新は難航していた。スティーヴによれば、バンドはレコード会社からヒット曲を出すよう、そして音楽界の流れがグランジとパンクに移りつつある中、時代の波に乗り遅れないようにと、ひどくプレッシャーをかけられていたという。リード・シンガーが定着しない状況もマイナスに働くだけだった。

「日本ツアーを終えて帰るときだった。それまでも、新作の話になるとみんな、〝スケール・ダウン〟ばかりを口にしていて」とスティーヴ・ポーカロは言う。「バンドにキーボーディストを置くのが、まるで流行らなくなったんだよ。2人もいるなんてとんでもない。ああいうオーケストラ的な音も時代遅れになっていた。そこで、何とかそういうものを削って、直球ど真ん中のロックンロールにしなくてはと、その方法を話し合うようになっていたのさ。だけど、みんなが減らすべき対象として話していたものこそが、僕があのバンドにいる理由だった」

そして日本から戻る機内で、スティーヴはとても穏やかにメンバーにこう告げた。この先もペイチの曲のプログラミングは喜んで引き受けるし、ツアーにもまた参加したいと思っているが、バンドのメンバーとしては続けたくないと。彼にとってはそれが自分を守る手段だった。自分は正当な評価を受けていないという思いもあったし、〈ロザーナ〉のソロ・パートに2週間も費やした挙句ほとんど認めてもらえずに終わった、あのときの経験を繰り返したくなかった。同時に自分の脱退が、長い目で見れば結局バンド・メンバーや兄との関係を良好に保つ道にもなると思った。メンバー同士の関係が拗《こじ》れていくバンドをあまりにも多く目の当たりにしてきた彼は、自分たちがそうなるのは避けたかった。

「実際、僕らはとても長い間、驚くほどいい関係でいられたんだよ。本当に仲が良くて、バンドの仕事以外でもしょっちゅうつるんで遊んでいた。いつでも互いの家を行き来してたね。いつもみんなでジェフの家に行ってたよ。みんな親友同士だった」。そうスティーヴ・ポーカロは言う。

『TOTOⅣ〜聖なる剣』の頃にジェフも同じことを言っていた。そしてメンバーは全員個性が強く、時には「自分の意見を押し通そうとする」こともあるものの、それが問題になることはなかったと語った。

「僕らは同じ1つの理由から一緒にバンドをやってるんだし、子どもの頃からずっと、一度だって音楽が原因でぶつかることはなかった。全員が同じ種類の音楽を楽しんでやっていたから、ちょっとした言い合いも起きなかった。そういう関係でなければ一緒にバンドを組んだりしないさ。僕らはよくわかってる者同士が集まってるバンドなんだ。みんな一緒に成長してきた仲間だし、兄弟が同じバンドにいても問題にはならない。それどころか、その方がグルーヴが増すんだよ」

　だがスティーヴ・ポーカロは、この状況もやがて変わるのではないかと不安を抱き始めていたという。「その頃の僕は、このみんなと毎年クリスマスや家族の集まりで顔を合わせなきゃいけないんだから、憎み合うようになるのは嫌だと、そんな考え方になっていた」。そして彼は打ち明ける。

「そのときは僕がみんなにイライラしていたんだ

1987年1月22日、スウェーデンのルンド、オリンペンでのステージ。『ファーレンハイト』ヨーロッパ・ツアーで
Photo courtesy of Jens Ekberg, jensekberg.com

よ」

　だがジェフとマイクは家族だから、当然スティーヴはグループ脱退後も家族行事で彼らに会うことになる。バンドを抜けてからもジェフとは普通に顔を合わせることができたとスティーヴは言う。変にこじれることもなく、大騒ぎの末の脱退劇にもならずに対処できたからだ。スティーヴが抜けることについて延々と議論が続くこともなかった。ジェフはいつもそうだが、このときも気持ちを表に出さなかったとルカサーは言う。「こういうことで傷ついたと口を開くことなんて、彼にはまずなかったね。ほとんどいつも、なんでもないことのように払い退けてしまう。デイヴも同じだ。2人とも気持ちを正面から受け止めようとしなかった。僕はむしろ逆で、思ったことをすぐ出してしまうタイプだったけどね。だけどもスティーヴは脱退したとはいえ、完全にグループを離れたわけじゃない。だから誰にとっても、ひどいトラウマ

になって残ることがなかったんだよ。ジェフが怒ったかって？　怒れないだろ。実際には何も変わってないんだから」

　スティーヴ・ポーカロは、今考えても、自分が抜けてバンドはかなりほっとしたはずだと言う。彼らはミュージック・シーンの潮流を理解していたし、なんとかレコード契約を失わずにいるためにはロック・ギター・バンド寄りにしなくてはならないことを承知していた。だがそうは言っても、メンバーの誰よりペイチが動揺しているのは手に取るようにわかったとスティーヴは振り返る。

　日本ツアー後、[*93]ゲイリー・グリムがジェフのテックを務めるようになる。彼はそのまま『ザ・セブンス・ワン〜第7の剣〜』のツアーにも同行し、ジェフのセッションにも数回参加した。また、初回ツアーではレニー・カストロ、2回目ではルイス・コンテのパーカッションのセッティングも担当している。グリムはカリフォルニア州立大ノースリッジ校音楽学部のドラム・パフォーマンス学科出身で、卒業後はヴァレー・アーツ・ミュージック・ストアに就職し、最後の数年はドラム・ショップのマネージャーを務めた。ジェフはヴァレー・アーツが自宅に近かったこともあり、たびたび店を覗きに行っていた。グリムは次第にチューニングの腕の良さで知られ始め、やがて自らドラム製作に乗り出すようになる。そんなある日、ジェフが店にやってきて、ＴＯＴＯがリハーサル中のリーズ・リハーサル・スタジオにグリムを招待した。彼の作ったドラムをどれか1つ持ってきてほしいとのことだった。

［＊93］イエロー・ジャケッツのリッキー・ローソンに声をかけられ、ツアーでのドラム・テックを経験。以降、その手腕を買われ、リック・マロッタ、ジェフ・ポーカロ、ミック・フリートウッド、スティーヴ・フェローン、スティーヴ・ガッドなど数々の名ドラマーたちのテックを務める。2000年代に入った頃からは、P!NKのドラマーであるマーク・シュルマンに帯同。

ＴＯＴＯのプロダクション・マネージャー、トム・キプハットもグリムを知っていた。彼はスティーヴィー・ニックスの『ロック・ア・リトル（Rock A Little）』ツアーでもプロダクション・マネージャーを務めたが、このツアーにグリムがリック・マロッタのテクニシャンとして同行していたのである。ちょうどＴＯＴＯがその年の春のツアーに出る直前で、それをきっかけに、ジェフが新しいドラム・テックを探し始めたとき、グリムに白羽の矢が立った。キプハットから電話が入り、ジェフがゲイリーに組む気があるかどうか聞きたがっていると言われたときには受話器を落としそうになったと彼は言う。「百万ドルを当てたような気分だった」とグリムは笑い、経験する価値のある仕事だったと続ける。

レコーディングは日本ツアーから戻って２週間休暇をとった後に開始予定で、バンドが帰国するとすぐにグリムはジェフのセッティングを学び始めた。彼は笑いながら、あるエピソードを語る。「そのときはまるで気づかなかったんだから、僕がどれだけウブだったかという証拠だね。ジョー（・ポーカロ）から電話がかかってきて、『なあゲイリー、エレクトロニック・ペダルの調子が悪いんだが、ちょっと見てもらえるかな？』と言われたんだ。『もちろん。そちらに行きましょうか？』と言うと、『いや、もしよければ、僕がそっちに行く』。実は彼、僕がどんな暮らしをしているかチェックしに来たんだ。『だらしない奴じゃないだろうな？　どういう奴かこっちは知らないんだぞ』とね。まるっきり涼しい顔をしてたから、僕は全然気づかなかった。『うん。ペダルは大丈夫ですよ、ほら』なんてね。父親は息子を守ろうとしてたのさ」

ジェフとレニー両方のセッティングを覚える時間はあまりなかったものの、グリムはジェフに電話をする勇気を出せずにいたという。だがついに意を決した。「『リーズにセッティングするとき、15分くらいでいいからチェックしてもらえないかな。〝うん、これでいい〟とか、〝いや、これじゃダメだ〟とか教えてくれれば、正しい位置の印をつけておけるから』と頼んだんだ。そしたら彼は『いや、君が思うようにやってくれ。それでいいんだよ。君なら大丈夫だから』って言うんだよ。すごい人だろ。完全に信頼してくれてたんだ――『ちゃんとうまくいくから、心配いらない』と。だけどもちろん、こっちは不安だった。『ああダメだ！』みたいな感じでね」

ジェフはいつでもそんなふうに落ち着いてゆったり構えていた、とグリムは振り返る。そして、ジェフは「他にはない存在」だったと、今も声を詰まらせる。「とにかく特別な人だった。彼は自分の中に人を受け入れる場所を持っているんだよ。何より、相手をきちんと敬っていた。自分の機材を任せられる大切な相手として認めていなければ付き合ったりしない。すごく心の広い人だったよ。ちゃんとそばにいてくれる、そういう人だからいいんだよな」。自分はただ雇われただけの人間ではなかったとゲイリーは言う。友達だったのだ、と。

落ち着いていたと言われるジェフにも、爆発するときはあったようだ。だがグリムは自分がその火の粉を浴びることはなかったという。ジョーがグリムの家を訪ねてきた日、警告しておこうと思ったのか「ジェフはときどきかっとすることもあるんだ」と言ったという。「『了解』と言うと、『だが、彼は100パーセント君をリスペクトしているんだよ。個人的に恨みがあるとか、悪意を持っているわけじゃない。それは知っておいてほしい』って」

グリムが初めて経験したTOTOのコンサート会場はプエルトリコだった。すべてのセッティングを済ませるまで4時間くらいかかったと彼は笑う。機材ケースの中からポラロイド写真を2枚見つけて、それを頼りにセッティングしたからである。1枚は正面から、もう1枚は後ろから。どちらも遠くから写した写真で、クローズアップは1枚もない。ライン・チェックをしてパーディ・シャッフルをプレイしていると、彼は背後にジェフの気配を感じた。「パッと手を止めたら、『いいんだ、いいんだ。続けて』と言われて、『いや、あの、はい、それなら』ってオタオタしちゃって。それから彼は立ち上がると、『ねえ、僕のライン・チェックは終わってる?』とスタッフに声をかけて、『終わってます』と聞くと、全部叩いてチェックした。30秒くらい続けると、『よし、問題ない。じゃあ、また後で。ゲイリー、楽屋に行っていいよう』。楽屋に入ると彼は、『な、言っただろう。君なら完璧にやれるって』と言ってくれた。どうやってセッティングしたのかって言うから、ポラロイド写真のことを教えたら、ちょっと感心したみたいだったな」

早回しで、ゲイリーの思い出の中でもびっくりするような話に移ろう。ドイツのルードヴィヒスハーフェンでコンサートを行った前日に、スイスのベルンで1日休暇があった。バンドはその晩、ローディーやライヴ・ミックス・エンジニア、照明担当、プロダクション・マネージャーらと部屋を取り替え、それを彼らには秘密にしておこうと考えた。チェックインを済ませた後、グリムの部屋にジェフから電話が入った。「部屋はどうだ」と訊かれ、「立派すぎてびっくりだ」と彼が答えると、「見に行っていいか」とジェフが言った。「『もちろん。来てよ』と誘ったんだ。それでやって来た彼に、『そちらの部屋はどう?』って訊いたら、『うーん、壁のすぐ向こう側がエレベーターらしいんだよな』と言う。僕はびっくりして、『こっちに泊まってよ。部屋を変わろう』と言ったんだ。だけど『だめだめ、いいんだよ』って聞かない。あとで一緒に夕飯を食べようって誘われたんだけど、死ぬほど疲れてたもんだから行けなかった。それで遠慮したんだよ。なんて馬鹿なことをしたんだろう！　今なら絶対断らない。あの頃の僕は本当にウブでシャイだった。すると彼は、それなら朝食を一緒にとろうと言ってくれた。『みんなスキーに行くから、君と僕で朝飯にしよう』と。それで翌日の朝、下りていって一緒に朝食をとった。もちろん彼は完璧なコーディネートで現れた。彼はいつでも着こなしがバッチリ決まってたね」

「アンコールでやるあの曲は知ってるよね？〈アイル・ビー・ゼア〉」。ポーカロが言ったのは、当時バンドがステージでプレイしていた唯一のTO以外の曲のことだ。「『もちろん』と答えたら、『君がプレイしてくれ』と言うんだよ。『え？』。『いや、だから、君はあの曲できるだろ』。『えっと、そうだな、たぶんできるだろうけど』としどろもどろに答えたら、『よし、じゃあ明日やろう。好きなスティックを持ってきてくれ。絶対最高に楽しいぞ』。それから僕は1日ずっと落ち着かなくて、外を歩き回ったりして。物凄くワクワクしてたけど、同時に『嘘だろ？』って感じだった。ステージのテープをもらって、曲を聴いて、自分で楽譜を書いて準備を整えた。ジェフのドラムはいつもフロント・ステージに斜めにセットされていたんだ。その角度なら客席からも彼が見えて、彼もバンドのみんなが見えるしメンバーも振り向かなくていい。デヴィッドがその反対側に、同じように横向きに位置してるから、全体が半円のような感じだね。セットを終えてバンドのみんながいったんステージを降りて、それからまた戻ってくる。するとジェフはまたドラムの前に座ったから、『たぶん忘れちゃったんだな』と思ったんだ。ところが曲の出だし、フロア・タムから始めるところで思い出したんだね。彼は僕を見て、『この曲は君だ。準備はいいか?』と言う。『いいよ』と答えると、『よし、こっちに来い』と彼は立ち上がり、僕はドラムに駆け寄ってプレイした。楽しかったよ。すごく良かった。ルカサーは演奏中に近づいてきて、僕に向かって大声で、『グリム、最高!』と言ってくれた。曲が終わって、ドラムを離れて戻ろうとしたら、ジェフが『おいおい、だめだよ。こっちに来てお辞儀だ』と連れ戻すんだ。『信じられない。最後まで?』。あとでデヴィッドが、最高に良かったって言ってくれたんだけれど、実はジェフから聞いていなかったからみんなびっくりしたそうなんだ。『なんとかなって良かった』と言うと、『うん、問題ないさ。みんな喜んでる』って。ジェフはよくそういうことをやるんだと言ってた。(グレッグ・)ビソネットみたいなドラマーがいると、『ね、ちょっと代わって叩きなよ』って声をかける。だけどバンドのみんなには言わないでおくんだよ」

選ばれし者たちのセッション

The Seventh One

エンジニア／プロデューサーのジョージ・マッセンバーグ[*94]は、スティーヴ・ポーカロがバンドを抜けたことを聞いてひどく落胆した。彼もビル・ペインも、スティーヴのシンセ・ワークをアルバムで活かそうと心底楽しみにしていたのだ。ルークの言う通り、結果的にスティーヴ・ポーカロはバンド脱退後もそのまま残っていたのだが、クリエイティヴ面ではあまり口を出さなくなっていたとマッセンバーグは指摘する。「言われた通りにプレイして、それでおしまいだったね」

スティーヴ・ポーカロも、今作での自分は外から起用されたメンバーのような関わり方をしていたと認める。頑張りすぎだと笑われるくらい力を注ごうという意欲はもう失われていた。

「例えば、僕は〈ロザーナ〉のソロに2週間かかりきりになっていて、みんなそれを知ってるのに、僕のところに来て——全員でさ——言うんだよ、『おまえにクインシー・ジョーンズの仕事が入ってるから、午後にこっちの3曲をやってくれ』」。スティーヴ・ポーカロはそう振り返る。「『デヴィッド・フォスターからおまえに声がかかっている から、3時間以内に2曲シンセ入れてくれ。それくらいやってくれるよな?』とかね」

彼は言われた通りにこなした。

それでもマッセンバーグは今作への参加に胸を躍らせていた。彼は既に、クレジットはされていないが『ファーレンハイト』でTOTOと組んだ経験があった。スティーヴ・ルカサーとデヴィッド・ペイチが書き、マイルス・デイヴィスがプレイした〈ドント・ストップ・ミー・ナウ〉のミキサーとして呼ばれたのである。ルカサーによれば、1987年、『ザ・セブンス・ワン〜第7の剣〜』のレコーディングに入ろうというとき、ちょうどジェフはマッセンバーグ、ペインの2人とセッションを行っていて、2人の方からジェフに売り込んできたそうだ。

「ジェフが2人をペイチのスタジオのザ・マナーに——つまりシャーマン・オークスの彼の自宅ってことだけどね——そこに連れてきたんだ。それで2人が、自分たちこそ、この仕事の適任者だと言うわけさ」とルカサーは振り返る。「よし、わかったと、僕らもその気になって、『じゃあ、ちょっと試してみよう』と言ったんだ。やってみたらすごくいい感じだったんだよ。ジェフも僕とデイヴに（スティーヴ・ポーカロ脱退の直後だった）『ジョージの録るサウンドは最高だぞ。それにビリー（ビル・ペイン）みたいな本物のミュージシャンにちょっと後押ししてもらえたら、これまた最高だ』と言うしね。僕ら全員、ビリーとジョージのことは大好きで尊敬していたし、僕は以前、ジョージとアース・ウィンド&ファイアーの『フェイセス（Faces）』とか、他にも何枚か組んだことがあって、あいつのことはすごく気に入ってたんだ。下品なユーモア・センスも僕と共通だしね、ハハハ。みんな彼の、いや2人両方のファンだった。こういう感じもクールでこれまでないような気がしたし、実際すごくうまくいったね。僕はT

［＊94］アース・ウィンド&ファイアー、リンダ・ロンシュタット、リトル・フィートの諸作をはじめ、数多くの歴史的作品に携わったエンジニア／プロデューサー。TOTOの『ザ・セブンス・ワン〜第7の剣〜』のプロデュースも務める。

ＯＴＯのアルバムの中でも特に『ザ・セブンス・ワン』が好きなんだ。世界でマルチ・プラチナを達成し、いまだにファンにも人気があるんだよ」

マッセンバーグとジェフとの出会いは、マッセンバーグが初めてロサンゼルスに来た１９７５年末まで遡る。当時、彼は既にポーカロの名前を知っていた。「その頃、僕が一番好きだったジム・ゴードンとジム・ケルトナーの後を次ぐドラマーだと知っていたからね。すごく彼と組みたかったんだ」とマッセンバーグは振り返る。

マッセンバーグは自身の初プロジェクトとなるヴァレリー・カーターのソロ・デヴュー・アルバム『愛はすぐそばに（Just A Stone's Throw Away）』でジェフを起用した。ジェフの素晴らしいところは、すべての偉大なドラマー同様、曲をプレイすることを第一に考えてくれることだと彼は言う。そして今でも、プレイバックを聴くジェフの姿が鮮やかに蘇ってくると語る。「そこにジェフがいるみたいに、まざまざと浮かんでくるよ。ジェフは腕組みをして、舌でほっぺたを膨らませながらトラックを聴いてるんだ」

ジェフによれば、ＴＯＴＯが実際にヴォーカルを聴きながらレコーディングしたアルバムは『ザ・セブンス・ワン』が初めてだったそうだ。できる限り生の演奏でリズム・トラックを録りたかったと彼は言う。〈サウザンド・イヤーズ〉と〈ジーズ・チェインズ〉では、デモ・カセットをヘッドフォンで聴きながらドラム・トラックのレコーディングを行った。そのプロセスを彼は次のように説明する。「レコードに合わせてプレイするような感じだったね。僕がドラムを習い始めた頃にやってたのと同じだよ。それをあの２曲でやったのは、２人が歌っているデモが最高に良かったからだ。テンポも文句なしにぴったりで、全部のパートを聴いたみたいに完璧に仕上がったデモでね。だから僕はそれに合わせてプレイしたんだ。生演奏じゃないドラムが入っているのは、他に〈ユー・ゴット・ミー〉だけ。あのトラックはデヴィッドがホイットニー・ヒューストンのために作ったデモだったけど、その歌を聴いて、僕らはみんな『これはTOTOでやるべきだ』と思った。最高の気分になれる曲だよね。この曲はもともとドラム・マシンだったし、他のパートも全部エレクトロニクスだったから、やっぱり本物のドラムにパーカッション、本物のホルンにギターを加えることにした」

〈ムシャンガ〉は『ザ・セブンス・ワン』収録曲の中でも特にジェフのお気に入りだったが、ポーカロのプレイしたパートがこの曲の決め手になったとルカサーは言う。このトラックは楽しかったと、ポーカロはその理由を次のように語った。「スタジオに入るときに、これがどういうものになるかはわかってたけど、僕は自分の新しいビートを見つけたかったんだ――何か違うものをね。自分のプレイを聴き直したときに、『これはどこかからもらってきたものだ』とか、『以前にどこかで聴いたものだ』と気づくようなことになるのは嫌だった。あのビートは面白かったよ。今はもう身についてるから、もう一度あのトラックをレコーディングできたらいいな。ああいうふうに、スティッキングを何か特別な形で編み出さなきゃいけない場合があるんだ。オーヴァーダブなしだからね」

そのビート[*95]を解説してほしいと頼むと、彼は笑いながらこう答えた。「いや、このビートばかりは説明しようがない。不可能だ。父に1時間かかっ

[＊95] ジェフの教則映像で本人が解説＆実演している。

て説明しようとしたんだけど、大笑いされたよ。だってあらゆるドラムを叩くんだ。リムにヘッドにハイハット、それにスプリット・ハンドなんかも、全部使うんだから。できてしまえばわりと単純なんだけど、最初はややこしい——少なくとも僕にはね。できるようになったら即座に、『急げ。すぐにこのトラックを録ろう』となって。デヴィッドと僕だけでレコーディングして、僕はトランス状態になって、あのビートを思い出そうとした。僕が気持ち良く叩けるかどうかにかかっている部分が大きかったからね。トラックは最高の出来になったけど、僕はレコーディング後にようやくビートを掴むことができて、そこからさらに付け加えていった。ハイハットで4分音符をプレイするとか、そういったものをね」

今作では〈ジーズ・チェインズ〉が好きだとジェフは言っていた。スティーリー・ダンの『彩(エイジャ)』に収録された〈安らぎの家(Home At Last)〉のバーナード・パーディの完全なパクりだから、というのがその理由だ。

「すっかり同じビートじゃないよ。だけど、あの曲が唯一のインスピレーションだった。〈ロザーナ〉のときと同じだね」とジェフは言っていた。「〈ステイ・アウェイ〉もすごく好きだな。リンダ・ロンシュタットのロックンロールのあの感じ。〈アンナ〉も好きだし、あのアルバムは全部好きだよ」

マッセンバーグは、ある晩ジェフと一緒にマリファナをやっているうち、時間を分析してみようと思い立ったことがあるという。「僕は前からずっと分析志向のすごく強い人間でね」とマッセンバーグ。「いつも僕らはクリック・トラックを使ってプレイしていたから、最小レイテンシーを見つけたくなって——クリックのテンポを変えていき、少しずつ速めていったら、その変化と共にグルーヴがどう違って聴こえてくるものかと思ったんだ。２人ともすっかりハイになって、するとだいたい５００マイクロ秒くらいでもグルーヴに違いを聴き取れるようになってきた。それまでに報じられていた誰よりも、20倍は鋭い。僕はこれまで何年も、それを頼みに続けてるんだ。これはコンバーターのディレイとかレイテンシーを超えた問題なんだよ。自分が今何を聴いているのか、どんなグルーヴなのかを本当に理解するためには、そのグルーヴを感じ取って、そのグルーヴに合わせて修正していかなくてはいけない。それこそ何より、僕がジェフから学んだことだ――どうすればグルーヴを見つけられるか。あれから僕は、トラックを録るときにそれ以前ほどクリック・トラックを使わなくなった」

スタジオでＴＯＴＯが手に負えない状態になることもあったとマッセンバーグは正直に認める。彼はスタジオに吹き矢を持ちこみ、収集がつかなくなると壁の標的に向けて矢を放ったりもしたという。我慢の限界に達したときもあったと、彼はある日の様子を語る。「ミキシングを始めて、最後のオーヴァーダブを終えたと思ったらつまづいてしまってね。ジョセフ・ウィリアムズのヴォーカルに、みんなはちょっと不満だったんだ。どこが問題かしっかり突き止めて、ミキシングに入った。僕らはコンプレックスのＣスタジオを使っていて、ビリー（・ペイン）と僕はコントロール・ルーム、メンバーはスタジオにいた。見ると彼らは、パーティションのそばに集まってるんだ」。マッセンバーグはそのときのことを振り返り、そこから続いたパーティー三昧の様子を語り始める。「僕は荷物をまとめて帰らせてもらったよ」。

このバンドは個性の強いメンバー揃いで、意見や提案もたくさん出てきたが、そのほとんどがいい案だったと彼は言う。そして「みんな必ずジェフの意見を聞くんだ。でもジェフが命令にも聞こえるような言い方をするのは――『何か別のこと

1988年、『ザ・セブンス・ワン～第7の剣～』ツアーにて
Photo courtesy of Barney Hurley

をやらなきゃ。僕らは違う形のものをやるべきだ』――そんなふうに言うのは、明らかに、完全に間違った方向に進んでいて、修正しなきゃならないと確信したときだけだった。そうでない限り、絶対、一度として、そんなこと口にしなかったよ」

マッセンバーグにとっては、目指すサウンドをとらえるためにジェフが注ぎ込んでくれた時間もありがたかった。

「僕らが追いかけていたのはビッグ・サウンドで、そこがこのアルバムの大きな特色の1つになっていると思う」ときっぱり彼は言い切る。

さらにマッセンバーグは、ジェフとスカイウォーカー・ランチでシェールのアルバム『ラヴ・ハーツ（Love Hurts）』（1990年制作／91年リリース）をレコーディングしたときのことを思い返す。「ピーター・アッシャーは、シェールの新作でナサニエル・カンケル（プロデューサー／エンジニア）と僕を使い、ドラムは全部ジェフに叩かせた」と彼は振り返る。「僕らはアプローチを考え、ジェフは最初にドラムだけをプレイし、次にシンバルを入れることにした。そうすればシンバルの反響による影響を考えなくて済む。ああいう巨大なアコースティック・スタジオでは純粋にドラムのみにして、あとでシンバルに戻るんだ」

スカイウォーカーへ向かうリムジンの中での、あるやりとりも覚えていると彼は言う。「僕がジェフに、『ボズ・スキャッグスのアルバムに、ディスコのハイハットみたいなのを入れた曲があるよね』と言ったんだ。するとジェフは僕を見て、彼にしかできない感じで眉を引き上げた。僕が『あれはいったいどこから出てきたんだい？』と続けると、『（プロデューサーの）ジョー・ウィザード』と返ってきた。そのとき、ほんとジェフには珍しく、自分があんなやり方を選ぶはずがないとはっきり言ったんだよ。あのアルバムのサウンドに必要なものではなかったし、入れるべきではなかった。どうすれば効果が上がるのか、大半のプロデューサーよりジェフの方がよくわかっているんだよ」。ジェフは眉を上げることで意思を伝える場合が多かったとマッセンバーグは付け加える。「そしてそのまま答えてもらえなければ、今自分がとんでもなく馬鹿なことを言ってしまったんだと気づかされる。水でも飲んできた方がいいらしい、とね」。マッセンバーグはそう言って笑う。

ジェフは自分の哲学をじっくり説いて聞かせるタイプではなかったとマッセンバーグは言う。彼の信条はちょっとした引用や短い発言という形で表れた。「僕の心にずっと残っている言葉であり、どのセッションでも使わせてもらっている言葉が、『迷ったときこそ前に進め』だ」とマッセンバーグは語る。「トラックをプレイしているときは、自分のプレイに責任があるだけでなく、他のミュージシャン全員に対しても責任がある。ミュージシャンはみんな、高いギャラをもらっているのは別としても、それぞれスケジュールがあるんだ。次の仕事に行かなきゃいけないんだよ。こうプレイしようと決めたら、それに責任を持たなくてはいけない。みんなアイディアはあるだろうけども、聴き直したときにいいサウンドになっているかどうかだけで篩《ふるい》にかけるのではなく、その曲に挑むようなものになっているか、曲に合っているか、メンバーみんなのためになるか、そういう面も判断材料なんだ。さらに3時間で3、4曲やって、スタジオから出ていけるか？　ということもね」

今になってみると、ポーカロがいつも左腕の不調を口にしていたことが思い返されるとマッセンバーグは言う。「85、86、87年、それくらい早いうちから、ジェフと組むと、左腕が痛むから早く録ってくれと毎回言われた」。そう彼は振り返る。「ジェフが言うならという感じで、みんな受け入れていたけどね。あれが心臓や循環器系の問題の初期症状だったなんて、気づきもしなかった」

ジェフはワン・テイクを終えるとプレイバックを聴きにきて、「いいトラックだったじゃないか。僕はこれ以上何回できるかわからないんだ。左腕が本当に痛くて」と、左腕を曲げ伸ばししながら言っていたそうだ。

ジェフはその前からずっと、白分の小さい手でスティックを握るだけでもあちこちに痛みが出て困ると言っていた。早い段階からラッカーを塗っていないスティックを特注で頼んでいたし、やがてはショーを終えた後の痛みを和らげるため、コンサート後の儀式を編み出した。「一番いいのは、プレイの後で両手両腕を氷に浸すこと。ピッチャーみたいに、氷水に浸けるんだ」と彼から聞いたことがある。「それがもう、信じられないくらい効くんだよ。捻挫でも、筋肉の凝りでも、関節炎でも、温める方がいいのか冷やす方がいいのか、どっちなのかという疑問は常につきまとう――

温める方がいいと言う人もいれば、冷やすべきだと言う人もいる。最近では冷やす方がいいって言われてるよね。ひどい痛みを引き起こす原因は、どの場所であれ腫れなんだ。それが突然何かがプチッと切れて、弾力性がなくなる。疲労困憊状態だよ。急いで氷水に浸すと腫れが治まる。次に熱湯に近いような熱いシャワーを浴びて、続いて冷たいシャワーを浴びて、最後にもう一度氷で冷やして、それからスウェット・シャツをきちんと着る。すると朝起きたときには、プレイしたとは思えないくらいに元に戻ってるんだ。擦り傷とかタコとかが残ってるのを見て、初めて『コンサートをやったんだな』と思うくらいだ」

ジェフはうまく対処していたように見えたが、この問題は常に頭のどこかに引っかかっていたはずだ。「ジェフがナーヴァスになったところは一度しか見たことがないと思う」とポール・ジェイミソンは言っているが、それは本当のジェフではないことを私は知っている。ジェイミソンの言う1回とは、TOTOがツアーでアラバマに行ったときのことだ。ドラマーのロジャー・ホーキンスとマッスル・ショールズ・リズム・セクションのメンバー全員が揃ってコンサートを見にきて、ライヴ前に楽屋を訪れた。彼らが会場に戻ったときには、ピン1本落ちても聞こえそうなほど、楽屋の中は張り詰めた状態だったとジェイミソンは言う。

「彼らにとってはアイドルだったからね」とジェイミソン。「口には出さなかったけど、緊張しているのはわかったよ」

どうやらジェイミソンは気づいていなかったようだが、実はどのコンサートでも、ジェフはひどく緊張していたのだ。「ステージに出て席に着いたとき、目眩《めまい》や吐き気に襲われるんだ」。私のインタヴューで彼はそう告白した。「いまだに心理的な問題を抱えてるんだよね。まず、いいプレイができるだろうかという不安。そして2番目に、また痙攣を起こしたりしないだろうかということ。今はもう、あらゆる魔法の術（解決法）を身につけてるはずなのに、それでもまだ消えないね。僕にとって痙攣を起こすほど恐ろしいものはない。痙攣を起こしたら、もう終わりだ。21歳の頃まで、右腕によく痙攣を起こしていたんだけど、それがまた出たら、今みたいに3週間もプレイするのは無理だ。そうなれば収入も多くのものも失うことになる」

1990年末、ボーカロはリチャード・マークス[*96]の『ラッシュ・ストリート（Rush Street）』のレコーディングに加わる。2人の関係は80年代から始まっていた。

マークスは振り返る。「シカゴからLAに越してきたとき、僕は18歳だった。82年のことだ。ライオネル・リッチーに促されて出てきたんだよ。彼はソロ・デビュー・アルバム（『ライオネル・リッチー（Lionel Richie）』）にとりかかっていて、僕を〈ユー・アー〉や数曲でバック・シンガーに使ってくれた。彼が『僕がスタジオにいるときはいつでも来てくれ』と言ってくれてね。そんな信じられないような寛大な申し出に甘えて、僕は6ヶ月か7ヶ月の間、ほぼ毎日欠かさずスタジオに通って、彼がソロ・デビュー作を作っていく過程を見せてもらった。コモドアーズを離れた彼は、僕らみたいなソロ・アーティスト同様、バンドに縛られることがなくなっただろう。これでもう、最高級のスイーツ・ショップで好きなお菓子を選ぶみたいに、望みどおりのミュージシャンを揃える

[＊96］シンガー・ソングライターとして87年にアルバム・デビュー。1作目、2作目ともにメガ・ヒットとなってトップ・スターの仲間入りを果たす。満を持して発表した3作目『ラッシュ・ストリート』にジェフが参加したが、前2作ほどセールスには恵まれなかった。

ことができるんだとわかったわけさ。それで彼はジョー・ウォルシュとかいろんなプレイヤーに参加してもらい、さまざまなミュージシャンと交流を持ち始めた」

マークスはリッチーのセカンド・アルバム『オール・ナイト・ロング(Can't Slow Down)』にもバック・シンガーとして参加した。今作で起用されたルカサーとは、既に親しい間柄だったという。「彼とはほんの少ししか歳が違わなかったけど、彼以外はみんな僕よりずっと年上だった。僕が来るまでは彼が末っ子で、そこに新参者の僕が入ってきたわけだ。でも本当に僕は運が良かったな。彼はすごくおおらかで、僕を喜んで受け入れてくれたよ」。マークスは続ける。「それにもちろん、僕はTOTOの大ファンだった。セッションのとき、ルークがジェフに僕を紹介してくれたんだ。ジェフは最高にクールでね。スタジオの誰よりもクールだったな」

マークスはジェフとセッションで偶然顔を合わせたり、廊下で言葉を交わしたりしたと振り返る。そして、彼がヒット・ソングを数曲出したばかりの頃、あるセッションでジェフとばったり出会ったときのことを今も覚えていると続ける。ジェフは彼の成功をとても喜んでくれていたという。「まるで自分の誇りみたいな感じでね」とマークスは言う。「『僕はこいつが18歳のときから知ってるんだ。今やその彼がヒットをバンバン出してるんだぜ』というように、すごく嬉しそうなんだ。彼には関係のないことなのに、心底僕のために喜んでくれていたんだよ。会うのも久しぶりだった。彼は廊下でギュッと僕を抱きしめて、天にも昇る心地にしてくれて、『おまえは本当に最高の仕事をしてるよ』とちゃんと言ってくれるんだ」

マークスはジェフと組むまでのいきさつを思い返す。「そもそものきっかけは、どうして自分を使わないんだって、彼が僕をからかったことだったと思う。いや、彼が本当はそんなの気にしてなかったのはわかってたけど……」。マークスはその先を続けなかったが、ジェフにそう言われたことが彼にとって今も大きな意味を持っているように思えた。「その頃、僕は何曲かヒットを出していて、頼りになるミュージシャンもいた。特にファースト・アルバムでは、ジョン・キーンを使ったし、トリス・インボーデンにも叩いてもらっていた。だからまあ、信頼できるメンバーが既にいたんだよ。ジェフに頼むなんて思いつきもしなかった。まず何より、『ああ、彼にこんな仕事必要ないもんな』と思ったし、僕にも頼める人がいたからね。だけどある日廊下で会ったらそんなふうにからかわれて、それがきっかけだったわけ。彼が別れ際、僕にちょっと顔を寄せて、『僕を使っても死ぬわけじゃないだろ』と言ったんだよ。それで僕も『よし、わかった。2、3ヶ月したらレコーディングに入るから』と返事をした」

ジェフはマークスのアルバムで5曲に参加した。4曲はすぐレコーディングされ、そのうちの3曲、〈ハンズ・イン・ユア・ポケット〉〈コーリング・ユー〉〈スーパースター〉がマークス1991年のアルバム『ラッシュ・ストリート』に収録された。もう1曲、〈ワン・マン〉[*97]は、1993年、ジェフの没後にリリースされた次作『ナウ・アンド・フォエヴァー（Paid Vacation）』で発表される。最初の4曲から1週間後にレコーディングされた〈チェインズ・アラウンド・ユア・ハート〉も、『ラッシュ・ストリート』に収録された。

「みんなが世界最高のドラマーと考えるプレイヤ

[＊97] 日本盤の曲名には“ジェフ・ポーカロに捧ぐ”という副題が添えられた。

ーとは、自分のパフォーマンスではなく曲を第一に考え、曲をしっかりプレイしてくれる人だと思う」。マークスが語ることも、ポーカロについて誰もが言うことと共通だ。「彼は素晴らしい技術の持ち主で、そういう意味で見事なプロだ。だからあれだけ成功できたんだよ。彼は曲を理解していた」

だがマークスは、ジェフがカッとするところを一度見たことがあるという。一瞬緊張が走ったとはいえ、それもすべてクリエイティヴであるがために起きたことだった。〈スーパースター〉を練り上げ、レコーディングを進めているときだったとマークスは語る。「サード・テイクくらいだったかな、僕は歌を入れていて、演奏はしていなかったと思う。自分でプロデュースもやっていたから、ヴォーカル・ブースからいろいろと指示を出していたんだけど、セカンド・コーラスの途中、ベースのパートが僕らの決めた形と違ってるのに気がついたんだ」。そうマークスは思い返す。「僕はみんなの費やす時間とエネルギーをすごく気にかけていて、繰り返しになるのがわかってるテイクなら無駄に続けるのは良くないと、『ストップ、ストップ』って声をかけたんだよ。その瞬間、一瞬だけどジェフがムッとしたんだ。『おい、最高のグルーヴだったのに。ディックを思い切り踏んづけられた気分だ』。すぐいつもの彼に戻ったけど、あのときだけだな、彼とぶつかったのは。彼がプレイにのめり込んでる証拠だよ。わがままな歌姫の振る舞いとは違う。ただただグルーヴの瞬間に没頭しきってたからなんだ」

セッション後、マークスがジェフを隅に引っ張っていって謝ると、ジェフは「いや、僕が悪かったんだ。口を挟んじゃって。あのときはトランス状態みたいな感じになっていたんだよ」と言ったという。

マークスはジェフをこの曲のアレンジャーとし

てクレジットしている。それについて訊ねると、マークスはもう30年近く前のことで記憶が定かではないと前置きしてから続けた。「一番可能性があるのは、セカンド・コーラスからソロに入るセクションで助けてくれたことかな。そのセクションのつなぎをちょっと激しい感じにしたくて、いろんなドラム・パターンを試していたんだけど、アルバムに入れたのが彼の出してくれたアイディアなんだよ。そのパターンに合わせてリーランド・スカラーとマイク・ランドーがそれぞれのパートを作っていった」

4曲のレコーディングが完成し、初回セッションは終了となった。別れ際にマークスは、今作のために書いたバラードがあり、ぜひジェフにプレイしてほしいので翌週の木曜にまた来てくれるようにと頼んだ。だがジェフはそのセッション予定の前日の水曜から、家族旅行に行く予定だという。「アルバムを仕上げないといけないのはわかってたから、それなら他の人に頼むしかないと思った。『うーん、残念』と言うと、彼が『待てないかな？』と言う。『いや、無理なんだよ』と僕が答えると、彼はニヤッとあの笑顔になって、僕に顔を寄せ、『24時間くれ。なんとかできないか頑張ってみるから』って」。マークスは思い出す。「そしてその言葉通り、その晩彼から電話がかかってきたんだ。『なかなかすんなりとは行かなくてさ。怒らせちゃったから今夜は隅っこで小さくなってるんだ。でもまあなんとかわかってもらえた。出発は金曜日にしたよ』」

それからマークスは、ポーカロの静かなカリスマ性と、言い表しようのないそのエネルギーについてしばし語り、最後にこう言い添えた。「僕は本当に彼が大好きだったよ」

マークスが〈ワン・マン〉を『ラッシュ・ストリート』から外したのは、バラードの〈チェインズ・アラウンド・ユア・ハート〉がヒットしなかったこともあり、同じようなスロー・テンポの曲を入れたくなかったからだという。1年半後に『ナウ・アンド・フォエヴァー』にとりかかったとき、今度の作品ならうまくハマると思い、彼はこの歌をミキシングすることに決めた。

「そのときはドラムをプレイしていたのがジェフだったことをすっかり忘れていたんだよ。そしたら彼がカウントを取ってるじゃないか。そればかりか、彼が笑わせるようなことを大声で僕に言ってるのさえ聞こえる。まだ彼が亡くなってから半年か8ヶ月か、そのくらいしか経っていない頃で、そういうときにそんなのを聞かされるなんて残酷だ。彼の声が聞けるのは素敵なことだったけど、でもやっぱり不気味に思えたよ」。マークスは、この曲をジェフに捧げた。

今では間違いなく私と彼が交わした最後の会話の1つになってしまったが、そのときジェフはブ*98ルース・スプリングスティーンと仕事をしたばかりだと誇らしげに言い、そのいきさつをすっかり聞かせてくれた。プロデューサーのチャック・プロトキンから電話があり、ジェフは1989年9月、ノース・ハリウッドのワン・オン・ワン・レコーディングでのセッションに参加することになった。スプリングスティーンの到着前に、彼はベーシストのボブ・グラウブ、キーボーディストのイアン・マクレガンと共にスタジオに入り、自分たちは何をレコーディングするのかと訊ねた。

「(エルヴィス・プレスリーの)〈ラスベガス万才(Viva Las Vegas)〉だよ」という答えだった。

「〈ラスベガス万才〉?」。彼らは耳を疑った。

[*98] いわずと知れた"ザ・ボス"。92年作『ヒューマン・タッチ』にジェフが全面参加した。同時発売されたアルバム『ラッキー・タウン(Lucky Town)』にジェフは参加せず、こちらには同じく西海岸のセッション・ドラマーであるゲイリー・マラバーが参加している。

「そのうちブルース・スプリングスティーンが来て、アコースティックで〈ラスベガス万才〉をやってくれたんだけど、これがもう信じられないくらい素晴らしくて」。ジェフは興奮した口調で語った。「それから彼はテレキャスターでリズム・セクションに加わって、歌いながらプレイした。そうやって僕ら4人で〈ラスベガス万才〉を録ったんだ。最高のロックンロールになったね」

ジェフによれば、この曲はロンドンのノードフ・ロビンズ・ミュージック・セラピー・センター支援のため、イギリスの音楽誌『ニュー・ミュージック・エクスプレス』が企画し、さまざまなアーティストが参加したアルバム『The Last Temptation Of Elvis』に収録されたもので、アルバムは1990年2月にイギリス国内のみでリリースされた。曲は4回か5回のテイクで完成したという。

ボブ・グラウブは〈ラスベガス万才〉のプレイバックを聴くジェフの姿を今でもありありと思い浮かべることができるという。「最高の気分になれるものを聴くと、彼はプレイバックを聴きながらスタジオで踊りだすんだよ」。そう言ってから、グラウブはすぐにこう続ける。「まあね、そもそも彼がプレイしていれば、必ず最高の気分にさせてくれるのさ。でも彼はグルーヴによって、それぞれ違うステップで踊るんだ。僕はプレイバックを聴きながら、エアベースをやって踊る彼を見ていた。今でもすごくはっきり覚えてるよ」

「ワンランク上だった」。スプリングスティーンはボーカロをそう形容する。あまりインタヴューを受けない彼が、この本のために貴重な時間を割き、アルバム『ヒューマン・タッチ（Human Touch）』でジェフを起用したことについて話してくれた。スプリングスティーンがEストリート・バンド以外のミュージシャンを使おうと考えるようになってまだ間もない頃で、ロサンゼルスのミュージシャンを数人当たっているうちに、当然ながらポーカロの名前が出てきたという。

「プレイを始めれば、彼がトップクラスのプレイヤーだってことはすぐわかった。素晴らしいフィールだし、彼は間違いなく、ドラマーに求めるものすべてを完璧に備えていたな」。そうスプリングスティーンは言い切り、『ヒューマン・タッチ』のロック・ナンバーでは他にも素晴らしいプレイヤーと組んでみたものの、誰より完璧だったのはジェフだったと打ち明ける。「まず何より、あのタイム・キープ能力は、本当にギョッとするほどだ。信じられない。とんでもなく素晴らしいタイム・キーパーで、だから彼のグルーヴはあれだけ深く美しいんだよ。さらにテンポを狂わせずにフィルを入れることができる。そこも素晴らしい。あんな見事な構成のフィルを入れて、そこからまたピタリと戻ってくる。さっきも言った通り、あの才能は他の誰よりも抜きん出ていた。恐るべきパフォーマーだったよ」

スプリングスティーンはミュージシャンに曲を伝える方法をこう説明する。「デモを作っておくこともあるけど、たいていはスタジオに入ってコードをいくつか弾いてみて、そこからみんなでグルーヴを見つけていく。僕からアレンジを示すんだが、あのときはピアニストのロイ・ビタンと組んでいたから、一緒にスタジオに入ってアレンジを考えていき、基本的に全部耳で聴きながら進めていた」

セッションでは確かに自分が〝ボス〟だが、プレイヤー側のクリエイティヴィティも入れていくとスプリングスティーンは言う――「許容範囲内で」だそうだが。「自分はこういうものを聴きたいと、それはかなりはっきりと頭にあるんだ。だが誰かが自分のアイディアを持ってきて、それがうまくハマるなら最高じゃないか。優れたミュージシャンと組んでいれば、そういうことが起きるんだよ。総じて彼らには、何をどうプレイしろと言う必要がない。だからこそ素晴らしいんだ。言われなくても味のあるプレイをしてくれるし、自分のプレイにしっかり集中している。たまにはちょっと手を加える必要があるかもしれないが、それも大概はほんのちょっとしたことでね。思い出してみても、あのプレイはすごくエキサイティングだったよ」

さらにスプリングスティーンはこう付け加えた。

「自分のバンド以外のミュージシャンと組んで、ジェフほど楽しくやれた人はいなかったな」

2人は今作で少なくとも3週間は一緒に過ごしたという。ジェフは極めてプロ意識の高いプレイヤーだったが、同時にとても付き合いやすく、その理由をスプリングスティーンは「とにかく一緒にいるだけで楽しい」ことだと言う。「彼はＬＡシーンのエピソードを山ほど知っていて、そっちのシーンの人間ではない僕にすれば、どの話も楽しいし興味深々でね。とにかく彼は素晴らしい男で、僕はツアーに参加してほしいと頼んだくらいだ。すごく気が合ったし、彼のプレイは最強だった。そのツアーでは新しいドラマーを探していたんだが、真っ先に頭に浮かんだのが彼だったのは間違いない」

インタヴューが終わりに近づいた頃、スプリングスティーンはさらにまた少し思いを語った。

「彼のプレイは僕に物凄く深い印象を残した。本当に彼はとてつもなく稀な、並外れたミュージシャンだったよ。彼のプレイはまさしく最高のレベルだった。僕にはマックス・ウェインバーグという、世界一のドラマーの1人がついているけれど、ジェフはとにかく別格なんだ。スタジオ・プレイヤーでは情感があまり出ないとみんな言うが、それは違う。本当はさ、情感も出せるプレイヤーだからこそ素晴らしいと言えるんだ。そしてジェフは間違いなくそれができる――彼のプレイには思いがこもっている。あのアルバムのドラムを聴いてみるといい。あれはもう、目を見張るくらいの素晴らしさだよ」

同じく『ヒューマン・タッチ』に参加していたベーシスト、ランディ・ジャクソン[*99]は言う。「あのセッションは最高だった。ブルースはそれまで、僕ともジェフとも組んだことがなかったんだよ。いろんな曲をいろんな形でレコーディングしてね。何曲やったか思い出せないが、アルバムに入りきらないくらいたくさんやったのは確かだ」

ジャクソンは人気テレビ番組『アメリカン・アイドル』で長年審査員を務めたことで広く知られているが、プレイヤーとしても、マドンナ、マライア・キャリー、セリーヌ・ディオン、ジョン・ボン・ジョヴィ、マイケル・ボルトン、ボブ・ディラン、ビリー・ジョエル、ジャーニーをはじめ、多くのアーティストのアルバムに参加している。スプリングスティーンと組むチャンスが巡ってきて、彼は胸を躍らせていた。

「スプリングスティーンはまさにアーティストそのものという人だ。そして真のアーティストなら、ほとんど例外なしに、自分の描きたいキャンヴァスが頭にあり、そこに何を描きたいかわかっているものだ。だからセッション・プレイヤーとして呼ばれたなら、常にその要求を満たすため、ドンピシャで望み通りの形とまで行かなくても、そこに近づこうと努めなくてはいけない。加えて、ちょっと違う何かを提供できるようにするべきだろう」。ジャクソンは続ける。「ジェフは信じがたい才能の持ち主で、どんな方角だろうと、あらゆる

[＊99] 70年代後半頃から数多くのセッション・ワークに名を連ねたベーシスト。ジェフとはブルース・スプリングスティーンの他にもいくつかのセッションでリズム隊を組んでいるが、マイケル・ボルトンがグラミー賞を受賞した〈男が女を愛する時（When A Man Loves A Woman）〉での2人のパフォーマンスは多くの人が耳にしているだろう。ジャクソン5のランディとは別人物。

場所に引っ張っていけるんだよ。例えば『ここはブラウンシュタインにハイフェッツを合わせて、それにパガニーニとミコスとメタリカを掛けた感じにしたい』と言ったとするだろう、彼なら『よし、わかった。やろう』とすぐ応じるはずだ。立派な音楽学校に行き、ありとあらゆる音を出せるミュージシャンはたくさんいる。だけどそこに気持ちが入っているだろうか？」。ジャクソンはそう問いかける。「つまり本当はね、ドラマーでもミュージシャンでもアーティストでも、本来何を表現しようとしているかといえば、他の人間の作った音楽に対する心の底からの共感なんだよ。それは生まれついてのものなんだ。そういう感情をまた別の形で示せるかどうかというのは、ある種、天性の素質なんだよね。結局、一番大事なのは気持ちなんだ。本当にシンガーに耳を傾け、本当に伴奏に徹して、アレンジ全体とバンドの音を聴きながら一緒にプレイしているドラマーなんて、ほとんど存在しないよ」。それから彼はこう続けた。「エゴイストのドラマーにならずに済むかどうかは、生まれついてのものなんだよ――『俺のプレイを聴け、俺にはこんなこともできる、これだってできる』って感じのドラマーがいかに多いか」

ジャクソンはスプリングスティーンのやり方を経験できたことが本当に面白かったという。「僕らがプレイすると、彼が『いや、ちょっとこんなふうにやってみてくれ』という。いろんな靴を試してみるような感じだった」。スプリングスティーンはデモを聴かせ、そのフィールについて話し合うことも多かったそうだ。

休憩中はいつもジョークを言い合って大笑いしていたとジャクソンは振り返る。「ブルースも大爆笑だったよ」。スプリングスティーンが言ったように、ブレイクの間、ジェフとジャクソンは自分たちの参加したレコーディング・セッションの話を彼に聞かせた。「1日に3セッションか4セッションやっていた時代の話をしてね。ジェフなんか時には1日に6本こなしてたんだ。僕は僕で別の仕事もしていて、当時はコロムビアのA&Rマンもやっていたし」とジャクソンは言う。「ブルースはそういう話をすごく面白がっていたな。それにEストリート・バンドではなく、いつもと違うメンバーと組んだことも、彼にはすごく楽しめたと思う――もちろんEストリート・バンドはみんな素晴らしいミュージシャンで、既に立派な遺産を残してるけど。でも顔ぶれが変わると、また違うものが出てくる。本当にありがたい機会だったな。ジェフも同じように思っていたはずだよ。ブルースは僕らを彼の遊び場に迎え入れてくれたんだ。あのセッションにはEストリート・バンドのロイ・ビタンも参加していて、世界最高のマネージャー、ジョン・ランドーも必ず来ていてね。ジェフと僕は言ったもんだよ、『おい、すごいな。選ばれし者の聖地に入れてもらえたぞ』と」

第 3 部

1988年、コペンハーゲンのホテル・シェラトンにて
Photo courtesy of Carsten Weide

ジェフ・ポーカロの人間性

Stories

ジェフ・ポーカロには彼だけの神聖な場所があり、そこにはごくわずかな人間しか立ち入らせないようにも見えたが、実はそれもちょっとした思い違いに過ぎない。彼は最高にクールでヒップながら、信じられないくらい近づきやすく、思いがけず受け入れてもらえたという人はとても多かった。見ず知らずと言えるような人間から電話がかかってきて、会いたいと言われたり、セッションに来てほしいと頼まれたりした話はいくらでもあるが、彼が断わったのは聞いたことがない。ジェフのおかげでキャリアを築けたドラマーは数知れないとデヴィッド・ペイチは言う――それがドラマーだけにとどまらないことを私は知っている。ポーカロの優しさと寛大さを証明する逸話は枚挙にいとまがない。

ケリー・モリスは、彼が辛い時期を過ごしていた1976年頃、ジェフがどれほど力になってくれたかを忘れていない。「3ヶ月近くヘズビーの家に居させてくれたんだ。僕は家族とうまくいかなくなって、路上生活みたいな暮らしをしていた。すると彼が、『おい、避難場所が必要だろ。しばらくここにいろよ』と言ってくれた。ジェフは常に人の気持ちを感じ取り、『大丈夫か?』と必ず声をかけていたんだよ」とケリーは言う。

ある日、ジェフは家族とディズニーランドに出かけた。ちょうどその時期、園内のレストラン、トゥモローランド・テラスのバンドでドラムを担当していたのが、モリスの友人だった。ジェフがディズニーランドに行く前、モリスは話のついでにそのことに触れていた。そしてその当日、こんなことがあったそうだ。「ジェフはそいつと知り合いではなかったんだけど、彼のドラム・ヘッドが破れているのに気がついたんだ。それで曲の合間にステージに行って、『おい、ドラム・ヘッドはいるか？』と訊いたというんだ。友達が、『うん、困ってるんだ。持ってるの？』と言うと、ジェフはディズニーランドの駐車場まで行って、車からスネア・ヘッドを出して持ってきて、彼にあげたんだよ。おかげでその日、彼はずっとプレイを続けていられた。彼の方では、最初からそれがジェフだとわかっていた。その友達から直接聞いた話だよ」

１９８２年、ジェフはドラム・テックのポール・ジェイミソンが初めての家を買う資金にと、１万ドルを貸している。ジェイミソンは１９７５年末から80年代にかけて、ずっとジェフのドラムを任されていた。２人は素晴らしい友達同士でもあった。ジェイミソンは彼の両親がデトロイトから訪ねてきたとき、ジェフが特別なもてなしをしてくれたことも覚えている。

「ジェフはＴＯＴＯがデトロイトでプレイしたときにうちの両親と何度か会っていてね。うちの父親のことが大好きだった」とジェイミソンは思い返す。「空港にリムジンで２人を迎えに行かせたんだよ。僕は（アメリカン・フットボール・チームの）レイダーズのシーズン・チケットを持っていて、ジェフともコロシアムの試合は10回以上観に行ったんじゃないかな。僕と父親はレイダーズの試合を観るために先に降りて、母と僕のガールフレンドはそのままスタジオ・シティの僕の家まで送ってもらい、試合後にまたリムジンでお迎えが来た。リムジンに乗るなんて生涯で４回しかないと親父は言ってたね」

ボーカロとジェイミソンは大のフットボール・ファンだった。2人は1983年にパサデナのローズ・ボウルで開催された第17回スーパーボウル（ワシントン・レッドスキンズ対ロサンゼルス・レイダーズ）も一緒に観に行っている。また2人はボクシングも好きで、とりわけ、トミー・ハーンズ、シュガー・レイ・レナード、マーヴィン・ハグラー、ロベルト・デュラン、ウィルフレッド・ベニテスなど、ミドル級ボクサーのファンだったとジェイモは言う。そしていつも2人で楽しく笑っていたと振り返る。マイアミでビー・ジーズの『サタデー・ナイト・フィーバー（Saturday Night Fever: The Original Movie Sound Track）』後のアルバムをレコーディングしたときのことは、ジェフとのいい思い出の1つになっているとジェイミソンは言う。2週間の滞在の初日、ジェフは彼にクレジット・カードを渡し、車を借りてきてほしいと頼んだ。

「マスタング・コンバーティブルの4速を借りてきたんだけど、彼はマニュアル車の運転を知らなかったんだ。夜中にスタジオからホテルに帰ろうと車に乗ったら、『こいつは何だ？』と彼が言うのさ。『シフトギアだよ』と答えると、『マニュアルのギアなんて、使い方知らないよ』。『そうか、じゃあ教えるから』と僕が言ってね。ところが説明してもわかってもらえない。それなら実践練習でと、スーパーのウィン・ディキシーの駐車場に入れて、彼が運転席に移った。20回くらいエンストさせてたね。どうしてもわからないんだ。右足で8分音符をプレイして、バレリーナみたいにハイハット叩ける人だっていうのに、こんなことができないんだよ。20回か30回繰り返すと、彼は癇癪を起こして怒鳴り出した。それで結局、僕が運転してホテルに戻り、翌日スタジオまで彼を送って、それからレンタカー屋に戻ってオートマ車に換えたんだ」

もう1つ、ジェイモのお気に入りのエピソードは、ジェフがデヴィッド・ギルモアのソロ・アルバムに参加していたパリ滞在中のことである。ジェフがいかに悪ふざけが好きか、よくわかる話だ。「そのときはピンク・フロイドのギタリストと、TOTOのドラマー、それに僕だった。僕はまだ32歳で、クラブに行って可愛いフランス娘でも見つけたいと思っていた。ギルモアは結婚していたし、ジェフはスージー（スーザン・ゴーイングス）と来ていたから、僕だけ1人だったんだ」。ジェイミソンは続ける。「僕は何度もギルモアにクラブのことを訊いてね。そのたびに彼は『大丈夫だよ、ジェイミー』と――なぜか彼は僕をジェイモではなくジェイミーって呼んでたんだよね。『もう手配済みだよ、ジェイミー。水曜日に段取りをつけてある』と彼は言うんだ。そして水曜日になった。僕はその日も何度か念押しして、すると彼はまた『段取りはつけてある、ジェイミー』と言う。で、スタジオを出たのが真夜中。ジェフと僕は毎日タクシーでスタジオに行き、夜はいつもギルモアがホテルまで送ってくれていた。その日、ギルモアの4ドア・ジャガーで帰ろうとすると、ジェフがパッと後ろに座ったんだ。いつもはジェフが前で、僕が後ろの席なのに。だけどそのときは別に深く考えなかった。パリにはセントラル・パーク並みの大きな公園がいくつかあって、その1つを抜けて走っていたら、ギルモアが『ジェイミー、万事オーケーだ』と言った。そこにずらっと売春婦が並んでいたんだ。車を寄せて、ギルモアが窓を開け、その中の1人にフランス語で何か話しかける。僕はずっと助手席にいた。彼女は僕に背中を向けたままだった。金髪で、ペブルス・フリントストーン（アニメのキャラクター）みたいなフワフワの毛皮のコートを着ていた。それから彼女が振り返って、パッとそのコートの前を開けた。裸だった。あんなでかい偽物の胸は生まれて初めて見たよ。その胸から視線を下ろしていくと、僕の2倍はあるイチモツがくっついてた。そこでギルモアとジェフがどっと笑い出してね。2人で仕組んでたのさ。今でもギルモアに会うたび、その話を持ち出されるよ」

ジェイモには他にも懐かしい思い出がある。『TOTO Ⅳ』のツアー中に、ジェフとジェイモの子どもの頃の友人、チャーリー・マーティンと再会を果たせたのだ。マーティンはボブ・シーガー&シルヴァー・バレット・バンドのオリジナル・ドラマーだった。「コボ・ホールでのライヴ・アルバム(『ライヴ(Live Bullet)』)がシーガーの大ヒット作になって、バンドはあらゆるところでブレイクし始めていた。彼らはツアー中だったんだが、2週間休みがあったから里帰りすることにしたんだよ。ところがチャーリーの運転中に、高速で車が故障した。デトロイトの高速というのは地下を通ってる。それで彼は助けを求めようと、夜の暗い中、入り口に向かってスロープを登っていったんだ。その途中でどっかの酔っ払いに轢かれて、脚をめちゃくちゃにやられ、それから一生、車椅子の生活になってしまった。ジェフは彼のプレイがすごく好きだったんだよ。それで僕は彼をTOTOのコンサートに招待した。ギグの後、ホテルで盛大な打ち上げをして、そこで彼とジェフが会えたんだ。僕はあのときのチャーリーを絶対忘れない。ダンス・フロアに出て、車椅子でウィリーをやって見せてね。踊ってるみたいだった」

ジェフからはたくさんのことを学んだとジェイモは言う。あるセッションの際、「セッションに参加するときの役割って何なんだい?」と訊いたことがあった。するとジェフはさらりと、「タイムをキープして、シンガーに合わせてプレイすること」と答えたと言う。また別のとき、ジェフの450SLCメルセデスで走っていると、ラジオからカーリー・サイモンの〈うつろな愛(You're

So Vain）〉が流れてきた。ジェイミソンが違う局に回そうとするとジェフが「いいよ、今のに戻してくれ」と止めた。「『この歌、好きなの？』と言ったら、『ジム・ゴードンなんだ。完璧なドラム・トラックだよ』とジェフが言うんだ。あの日、僕は大事なことを教わったね。彼は言うんだよ、『よく聴いて。ここでうまく力を抜いてるだろ。

1984年頃、ボブ・シーガー＆シルヴァー・バレット・バンドのオリジナル・ドラマーであるチャーリー・マーティン（右）と
Photo courtesy of Paul Jamieson

ここではこんなに押してくる』」

スタジオでバンドのドラマーに変わってプレイするとき、ジェフは信じられないくらいの心遣いを見せたとジェイモは言った。「バンドのドラマーもスタジオに来ていてね。ガラス窓に鼻を押しつけて、ジェフがやることを1つたりとも見逃すまいとしてる。するとジェフは、バンドのプレイの合間にすぐそいつのところに行って、できる限りの手を尽くして安心させようとするんだ。『君の仕事を奪いにきてるんじゃないんだよ。君に助けてもらわなきゃ』。そう言って、できる限りそいつにも参加させようとする。彼の気分が晴れるようにと、わざわざそこまでやるのかってくらい。『で、コーラスはどうなってる？　このパートは？　こっちのパートは？』って。ほんとに優しい人なんだなって、つくづく思ったね」

代役を頼まれた現場でぎくしゃくすることもあったようだ。ジェフはイギリスのバンドから声をかけられたときのことを語っている。バンドの話を聞いた限りではドラマーがいない印象を受けたが、いざ行ってみると、なぜ自分がアルバムでプレイできないのかとドラマーがバンドに噛みついているという、なんとも居心地の悪い状況に出くわした。ボーカロはリック・マッティングリーに（1992年4月、『モダン・ドラマー』誌の「代役」という記事の中で）、実際にはバンドのドラマーがアルバムでプレイしても問題ない場合もあると話している。だがこのときは、なぜ自分が呼ばれたのか、バンドのデモを聴いてわかったそうだ。それでもポーカロはそのドラマーと食事に行き、「ゆっくり話をして、『そうだよな、辛いよね。だけどさ……』と、彼の気持ちをほぐして、ピリピリさせないように気をつけながら、プロデューサーが求めているのはこういうことだと思う、と説明した」という。「それから、彼のプレイのこういう部分が理由で、この曲についてはみんながちょっと満足できないのかもしれないなって伝えてから、なんとかプロデューサーとバンドのリーダーを説得し、その曲で彼を使ってもらえることになったんだ」

ポーカロは、「個人的な問題と受け止めないように」とバンドのドラマーたちに伝えるようにしていたとも言っていた。単に予算の問題という場合もある。ジェフなら速く仕事を済ませられるからだ。あるいは、ジェフの〝名前〟が欲しいというだけで起用されることもある。だが最終的には、バンドのメンバーに説明するのはプロデューサーの役目だとジェフは言う。ジェフを連れてきたのはバンドをチャート入りさせるためで、ジェフはその目的を果たそうとしているのだから、全員でその大きな目的に向かっていかなくてはいけない。そうプロデューサーから説明するべきだと。

そのような信条を持つジェフは、仕事を完全に手放すことも厭わなかった。ゲイリー・グリムは、ジェフがドラム・トラック差し替えのために呼ばれたセッションに同行したときのことを振り返る。なんと元のトラックはヴィニー・カリウタの入れたものだった。ゲイリーは担当プロデューサーやアーティストの名前は覚えていないが、そのときのジェフの反応ははっきり記憶しているという。それまでにも同じようなことがあったと、彼はしょっちゅう話に聞いていた。「ジェフは入ってくと、本当に礼儀正しく、本当にプロらしい態度のまま、『オーケー、トラックを聴かせて』と言ってね。聴き終わると、『僕にはこれよりいいものはできないな』と言った。それから『ゲイリー、行くよ』って。それで僕らはそのまま帰った」

これに輪をかけて、ポーカロは自分の代わりに他のドラマーが入ることさえ嫌がらなかった。ジェフのような謙虚な人間にスタジオで出会うことなど極めて稀だ、とジェイミソンは言う。自分よりもいいセッションができると思えば、ジェフはプロデューサーにそのドラマーを推薦してしまうのだ。

マイク・ベアードも、まさにその証拠となるドラマーの1人だ。「彼はセッションの最中にプレイを中断して、『今、何してる？』と電話をかけてくるんだよ。『別に。ただブラブラしてるけど』と答えると、『良かった。レコード・プラントに来てくれ。この曲は君でなきゃ。こっちで会おう』と言うんだ」。ベアードはその突然の話を振り返る。「その後すぐ搬送会社から電話がかかってきて、僕の機材を取りに向かっているところだという。『どういうこと？』。そうしたら向こうも、『さっぱりわからない。ただジェフから連絡があって、そちらの楽器を運んできてほしいと言われただけなんだ』。僕がレコード・プラントに着いたら、彼のドラムも置いてあるんだけど、僕のドラムの方にマイクの準備をしてるんだ。そこにジェフが出てきて、『今、プロデューサーに話してきた。〝この曲にはマイク・ベアードがいい。彼を使うべきだよ〟って』。仕事をもらったのは彼なのに、プロデューサーにそう言って、プロデューサーも『オーケー』と承知した。彼はセッションの間ずっと僕の隣に座っていてね。それで『オーケー。いい感じだった、マイク』と声がかかると、ジェフは『最高だったよ。本当にありがとう』と言って出て行った。『はあ、いったい何だったんだ？』って感じだよ。搬送会社の人間がまた入ってきて、僕のセットをばらして、それで終了」

ポーカロが自分に来た仕事を他のプレイヤーに回した例は他にもある。例えば1991年初め、ウォーレン・ジヴォンの『ミスター・バッド・エグザンプル（Mr. Bad Example）』に参加していたときがそうだ。プロデュースしたワディ・ワクテルは、このエピソードを制作中の素敵な思い出の1つとして語る。ジェフは「もちろんどの曲でも素晴らしいプレイをしてくれていた」が、〈シングス・トゥ・ドゥ・イン・デンヴァー〉の録音になると、ジェフはワクテルに向き直って言った。「これはケルトナーだ。完全にジムの曲だよ」「僕も『それはいいね』と答えたんだ。それでジムを呼んで入ってもらった」。リクテルは言う。「この曲にふさわしいドラマーは今このスタジオにいないとジェフが言うのなら、『そうか、君が言うなら、きっとそれが正しいんだな』と考える。僕がすごく愛している人の言うことだからね。そしてその通り、ジムにぴったりのグルーヴだった」

ケルトナーはこう言っている。「ジェフは考えられないようなことをするんだよ。彼以外にこんなことをやる人間はいない。スタジオから自分で電話かけてきて、『ねえジミー、こっちに来て、この曲をプレイしてくれないか。僕には無理なんだ』と言うんだ。『どういう意味？』と聞くと、

『感じ取れないんだ。僕ではいいものにならないよ。でも、あなたならやれるから』。本当にびっくりしたよ。何を言い出すんだって」。ケルトナーは笑って続ける。「それでスタジオに行ったけど、僕は何よりもまず、彼に会いたかったんだ。彼は僕にとって一番親しい友人の1人だったから。あの夜のことはとてもよく覚えている。僕がドラムの前に座ると、彼はすぐそばに立って僕のプレイをずっと見ててね。笑うんだよ。僕が叩くと必ず彼は笑うんだ」

〈ミスター・バッド・エグザンプル〉もたぶん同じ日にレコーディングしたものだとワクテルは言う。この曲でもジェフに代わってケルトナーがプレイしている。

〈シングス・トゥ・ドゥ・イン・デンヴァー〉でジェフが果たした役割について、ワクテルはこう語った。「このアルバムを聴けばわかるだろうけど、オープニング曲の〈フィニッシング・タッチズ〉と次の曲〈スージー・ライトニング〉ではまるで表現の方法が違うし、続く〈モデル・シチズン〉も、どれもまた違う。彼はテクニックも素晴らしいけど、素晴らしい伴奏者でもあるんだ。彼は曲を重視してくれるんだよ。いいミュージシャンというのは、曲をプレイしてくれる人なんだ。だから彼は〈シングス・トゥ・ドゥ・イン・デンヴァー〉を聴くと、すぐに僕を見て言ったのさ。『ワド、これは最初から最後までケルトナーだよ』と。そして彼が自らケルトナーに電話をかけてくれた」

ワクテルは曲それぞれの違いについて、さらに話を続ける。「〈フィニッシング・タッチズ〉はすごくタフなドラム・サウンドにしたかったから、マイクも遠ざけてね。シンバルを使っていたら全員死んでいたよ。僕らの求めるドラム・サウンド（ハイハット以外の）シンバルは使えなかった。を録るために、マイクはすべて遠く離してセットした。次の〈スージー・ライトニング〉では繊細で美しいドラムが聴ける。これほど素晴らしいドラミングは、そう聴けるものじゃないよ」。さらに彼はこう付け加えた。「〈サーチング・フォー・ア・ハート〉もそう。彼は自分が書いた曲のようにプレイしている。本当にそうなんだよ。僕にとって、彼は本当に大切な人だった」

非常に多くのアーティストやプレイヤーが、ポーカロがどれだけ曲を大事にしてプレイしていたかを口にする。もちろんソングライターにとっても、そこは最優先事項だ。残念ながら広範なインタヴューを行う機会はなかったが、グラミー、オスカー、ゴールデングローブと名だたる賞に輝く作曲家、キャロル・ベイヤー・セイガーは、メールで質問に答えてくれた。マイケル・ジャクソン、セリーヌ・ディオン、バーブラ・ストライサンド、フランク・シナトラといったレジェンドたちに曲を提供してきた彼女は、1978年にソロ・アルバム『トゥー（Too）』を発表。ジェフは1曲に参加し、続く1981年の『真夜中にくちづけ（Sometimes Late At Night）』では6曲でプレイしている。デヴィッド・フォスターを通じてジェフと知り合ったベイヤー・セイガーは、素晴らしいドラマーとして彼のことが記憶に残っているという。「セッションに来てもらえるといつもラッキーな気分になれた。彼は素晴らしい感性を持っている人だったわ。バラードもできるし、アップテンポの曲もできる。それに人としても素晴らしかったの。彼に会えるといつもハッピーになれた」

ポーカロの優しさについての話がいくらでも出てくるのに対して、彼が誰かに頼った話や、悲しい思いを打ち明けたという話はまず耳にしない。ジェフが感情を表に出すことは皆無に近かった。私は近親者や音楽仲間の全員に、ジェフが落ち込んだところを見たことがあるか訊ねてみた。ジョーとアイリーンにも、誰かの死を経験したとか、何かしら心に傷が残るような出来事に遭った後の息子を慰めたことがあるかと訊ねたが、小さい頃に擦りむき傷など男の子にありがちな怪我をしたときくらいしか思い浮かばないとアイリーンは言っていた。他には一切、長じてからもまったくなかったという。私にはジェフが異星人のように思えたが、父親のジョーが8歳のときに経験した出来事を聞いてやっと合点がいった。その経験はジョー自身が感情の表し方を考え直すきっかけになったが、彼の子どもたちにも影響を与えたのではないだろうか。

「コネチカット州ニューブリティンに住んでいた子どもの頃、隣にアイルランド移民の一家が住んでいて、そこのお母さんが亡くなったと聞いてお悔やみに行ったんだ」。ジョーはそう振り返る。

「当時イタリア系の家族は、自分たちの葬儀場がなかったから、誰かが亡くなると棺をリヴィング・ルームに丸々1週間寝かせたままにしていた。みんな真っ黒の喪服姿で泣き喚いてる。叔父たちが亡くなったときも、泣き叫ぶ声が1週間毎日引きも切らず続いていたのを覚えているよ。ところがそのアイルランド人の家に行ったら、アコーディオンにヴァイオリンを弾いて、みんな笑いながら踊ってるじゃないか。しかもマリファナでハイになってる。祝祭なんだよ。狂ったように嘆き悲しむことをしないんだ。それ以来ずっとその光景が僕の頭に張りついていた。父と母が亡くなったとき、もちろん悲しかったけれど、僕は泣かなかった。あの光景が、そういう面で僕のその後の一生を変えたんだな」

一方、ジョリーンはジェフが感情を抑えるようになったのは、平穏が最優先の家庭に育ったせいではないかと考えている。安らぎの少ない子ども時代を過ごした父ジョーにとって、穏やかで波風の立たない家庭環境は極めて重要だった。長男であるジェフは、率先してその平穏を守る役割を担っていた。「頭に来たときには自分の部屋に行く決まりだったの」とジョリーンは言う。「『怒りたいならどうぞ好きなだけ怒りなさい。でも、みんなの前で怒鳴ったり、家の中で大騒ぎするのはやめて』と。『かっかするな(Don't blow it)』というのがジェフの口癖。誰かが癇癪起こして喚き始めると、『かっかするんじゃない』って」

そうは言っても常にコントロールできたわけではない。ジェフと一番下の弟スティーヴとの間にライバル意識めいたものがあったことを思えば、それも当然だ。ジョリーンは従姉妹の結婚式に出るため東海岸に出かけた、一家揃っての最後の旅行を覚えている。彼女は12歳くらい、ジェフは19歳で、一家はメイン州とコネチカット州で1週間ずつ過ごした。

「父と母が友達のところに行って、私たち子どもだけがヴィニーおじさんとジョジーおばさんの家に泊まっていたの。ジェフとスティーヴの間で何があったのかわからないけど、いきなりすごい騒ぎ声と、ジョジーおばさんが『やめなさい!』って言うのが聞こえた。スティーヴはすぐ動揺して感情的になってしまうの。だってジェフは私たちが尊敬するお兄さんみたいな存在だったから、ジェフにがっかりしたような声で何か言われると泣きたい気分になってしまう。罵られるとか悪く言われるとか、そういうことは全然なかったの。ただその声で、がっかりさせたのがわかるのよ。大好きな兄だから失望させたくない。そう思うからうろたえてしまうのね。それにジェフもスティーヴには少しきつく当たるところがあった。スティーヴは生まれたときからとんでもなく可愛くて、この世に現れた瞬間からみんなを笑顔にしたような感じだったから。本当にかわいい赤ちゃんで、それだけでもみんなの注目の的だったし、それに一番下だったでしょ。だからたぶん、ちょっと嫉妬もあったんじゃないかしら」

スティーヴが何も言わずにジェフのクローゼットからシャツを「借りた」のが原因で、2人が喧嘩になったこともあった。「ジェフはグラント・ハイ・スクールの3年生のとき、ベスト・ドレッサーにも選ばれたのよ」とジョリーンが明かす。「毎日同じパンツを剥いていたんだけど、毎晩必ず洗濯していたから、汚れて汚いパンツじゃなかった。それに何より、女の子がパッチをつけてくれたのよ。最初は単純なパッチだったんだけど、そのうちに刺繍付きになって。それからジェフがデニムシャツをどさっと買い込むようになると、女の子たちはそれにも同じことをやり始めた。手の込んだ刺繍を入れたり、すごく素敵な飾りやパッチを縫い込んだり。それでそのとき、クローゼットにシャツがないのに気づくと、スティーヴが持っていったとわかって、一悶着起きてしまったの。それにそのときは、『ないぞ、どうなってんだ』って感じだったから。今の我が家ならなんでもないことだろうけど、子どもの頃の私たちにすれば、『うわ、大変だ』って、すごい大ごとだったのよ。あのときは確か、誰かさんは泣きながら出ていくことになったわ。ジェフではなかったけれど」

ジョリーンは1980年から83年までジェフのパーソナル・アシスタントを務めた。アシスタントがジェフの金を盗んでいたことがわかったために後を引き継ぐことになったのだが、とても楽しい経験だったと彼女は言う。「あの頃、私はまだ19歳で、ジェフは25歳だった。普通なら彼と会うのは日曜のブランチくらいだったけど、それからは週に5日会えるようになったのよ」。彼女は続ける。「それだけ頻繁に会えると、いろんな話を聞けるし、それにケリー・モリスが来れば2人であれこれ話してるじゃない。その仲間に入れてもらえたりしてね。あの仕事でなかったら、あんなに兄の人生に入り込めなかったわ」

兄のために働けることは最高で、兄は「とってもかっこよかった」とジョリーンは言う。いつも彼女は、家庭の妻がするような仕事だと説明していたそうだ。家が常にきちんと片づいているように、ジェフの好きな食べ物を切らさないように務めること。ジェフがセッションに参加するときには、彼が出た後でじっくりルーティン・ワークに取り掛かった。そのルーティンを彼女は次のように説明する。「紙袋を用意して、みんなが集まる暖炉つきの部屋から始めるの。灰皿を全部空にして、部屋を完璧に整える。週に1度お掃除の女性が来てくれていたけど、私が家じゅう見回って、どこから見ても完璧に見えるようにしておいたのよ」。ジョリーンは洗濯もしてあげていたと付け加える。ジェフは何でもアイロンがかかっていないと気が済まなかったそうだ。

次に会計士のところに行って現金の入った封筒を受けとり、近くのスーパー、ゲルソンズでジェフには欠かせない食料を買う。ヴァルポリチェッラという赤ワインを数本、ハーゲンダッツのコーヒー・アイス、塩味のカシューナッツ、ミルウォーキーのミニピクルス。ジェフは自宅をリフォームしたとき、作業員の好きなジュースやソフト・ドリンクをすべて冷蔵庫に揃えておいたのだと、ジョリーンはそんな裏話も教えてくれた。ジェフはジョリーンに、彼が家にいるときには彼女の愛犬、ゴールデン・レトリーヴァーのレディ・ダイ（ダイアナ妃にちなんで名づけた）を連れてくるように言ったという。ジェフはこの犬が大好きだった。「私たちはレディと呼んでいたけれど、ジェフだけはずっとレディ・ダイって呼んでいたの」とジョリーンは懐かしむ。「そういうところもほんと素敵だった」

ジェフは大の犬好きだったが、猫も好きで、チャキータという名前の漆黒の猫を飼っていた。一方の目が黄色、もう一方が金色の、ハッとするほど素敵な猫だったとジョリーンは言う。彼は長い年月のうちに犬を数頭飼ったが、珍しいブルーマールの毛並みのシェットランド・シープドッグには、ジェフが子どもの頃コネチカットで飼っていたコリーと同じ、トビーという名前をつけた。だが結局、ジェフが出かけて留守にすることがあまりに多いので、この2代目トビーはポーカロ家のパパとママが預かることになった。

ジェフにとって家族は常に何より大切だった。70年代からジョーとアイリーンは、2人の家で伝統的な日曜ブランチを催すようになる。ジョリーンが前に言っていたのもこのブランチのことだ。夜より昼間の方が家族も集まりやすかったし、息子たちも留守にしていない限り参加した。ジョリーンは笑いながらこう振り返る。「私も母と一緒にキッチンで手伝っていたの。まだ私がハイ・スクールの頃で、『今日はブランチに誰を連れてくるかしら？』って、いつも楽しみにしていたものよ。ジェフが土曜の夜にデートして、そのまま泊まった女の子が、必ず一緒に来るの。キッチンの窓から外を覗いて、ジェフがどんな女の子を連れてくるか、特にその子がどんな服を着てるのか、それを見るのが楽しくて。たいてい男の人って、女の子をタクシーに押し込んで『じゃあね』で終わりでしょ。でもジェフは違うの。日曜のブランチに連れてきて家族に会わせるのよ。そこが彼の素敵なところなのよね。私たちも、彼の連れて来る人は誰でも、まるで結婚相手みたいにもてなしたわ。だって彼がそういう態度で接していたから。少なくとも私の目には、ジェフはいつも女性に対してそうしているように映ったわ」

ジェフは必ず最初にやって来て、帰るのは最後だったとジョリーンは言う。家族は彼にとって常に大切な存在だった。彼は父と母への電話を欠かしたことがなかった。ジョリーンが両親の家にいるときに、兄から電話が入らなかったことは1日たりともなく、ツアー中であろうとなかろうと、結婚後も結婚前も、その律儀さは変わらなかった。

最後のアルバム『キングダム・オヴ・デザイア』の制作

Kingdom Of Desire

ジェフの遺作となってしまった『キングダム・オヴ・デザイア〜欲望の王国〜（Kingdome Of Desire）』は、あらゆる意味において、ＴＯＴＯがまるで兄弟のように団結して作られた作品だった。楽曲には、デヴィッド・ペイチ、スティーヴ・ルカサー、マイク・ポーカロ、ジェフ、皆のアイディアが盛り込まれた。ハイ・スクール時代のルーツに戻り、チームとして曲を書き、チーム全員で北カリフォルニアのスカイウォーカー・ランチ・スタジオに行って、チーム全員でレコーディングして、一緒に寝泊りし、一緒に笑い、一緒に演奏した。全員がそのすべての時間を楽しんでいた。

『ザ・セブンス・ワン』の後、ＴＯＴＯは新たなリードﾞ・ヴォーカリストを探しにかかった。そこでポーカロがジャン＝ミシェル・バイロンを選び、メンバーもそれを受け入れたのが大きな間違いだった、とルカサーは言う。「あのとき、バイロンを試して見事に失敗して、僕らはどうしていいかわからなくなったんだよ。ちょっと引っ込んで傷を舐めているしかなかった。ツアー中にジェフと僕はいつも話し合っていた。デイヴも一緒にね。そうやって話しているうちに、僕らは基本に戻りたくなったんだよ。マイクとジェフと僕とデイヴがひと部屋に集まって、みんなでゼロから曲を書こうじゃないかって。そしてみんなでリーズに行き、機材をセットして、１週間か２週間ジャムを続けた」。ルカサーはそう話した後、全員がそのプロセスに関わったことで、バンドに新たなエネルギーが生まれたと続ける。「以前は僕らみんな、自分の曲をアルバムに入れようとして張り合ってたんだよね」と彼は正直に認める。

ハイ・スクール時代の仲間同士でくつろぎ、誰もが明るい気持ちで過ごしていたとルカサーは言う。それに加えて、収益は全員で等しく分配することにしていて、「いいムードを作る大きな原因になった」。アルバムの少なくとも75パーセントがそのような形で制作され、結果的に前作よりエッジの効いたものになったと彼は振り返る。「デイヴと僕と半々でヴォーカルを担当するものと思っていたのに、デイヴがビビっちゃって僕に押しつけるんだ。『いや、君がやれ、君がやれ』って、どうしても聞かなくて。僕が強引に通したってみんな思ってるけど、全然そんなんじゃなかったんだよ」。ルカサーは笑いながら続ける。「それにちゃんとヴォーカルがとれるまでブースを出られないんだから、肺が壊れるかと思ったよ。まだ修正が効く時代じゃなかったからね。パフォーマンスをしっかり決めなきゃいけなかったんだ」

ジョージ・ルーカスのスカイウォーカー・ランチで、プロデューサー／エンジニアのグレッグ・ラダニーとレコーディングをしたのも素晴らしい経験だったとルカサーは言う。

「最高の時間だったよ。もう本当に楽しかった。みんなでパーティーをやって、みんなで食事して、みんなでずっと一緒に笑って過ごした。ほかに何の気晴らしも要らない。また子どもに戻れたんだよ。曲もすごく順調に進み、毎日大きな収穫があって、本当にいいサウンドになっていく手応えがあった。1日に1曲ずつ録っていき、オーヴァーダブをどさっと重ねて、曲もどんどん書いて、2週間で80パーセントくらいは出来てしまった」

バンドはロサンゼルスに戻り、レコーディングの残りの大半をレコード・ワンで行った。リチャード・ペイジ、スティーヴ・ジョージ、ボビー・ウーマック、ジョン・フォガテイら、ルークが「助っ人」と呼ぶバックグラウンド・ヴォーカリストたちを呼び、「クソ最高」な歌を入れてもらった。ここではスティーヴ・ポーカロも担当パートで参加しているが、今回も彼はほぼサイドマン的な形で、「セッションで自分のやるべきことをやる」ことに異存はなかったという。スタジオに入り、あちこちいじって、オーヴァーダブを手速く終え、そして帰っていく。それがスティーヴ・ポーカロの役割であり、彼はそうやって距離を保っていた。そして彼がTOTOのメンバーではなくなったこの時期、ついにジェフとも、成熟した、とてもいい関係を築けるようになっていた。

ルカサーはレコード・ワンでのレコーディング中にゴルフを覚えたという。ジェフがいつも2時間か3時間早く来て、ゴルフのコンピューター・ゲームをやっていると知り、ルカサーも早めに行って一緒に興じるようになったのである。「ブラウン管スクリーンの、旧式のビデオ・ゲームでね。2人でその前に座って、みんなが来るまでマリファナを吹かしながら遊んでたんだ」とルカサーは言う。「みんなが来るまで、ずっと笑い通しだったよ。それがもう欠かせない習慣になって、延々とゴルフ・ゲームだ」

ほとんど知られていないが、〈ジプシー・トレイン〉である実験をやったのだとルカサーは振り返る。「一度、トミー・リーとジェフのダブル・ドラムを試してみたんだ」と彼は言う。「だけどうまくいかなかったのさ。あまりに楽しくて羽目を外してしまったもんだから。当時、トミーと僕は派手につるんで遊んでいてね。ジェフも僕同様、トミーのことが本当に好きだった」

〈キングダム・オヴ・デザイア〉はハリウッドのA&Mスタジオでレコーディングされた。この曲を書いたダニー・コーチマーは、ある日ジェフとのセッション中に曲を聴かせたことを覚えている。「みんなそれぞれ、自分の作った曲はみんながスタジオにいるときにお互いにプレイして聴かせてたんだ。この曲をジェフに聴かせたら、『これは最高にいい。みんなにも言おう。この曲をやれたら最高だぞ』って。僕は『そうか、良かった。嬉しいな』とか言って、それきりほとんど忘れてた」

ところが数週間後、ジェフから電話がかかって来た。「僕らでこの曲をやりたい。君もこっちに来てくれ」

コーチマーも認めるように、この曲はそれまでのTOTOの作品に比べると歌詞もムードも暗めだが、それをカヴァーしたいとの申し出に彼は感激した。さらに彼はプロデュースも依頼される。そして彼を仰天させたのは、この曲がアルバム・タイトルになったことだった。

〈キック・ダウン・ザ・ウォールズ〉も、TOTOが『キングダム・オヴ・デザイア〜欲望の王国〜』のために入れたコーチマーの曲で、これはミュージシャンのスタン・リンチとの共作だ。この曲をレコーディングした頃、リンチはまだトム・ペティ&ザ・ハートブレイカーズのドラマーだった。アルバム収録曲中、ジェフはこの曲に関しては他の曲ほどの思い入れがなく、これがカットされたヴァージョンもリリースされている。『キングダム・オヴ・デザイア』のボックス・セットには、リマスタリングされたヴァージョンが収録された。「(スタンとダニーが)ドラム・マシンでプレイしたやつをダニーが持ってきて、そこに僕らでオーヴァーダビングを入れていった。それからジェフが『僕もオーヴァーダブを入れよう。これはすごくいいよ』と言ったんだよね」。そうルカサーは振り返る。「ほとんど毎度のことだけど、ここでもジェフはワン・テイクで決めた。みんなスタジオで飛び跳ねてたな。ジェフの場合、『念のためテープを回しておいて』と言って、それでめちゃくちゃ完璧にやってしまう。最後にちょっと訳知り顔でウィンクしてね。彼は周りにオーディエンスがいる方が好きなんだ。スタジオにミュージシャンがいれば、いいエネルギーをもらえるから。そのときもまさにそんな感じだった。スタンは自分もドラマーだしね。すっかりたまげちゃってたよ」

ニコ・ボラスは、ビル・シュネーのスタジオでドラム・トラックを録ったときのことを振り返る。「ジェフ向けに、ちょっと違うサウンドにしたのを覚えてる――彼はコンプレッションの強いサウンドがすごく好きだったから」。ジェフから素晴らしいニュースを聞かされたのもこのときだったはずだとニコは言う。彼がスタジオにいると、ジェフが入って来て、「なあ、僕は息子にニコって名づけるつもりなんだ」と告げると、すぐまた出ていったそうだ。

「もう驚いたのなんのって。びっくりしたし、恐れ多くて、光栄で、大興奮だった。どう言えばいいんだろう。説明しようがないよ」。ニコはそう吐露する。彼はギリシャのしきたりに従い、食品の詰め合わせのバスケットを手土産に、名づけ親としてポーカロ家に挨拶に行った。「ハーレーの後ろに籠を乗せて、彼の家で昼まで一緒に過ごした。僕が小さなニコを抱いてる写真があるんだよ」とニコは言う。「ジェフにとっては、家族が一番なんだ。誰もがジェフを愛しているし、スタジオの思い出をすべて美しい物語にして語りがちだろう。僕らみんな、ジェフのようにクールになりたいからさ。だけど本当はね、あれくらいクールな人は、何かになる必要なんてないんだよ。ジェフの目はひたすら子どもたちに向けられていた。ジ結婚してからというもの、彼には家族がすべてだったんだ。スタジオに来れば、『聞いてくれよ、クリストファーがこんなことしたんだ』って。ジェフはなんでも『ねえ聞いて』なんだよね。クリストファーが生まれると、ジェフはもう幸せのあまり、ふわふわ雲に乗ってるみたいでね。どの子のときもそうだった。『聞いてくれよ、マイルズがさ、ニコがさ』っていつでも言ってたな」

アルバムのミキシングは、ボブ・クリアマウンテンがA&Mスタジオで行った。そんな中である晩起きたことを、ルカサーは今も覚えている――1992年4月29日――黒人男性ロドニー・キングに暴行を加えた警察官4人に対し無罪判決が出たことをきっかけに、ロサンゼルス暴動が起きたのである。

「『早く逃げろ。今すぐ家に帰れ。LAが大変なことになってる』って」。ルカサーは振り返る。「みんな口々に、『いったい、何が起きてんだよ?』と言っていた。結構怖かったな。僕らは全員、急いでスタジオを出た。みんな慌てて家に帰ったね。あのときはほんと『まったく、なんてこった』って気分を味わった」

バンドはアルバムに満足していたが、レコード・レーベル側がリリースしないまま棚上げにされてしまったとルカサーは言う。アルバムを引き取らせてほしいと頼んでも返却してもらえなかった。結局、今作はジェフがこのバンドと共に作った最後のアルバムとなる。『キングダム・オヴ・デザイア～欲望の王国～』がリリースされた1993年5月、ジェフはもうこの世にいなかった。1992年8月5日、彼は私たちを残して逝ってしまった。

1991年12月、ニコ・ポーカロを抱くニコ・ボラス（右）とジェフ
Photo courtesy of Susan Porcaro Goings

優れたプロデューサー／エンジニア／プレイヤーの条件

Porcaro Weighs In On Producers, Engineers And Artists

プロデューサーのタイプは多種多様だと、はっきりジェフは言っていた。

「ゲイリー・カッツがどういうプロデューサーか、という話はしたよね」とジェフは切り出す。「リチャード・ペリーに移ろう。リチャード・ペリーという人は音楽を物凄くよく知っていて、経歴も素晴らしいし、彼自身がミュージシャンでありシンガーでもある。リチャードのセッションには頼れるアレンジャーがいることも大きいだろうけど、大ヒット作がたくさん出ているよね。で、ドラマーに対するリチャードの仕事はというと、プロデューサーとして彼は指示を大量に出すんだ。しっかり方向を定めている。プロデューースするアーティストとのプリプロダクションにかなり時間を割く方かもしれないな。リチャードはこちらのアイディアも自由に入れさせてくれるけど、それでもやっぱり、トラックがオーケーかどうかはしっかり伝える。カッツとはちょっと違うかもしれないけど、やっぱりすごく似てるね」

クインシー・ジョーンズはスタジオで求めるものを正確に把握していたとポーカロは言う。「例えばマイケル（・ジャクソン）の『スリラー』とかではシーケンサーも入れて、プリプロダクションも相当重ねていたかもしれない。はっきり『こういうパフォーマンスにしてもらいたい』という指示が出るはずだ。といっても、〝Q〟はいつでもそうするとは限らない。スタジオにリズム・セクションを入れるときもある。プロジェクト次第だ」

「一方で、僕が〝借り物プロデューサー〟と呼ぶタイプのプロデューサーもいる」とジェフは続ける。「彼らはエクゼクティヴ・プロデューサーになるべきだよ。スタジオには来ているかもしれないけど、ほとんどアレンジャーかアーティスト任せだ。それにメンバーだけで充分やれるバンドもあるだろうし」。さらにジェフは、バンド・メンバーの1人がプロデューサーで、ミュージシャンとしての仕事をこなしながらプロデュースも行う場合もあるだろうという。「つまりプロデューサーというのは、仕事に左右されるんだよ」とジェフは続ける。「仕事によっては彼がほとんど指示を出しているかもしれないけど、別の仕事では彼よりもアーティストが自分の希望を強く主張してくるかもしれない――それが当然の形かもしれないけどね。プロデューサーが才能の面で劣るってことじゃなくて、プロデューサーはアーティストを助け、全体に目を配るためにいるんだから」

エンジニアはドラマーにとって極めて重要な存在だとボーカロは言い、彼らの役割についてとても率直に語った。「それぞれに自分だけのものを持っている人が多い。特別なマイクを使うとか、好みのスタジオがあるとか、コンソールはこれ、ボードはこれって決めているとか――ＡＰＩやＭＣＩやニーヴを使ってたりね。モニタリング・システムの好みがはっきりしている人もいる。核心の部分としてみんなに気づいてほしいのはね、彼らは普通のステレオで聴いていたら聴き逃しがちな波に音を乗せて、プレイヤーの出す音がいい響きになるようにしてくれるってこと。

エンジニアの中には、すごく優秀なんだけど、自分のやり方を絶対変えない人もいる。『ドラム・サウンドを録るならこの方法しかない』って感じでね。僕が組んだ中には、自分でスネア・ドラムを持ってるエンジニアもいた。『これが僕のスネア・ドラム』だとね。まあ、最高のサウンドを出せるドラムもあるだろうし、特別なドラムもあるかもしれないけど、いつだってスティックのサイズも違えば、叩くのが誰かって問題もあるだろ？　マイクも同じで音質も同じで、同じスタジオで同じレベルでレコーディングするとしても、やっぱりサウンドは違ってくるはずだ。もしかしたら万能のスネア・ドラムかもしれないが、プレイがハードだったりとか、いずれにしろチューニングだって違うだろう。それでもそのエンジニアは、このドラムがいいんだって信じ込んでるんだよね」

タムタムを完全に嫌うエンジニアもいる、とジェフは話を続けた。一方、シモンズのエレクトロニック・ドラムが出たとき、すっかり気に入ってしまったエンジニアがいたそうだ。「『すごい。このタム・サウンドを出すには恐ろしい時間がかかるのに、シモンズならスイッチ1つで出せてしまう』と大興奮だった」

「残響音の少ないスタジオしか使い慣れていないエンジニアもいて、そういうエンジニアを反響が出る場所に入れると、もう気が狂ったみたいになるんだよ」と彼は言った。「そういう変化にも対応できるだけの経験を積んでる人もいるけどね。そういう人は場所がどこであろうと気にならないんだ。すごく柔軟で、何でもできてしまう」

アーティストとの関わりで言うと、ドラマーの役割はアーティストによって異なるとポーカロは明かした。「どれだけのスキルを持っているか、それぞれで違う。プレイしていてどれだけ楽しめる音楽か、それも違う」とジェフは言った。「だけど僕にとって、一番インスピレーションを与えてくれるのはアーティストなんだ。まず何より高い金をもらって、その仕事をしているんだしね。あるいは『こいつを使うべきだ』と、僕をそのアーティストに推してくれたプロデューサーのためにプレイして、それで高い金をもらっているとも言えるかな。でもそれはセッション次第だね」

ジェフはアーティストの気分をとても敏感に感じ取ると言い、こう打ち明けた。「セッションに早めに行ったら、レコード会社やマネージメントの人間、あるいは奥さんや父親や子どもが、そのアーティストをプレイ前にイラつかせていることがある。そういうのを見ると僕も腹が立つ。あるいはアーティストが当然与えられるべきものをもらっていなければ、それは僕自身のことみたいに気にかかる。だってアーティストが気分良くプレイできるようにすることこそ大切じゃないか。彼の望む状態にしてやるべきだし、彼の本来の仕事だけを考えられるようにするべきだ。大事なのはそこなんだよ。それにそのアーティストがミュージシャンを興奮させてくれるなら、その人のためにパフォーマンスをしてるこちらだって、いいものにしようという気になる。どんなスタイルだろうと僕は構わない。とにかくいいものを作らなきゃって思うんだ」

アーティストとはありとあらゆるシナリオを経験してきたとジェフは言う。気分にムラのあるアーティストもいれば、面白いアーティストもいたし、風邪やら中毒やら、病気持ちのアーティストもいたし、性格の悪いアーティストもいた――挙げていけばキリがない。

際立った例の1つが、ジェフがリッキー・リー・ジョーンズの『パイレーツ（Pirates）』のセッションに参加したときの出来事だ。ジェフはよそでもこの話をしているが、私の知るかぎり、ジェフリーの人生でも特に有名なこのエピソードの全体像を聞いた人間は私だけだ。

「彼女のファースト・アルバムのとき、ある有名なドラマーの入れたパートの差し替えのために呼ばれたんだ。その差し替えが最後の作業で、僕はブラシを使った。それを彼女は覚えていて、今度はアルバム全曲でやってほしいという。で、仕事が決まって、僕はセッションのひと月前にリッキーのデモをもらった。これがすごいんだ」と彼は話し始めた。「プロデューサーがレニー・ワロンカーにラス・タイトルマン。ベースにチャック・レイニー、ギターがディーン・パークス、ピアノがラス・フェランテ、パーカッションはレニー・カストロ。リッキー・リー・ジョーンズがピアノと歌、僕がドラム。場所はアミーゴ・スタジオで、ドラムはガラス張りのアイソレーション・ブースに設置され、僕はガラス越しにメイン・スタジオの全員を見ることができた。ヘッドフォンをして曲に入る。最初のテイクの後でリッキー・リーの声がヘッドフォンから聴こえてきた。『ミスター・ポーカロ、あなたがタイム・キープの正確さで有名なのは知ってるけど、このセッションではそれをやってもらうわけにいかないの。私の曲は歌詞で私のストーリーを語っているから、テンポを上げたりスローにしたり、自由に変えたいのよ。みんなもそれに合わせてほしい』。そう言ったときの彼女の声がなんだか変に聞こえたんだけども、さして気に留めなかった。僕の頭にまず浮かんだのはシールズ&クロフツだったんだよ。彼らはブリッジ部分をアップ・テンポにするのが好みだった。といっても、極端に上げるのではなくてね。次に浮かんだのが〝アイス・カペード〟（アイススケート・ショー）で、ああいうショーでは、サーカスみたいにタイミングを図らないといけない。それでまあ当然のことだけど、エンジニアのリー・ヒルシュバーグに、『リッキーのヴォーカルとキーボードがもっとよく聴こえるようにしてもらえる？』と言ったんだ。それでもう一度最初から始めて、僕は耳を澄ませていた。僕はかなり耳がいいんだよ。すると途中で彼女が歌をやめた。『テンポがしっかりしすぎ。ちょっと緩めてもらわないと。わかったのかな。このラインで私はテンポを上げてるでしょ。ついてきてほしいのよ』。僕は『わかった、ごめん』と言って、『リー、リッキーのヴォーカルをもう少しだけ聴こえるようにしてもらえるかな。あと僕のドラムをほんのちょっと抑えて』と頼んだ。

また最初からやり直し。それでまた彼女のヴォーカルを聴いていると、彼女は意識的にスピードを上げているようだった。強調している感じだった。僕はついていく。いい感じだった。彼女がまたテンポを落とすと、僕も落としていった。するとまた彼女はやめて、『だから忘れてくれないかな、あなたの……』と言いかけてね。どうやら彼女が言いたいのは、『あなたの完璧なテンポは忘れて。完璧なスタジオ・ミュージシャン仕事はやめて、私のためのアーティストになって』と、まあそんなふうなことらしい、と思った」

ポーカロは続ける。「その言葉を聞いた瞬間、さあっと頭に血が上ってさ。前にも言ったように、僕は誰と組んでプレイしても必ずナーヴァスになる。中でも高い評価を受けていて、時代を代表するアーティストとしてなんらかの意見表明をしているとみなされてる人なら、ますますね。僕は時代遅れになりたくないから。ヒップでいたいんだよ。スタジオに目を向けると、何年も付き合いのあるバンドのみんな、僕を知っているみんなが、全員揃って僕を見ている――みんなと目を合わせると、彼らは『一体どうなってるんだ？　これはおかしいぞ』という顔をしてる。もう1回やったけど、ますますおかしい。確かレニー・カストロがコントロール・ルームに行って、ラスとレニーに何か言ったんだよ。『どうなってるんだ？　休憩を入れるとか何か、とにかく早くなんとかしてくれ』みたいなことをね。いずれにしても、とにかく一旦休憩しようということになった。リッキーはまだピアノの前にいて、僕もドラムから離れずにいて、『ちきしょう、何なんだよ?』と思いながら彼女をじっと見ていた。彼女の方は僕を見ていなかった。ピアノに覆いかぶさるようにして弾き続けるその姿を、僕はただ見つめていた。彼女が弾いてるのは僕のもらったデモにはない曲だ。チャック・レイニーはまだ座ったきりでいる。レニー・カストロが僕のところに来て、『おい、なんだか変じゃないか』と言うから、『僕への嫌がらせだ』と言ったんだ。僕はラスとレニー・ワロンカーのところに行きたくなかったから、代わりに伝えてくれとレニー(・カストロ)に頼んだ。コントロール・ルームの作業が忙しいのかもしれないが、今の状況をちゃんと見てほしい、でなきゃ僕は帰らせてもらう、と。こういうのには耐えられない。批判なら受けるさ。だが必要と思えないことをそのまま受け止める気にはなれない。

彼女は弾き続けている。まだ休憩時間だ。まだみんな喋ってる。彼女はヘッドフォンをしていなかった。僕はしている。チャック・レイニーもしていて、僕ら2人は彼女とプレイを続けていた。シャッフル・グルーヴで、とんでもなくいけてるグルーヴだ。レニーとラスはブースでそれを聴いて、トークバックで『リッキー、ヘッドフォンをしてくれ』と言った。それで彼女はヘッドフォンをつけた。プレイは続けながら、満面の笑みになって、『イエー!』と声をあげた。それで僕も、『ああ良かった、グルーヴがキマってるもんな』と思った。出だしのごちゃごちゃは忘れて、ここから行こう、僕らはもう楽しめてるんだから、と。『ああ最高じゃないか。ここから2週間のプロジェクトだ。なんとか前に進めそうだ』と思ったよ。それでその曲を流し始めて、フィルの部分までできた。シンプルなフィルだった。3連符を1小節。僕の楽譜に書いてある。そのフィルをプレイしたら、彼女が歌をやめた。『もっと強くプレイして』。僕は『オーケー』と笑顔で返し、みんなでもう一度始めた。僕のドラム・ヘッドは買ったばかりのレモのアンバサダー。タムはいい音を出していた。もう一度そのフィルをプレイすると、また彼女が止めた。『もっとハードにやってくれないと』。みんなが僕を見る。『オーケー、もう一度やろう』。それでまた始める。フィルの1小節前、ヘッドフォンに腹が立つほどでかい声が響いた。『フィルに入るわよ。ハードに叩くの。忘れないで』。聞こえるよ、ハードにやれって言うんだな！　僕はすごい勢いで、生まれてからこんなに激しく叩いたことないってくらいにぶっ叩いた。そうやって叩いてる間も、彼女が『もっと強く！』って叫んでるんだ。僕は手を止めた。彼女も止まった。ドラムに凹みができていて、軽く叩いただけでもバズが出る。それに僕はもう頭にきて、腹の中が煮えくり返ってたんだよ。『誰だろうと、しかも今の彼女みたいな精神状態で、こんな口のきき方はさせない。こんなゴミみたいなところからはゴミしか出てこない。そんなゴミみたいな仕事、やる価値なんてない』。そう思った。

レニー・ワロンカーが『もういっぺんやろう』と言った。彼はアイソレーション・ブースにいて、他のみんなから離れていたんだよ。で、もう一度スタートする。全員が僕を見ている。もうすぐフィルだ。彼女が『いいね、ハードに』。僕はスティックを短剣みたいに持って、タムを全部ぶっ叩き、スネア・ドラムにぶち当てた。2本のスティックが震えながらスネア・ドラムの上で弾んでる。そのまま僕は立ち上がり、ギグバッグを手に取った。周りは完全に静まり返ってる。ガラス張りのスライド・ドアを開け、彼女の脇を抜けて廊下に出ると、車に乗ってエンジンをかけ、そのまま帰った。家に戻って最初にかかってきた電話はレニー・カストロからだった。『おい、こっちはとんでもないことになってるぞ』。『どうしたんだ？』と訊ねると、『彼女、訴える気だぜ。これだけミュージシャンを集めたところで君が逃げたって』。でも僕は、『訴えたいなら訴えろよ』と言ったんだ。誰ひとり、どんな奴だろうと、あんな口のきき方をされる筋合いはない。それに僕が悪いのなら、レニー・ワロンカーとラス・タイトルマンが間に入って、『よし、このセッションは早めに終わりにして、ちょっとプリプロダクションをやろう』とでも言って僕を連れ出してくれたらいいだろう。そうしてくれれば僕は先に言ってやったさ。『2日前の事前通知は必要ないよ。誰か他の奴を探してくれ。残念だが僕はダメなドラマーだったらしい。君らの満足できるドラマーだったら良かったが、僕は僕なりにベストを尽くしたんだ』と。彼らはあの状況をあまりにも引き伸ばしすぎた。しかも僕は前にも彼らと組んでるんだよ。もう少しリスペクトしてほしいと思った」

カストロは、最初からうまくいかないことがわかっていたという。というのも、ジョーンズはTOTOのことを型にはまったセッション・ミュージシャンの集まりだと、以前にもメディアで否定的な発言をしていたからだ。しかも彼女の初ツアーのバンドにカストロを加えていたにもかかわらず、である。「レニー・ワロンカーとラス・タイトルマンもそういう下らない話を全部聞いていたはずだから、僕はずっと不思議だったんだよ。どうしてそういう人間を雇うのか。いさかいが起きるのはわかってるはずじゃないか。でも結局そのまま通したんだよね」。彼は考えるように続ける。「で、当然起きるべくして起きたんだ。いつか爆発すると僕にはわかってたよ。そして実際そうなってしまった。僕のアイソレーション・ブースのドアから駐車場に出られるようになっていて、ジェフはそこを通って出ていった。それからすぐに車の音がして、彼が行ってしまったのがわかった。レニーとラスが駆け込んできて、『ジェフはどこだ。ジェフはどこに行った？　連れ戻せ』と大慌てでね。『車の音が聞こえなかった？　聞こえただろ？　彼の車だよ。彼はもういないよ』と僕は返した。めちゃくちゃな話だけど、彼らはその曲を他にも2、3組のリズム・セクションで試したんだよ。カルロス・ヴェガのヴァージョンに、あとアート・ロドリゲスのヴァージョンもあったと思う。それからスティーヴ・ガッドが解決したんだよ、極めて単純なことだ——彼女は3連のシャッフルが欲しかったんだよ。でもそれをきちんと伝える脳みそがなかったのさ」

カストロの電話の後、ゲイリー・カッツからも連絡があった。「彼もその件を耳にしたんだね」とジェフは私に語った。「彼は当時ワーナー・ブラザーズ所属で、彼女も同じワーナーだった。『彼女をなだめようとしたんだよ。彼女は君を潰す気になってるんだ。君を訴えようとしてる』と彼が言う。『潰せるもんなら潰してみろ』と言ってやった。それから数年、何もなかったね。彼女は訴えなかったし、何もしなかった。それから確か去年、ジェームズ・ニュートン・ハワードから電話がかかってきたんだよ。リッキー・リー・ジョーンズのアルバムをプロデュースすることになったそうで、それで彼が言うのさ、『信じられないだろうけど、彼女が君に2曲参加してほしいそうだ』って。『彼女、僕が誰かわかってるのか？』。一方で僕がわかってなかったこと——感じ取ってはいたけど、考えようとしなかった、あるいはもっとよく理解してあげるべきだったこと——それは、たぶん僕が関わったとき、彼女は辛い時期にあったんだろうということ。誰でも辛い時期はあるけど、それぞれそういう時期をしのぐやり方は違うということだ。そのときの電話でジェームズ・ニュートン・ハワードは、彼女がもうあのときの状況をあまり覚えていないだろうという言い方をした。それで僕は、『まあ彼女が覚えてようといまいと、喜んで参加するよ。僕は恨みなんか引きずってないし、プロデューサーが君だとわかってるし、君があの話を知ってることもわかってる。君ならああいうことが起きないようにしてくれるはずだ。もし僕でダメなら、このセッションの責任者は君なんだから、君が止めればいいさ。で、次のセッションのドラマーが見つかるまで、オーヴァーダブをやっていればいい』と言ったんだ」

ポーカロはくすくす笑いながら、そのセッションを振り返る。「僕は2日で2曲入れる契約になっていた。入っていくと、リッキーが『ジェフ、また会えて良かった。痩せたみたいね』と声をかけてきた。実際には前に会ったときより10キロ以上太ってたんだよ。だから一瞬、『また馬鹿にする気か』と思ったけど、すぐまた、『いや、今の彼女は素敵になった、前に会ったときよりしっかりしてる感じだし、すごくいい状況になっている気がする』と考え直した。予定では1日に1曲ずつやることになっていた。1日6時間の約束でね。1曲目を2テイクやって、『ありがとう、ではまた明日』。2曲目を3テイク。今回のバンドには、僕がスティックをドラムにぶっ刺したときのメンバーも混じっていたけど、そのバンド全員の前で彼女が言ったんだよ。『ジェフ、これは本当に言わずにはいられないわ。あなたほど素晴らしいプレイをしてくれたドラマーは今まで1人もいなかった。これほどしっかり私の曲を聴き込んでくれて、歌詞で私が言っていることを感じ取って、こんなに見事についてきてくれたドラマーはいないわ。参加してくれて本当にありがとう』。僕は吹き出しそうになったよ。だって彼女は前に何と言った？『ミスター・ポーカロ、そういうプレイはやめて、いかにもスタジオ・ミュージシャンの……』。僕のプレイは前のときとまるで変わっちゃいなかった。タイム・キープが正確すぎると言われたときと、まるっきり同じプレイだったんだよ」

ジェフを「イラつかせる（bugged）」（ジェフが好んで使った表現だ）状況というものがあり、そして彼はどこまで我慢するかという限界点もはっきりと定めていた。結局は自尊心の問題に行き着くのだと彼は指摘した。「この業界にいれば、気分の波が激しい相手に我慢しなきゃならないこともある。だけど、それが虐《いじ》めの段階にまで行ったら、絶対我慢しちゃいけない」。1983年、彼はそう私に語った。「僕の考え方がそうだというのではなくて、人間として、誰でもそう扱われるべきだということだよ。噂とか、人が勝手に言うことにも我慢しなきゃならないけど、そういう類のことに影響されちゃダメだ。誰からどう思われようと気にかけちゃいけない。初めてセッションに参加した人間が、有名ミュージシャンの大勢いる前でプロデューサーやアーティストにめちゃくちゃ言われる場面を、僕はこれまで何度も見てきた。彼の方では、名だたるプレイヤーたちと一緒にセッションできると、すごく心を躍らせていたというのに。スタジオで泣く人だっていたよ」。彼は続ける。「みんなそういうふうに影響されてしまいかねない。だけど他人から影響を受けちゃいけないんだよ。みんな同じ人間じゃないか。誰のことも、ちゃんと広い目で見なくちゃいけないんだよ」

ディーン・パークスは、ジェフがセッションでも仲間のために気を配っていたと明言する。「ジェフは『そういう馬鹿げたことはやめろ』と真っ先に言う人だった」とパークスは言う。「なんとなく全体に誠意が欠けてきたり、いいかげんな感じ、嫌な感じになってくるとジェフが立ち上がり、はっきりその状況に目を向けさせる。休憩のときには、他のプレイヤーみんなに、裏で卑劣なことをやっている業者や雇い主の情報を教えてくれるんだ。『陰険で、蛇みたいな奴だよ。ああいう奴は絶対好きになれない。ほんとつまらない男だよ』とね」

だがジェフはたいてい何があっても気にせず流していた、と弟のスティーヴは言う。「ジェフはほとんどいつも、すごく陽気で前向きだったよ。本当に早い時期から、ハイ・スクール卒業の半年前から、ずっと自分の夢を生きてた。まさに最初の一歩からさ。もちろん悲しいこともあったはずだけど、それを彼が顔に出したことがあったかい？

ジェフは本当に恵まれた人生を生きたんだよ。僕はバーブラ・ストライサンドの仕事をしたことがあった。そのとき彼女はブースに入っていてね。僕が生のセッションに参加するのはすごく珍しいことだった。僕はオーヴァーダブ専門みたいな感じで、1人でオーヴァーダヴィングを入れるのが仕事の98パーセントを占めていたからね。そのセッションの途中、アルビー・ガルテンが、『バーブラが話をしたいって』と言うんだよ。それで僕はブースに入っていって、『こんにちは』と挨拶した。すると彼女は僕を上から下までじっと見て、それからやっと口を開くと、『ああ、すぐわかる。確かにジェフの弟ね。そっくりだもの』と言ったんだよ。おかしいだろ、彼女はジェフの弟を見たかっただけなんだ。しかも、そういうのはそれが初めてのことじゃないんだよ。ジェフは充分に楽しんで、夢を生き抜いた。燃えるような情熱を持っていて、あれだけ多くの素晴らしいアルバムでプレイして、彼と組んだ人みんなから愛されていたんだ」

ストライサンドとの仕事はずっと自分の誇りになっていると、ジェフは私にも言っていた。ジェフが世を去った後、父のジョーは、彼女のコンサート・メンバーとしてプレイしたときのことをbeatosblog.com に綴っている。「ショーが終わった後でバーブラがこちらに向かって歩いてくるのが見えて、僕はステージで何かまずいことをやったかな、と密かに考えた。ところがバーブラは僕の前まで来ると、ギュッと僕を抱きしめたんだ。あのとき彼女の言ってくれたことを僕はもう絶対に忘れない。彼女はジェフリーを『愛している』と、そしてこれからも『彼がいなくて寂しい』、そう言ったんだよ」

トリビュート・トゥ・ジェフ

They Weigh In On Him

「ジェフと組んで曲を作るのは、夢のように素晴らしかった。彼の生み出すフィールのおかげだよ——あなたが話を聞いた人は全員、同じことを言ったはずだ。彼は生まれつきジョー・ポーカロのフィールを受け継いでいたんじゃないかな。お父さんの血だと思うよ。ジェフは自分にふさわしい楽器を選んだんだ。たとえ別の楽器を選んでいたとしても、やっぱり最高のプレイヤーになっていたに違いないけれどね」——ピーター・フランプトン

「ポーカロは僕が組んだスタジオ・ドラマーの中でも最高のオールラウンド・プレイヤーだった。あらゆるドラマーと組んできた僕が言うんだよ。その理由というのは、彼が『TOTOⅣ~聖なる剣』で見せた技、スティーリー・ダンの一連の作品でやったこと、バーブラ・ストライサンドの曲でのプレイ、それらを並べてみれば明らかだ。彼は何でもこなしてしまうんだよ。ジャズもできれば、ロックンロールもでき、甘いポップ・チューンもやれるし、ブラシ・ワークもこなせた。彼にはすべて可能だったんだ。しかもそれを、あんな最高の気分でやってくれた。みんなジェフを好きだったよ。ジェフが嫌いだという人には会ったことがない。とにかく本当にクールな奴だったよ」

——アル・シュミット

「僕が組んだどのドラマーよりも、彼のタイムは素晴らしかった」――ウンベルト・ガティカ

「彼はほんのわずかなプレイヤーにしかできないことをやりながら、そこにフィールもしっかり注ぎ込んでいた。途方もなく素晴らしいミュージシャンだったよ」――ダニー・コーチマー

「どんなことを求められようと、彼は必ず最高のものに仕上げてくれた」――ラス・タイトルマン

「プレイに品格があり、そして音楽の才能に満ちた人だった」――セルジオ・メンデス

「自分中心ってことが全然ないんだなって、本当に思ったよ。まず自分が大事というドラマーは結構いるけれど、ジェフに限っては絶対そういうことがなかった。彼にとっては何より音楽が大事で、自分がその曲にどれだけ貢献できて、どれだけ素晴らしい曲にできるかが一番の関心事なんだよ。彼はそこに流れているものをいつも本当にしっかり聴いていた」――デヴィッド・ベノワ

「この街には素晴らしいドラマーがいくらでもいる。だけどジェフ・ポーカロは1人しかいないんだ。それに彼は、ドラム・プレイの才能だけでなく、さらにすごく多くのものを与えてくれた。彼はセッションを盛り上げてくれたんだよ。彼が素晴らしいセッションにしてくれた。僕らのレコーディングはこの地球上で一番難しく、だけど一番やりがいがあった。ああいう場でプレイできたということは、最高に報われることだったんだから ね」――ジェフ・ウェーバー

「ジェフはすごく巧みに、その曲に一番ふさわしいアイディアに目を向ける。〝迷ったら、隠さずに

出せ〟というのがジェフの信条だった。どうプレイするべきか自信が持てないなら、考えてないで言ってみろ、と」――ジョージ・マッセンバーグ

「彼は素晴らしいチーム・プレイヤーだった。うまくいかないセクションがあると、ただそこに座って誰かが解決してくれるのを待っているような人じゃなかったよ。いつでも何か提案してくれた。『ここをキック・ドラムでやってみたらどうだろう』とか、『ここではゆったりしたペースに落とそうか?』とか。いつもそんなふうにアイディアを出して、自分にとって大事なギグなんだって示してくれる。これも仕事の1つにすぎないなんて思っちゃいないんだ」――リチャード・マークス

「彼のグルーヴには美しさが詰まっていた」――ブルース・スプリングスティーン

「彼のタイム・キープはすごく安定していて、おかげでこちらは何も気にしなくてすんだんだ」――ダッシュ・クロフツ

「ジェフの何より素晴らしいところは、物凄く独創性に溢れていたことだよ」――ジャクソン・ブラウン

「いつでも、どんなものでも、ワン・テイクで決めてしまった。怪物だね」――レオ・セイヤー

「まず何より、ジェフのエネルギーと情熱だ。アーティストというのは、自分と気が合うと思える相手と組めると自信をもらえるものなんだよ。ジェフはこちらがやろうとしていることの核心を見つけてくれた。僕はジェフをよく知っていたから、彼が参加したどのセッションでも同じことが言えるわけじゃないってことはわかっているけどね。

でも彼の心がつながるものなら――彼の心に響く曲なら――彼は進んで、それを伝える力になろうとしてくれる。彼はそれを自分の曲にするんだよ。その曲には彼の印が刻まれるのさ。彼はその曲で踊り、その曲を歌い、君自身の曲を君の目の前で披露する。彼の目を通した形で、彼自身の解釈による形でね」――ボズ・スキャッグス

「彼の熱意は常にはっきり感じ取れた。そこが僕は大好きだったんだよ。彼は僕らがオーヴァーダビングにかかってからも、セッションが完全に終わるまでずっと残っていた。彼くらい仕事をしてきたセッション・プレイヤーだと、もう飽きてきて熱意もなくしてる人がほとんどでね。『何をプレイすればいいか言ってくれ。さっさと済ませよう』という感じの人が多い。だけどジェフは一緒にアイディアを考えてくれて、それがうまくいかなければ『僕がこうやってみようか?』とか、『こういうパターンはどうかな』と意見を出してくれた。僕にはいつもそれがありがたかったんだ」――マイケル・マクドナルド

「彼は最高に気分のいい奴だった。言うまでもなく、あのでっかい笑顔だろう。それに誰より優しい奴だったよね」――ネイザン・イースト

「彼は自分のスタイルを持ち込む必要がなかった。彼は自分がやるべきものを、曲から教えてもらうんだ。彼は純粋に、曲だけをしっかりプレイしていた」――スティーヴ・ジョーダン

「スタジオに入ってきたときのジェフリーは、単にプレイの準備だけ整えているわけじゃない。こちらが彼に求めるもの、望んでいるものをプレイする準備も出来上がっているんだよ。しかもそれに笑顔と情熱を加えてね。僕の経験する限り、あ

れに匹敵する人はまずいないし、超える人は皆無だ。楽譜に出ている音だけをプレイするのではなく、彼のプレイには心がこもっているんだよ。本人にすればあんまり見る気がしないかもしれないが、ジェフリーは譜面もちゃんと読みこんでいる。とにかく彼は、僕が組んだどのミュージシャンよりもレコーディング・セッションに楽しさと興奮を与えてくれた。ジェフのプレイのどこがそんなに好きかって? 簡潔明瞭に2つ言うとね――ジェフがプレイしているとき、僕の足はいつでも自然とテンポを刻んでる。僕の気分がそういう動きになって出てしまうのさ。そして彼は、僕が歌い出しそうな笑顔を浮かべてスタジオを出て行けるようにしよう、そう思ってくれていた!」――ゲイリー・カッツ

「ジェフ・ポーカロという存在に触れたことは得難い体験だった。1日でも彼と一緒にスタジオで過ごしたら、あの決して消えない笑顔と、人生とはドラムをプレイする素晴らしい機会だと全身で伝えてくるようなあの姿勢が、こちらに乗り移らないはずがない。僕はこれまでの人生で何百人というミュージシャンやセレブリティに会ったけど、やっぱり彼は抜きん出ているよ」――ジミー・ウェッブ

「ジェフについて絶対に言っておかねばいけない大事なこと、それはこの世の中に素晴らしいドラマーは数えきれないほどいるけれど、ジェフはこちらが望むサウンドを正確に出してくれる――望みを超えたものまで出してくれる――しかも、それだけにとどまらず、『うわ、これはすごい』と思わせてくれるということだ。ジェフのようなドラマーはあれきり1人も出てこない。次のジェフ・ポーカロは、もう永遠に出てこないと思うよ」――ランディ・ジャクソン

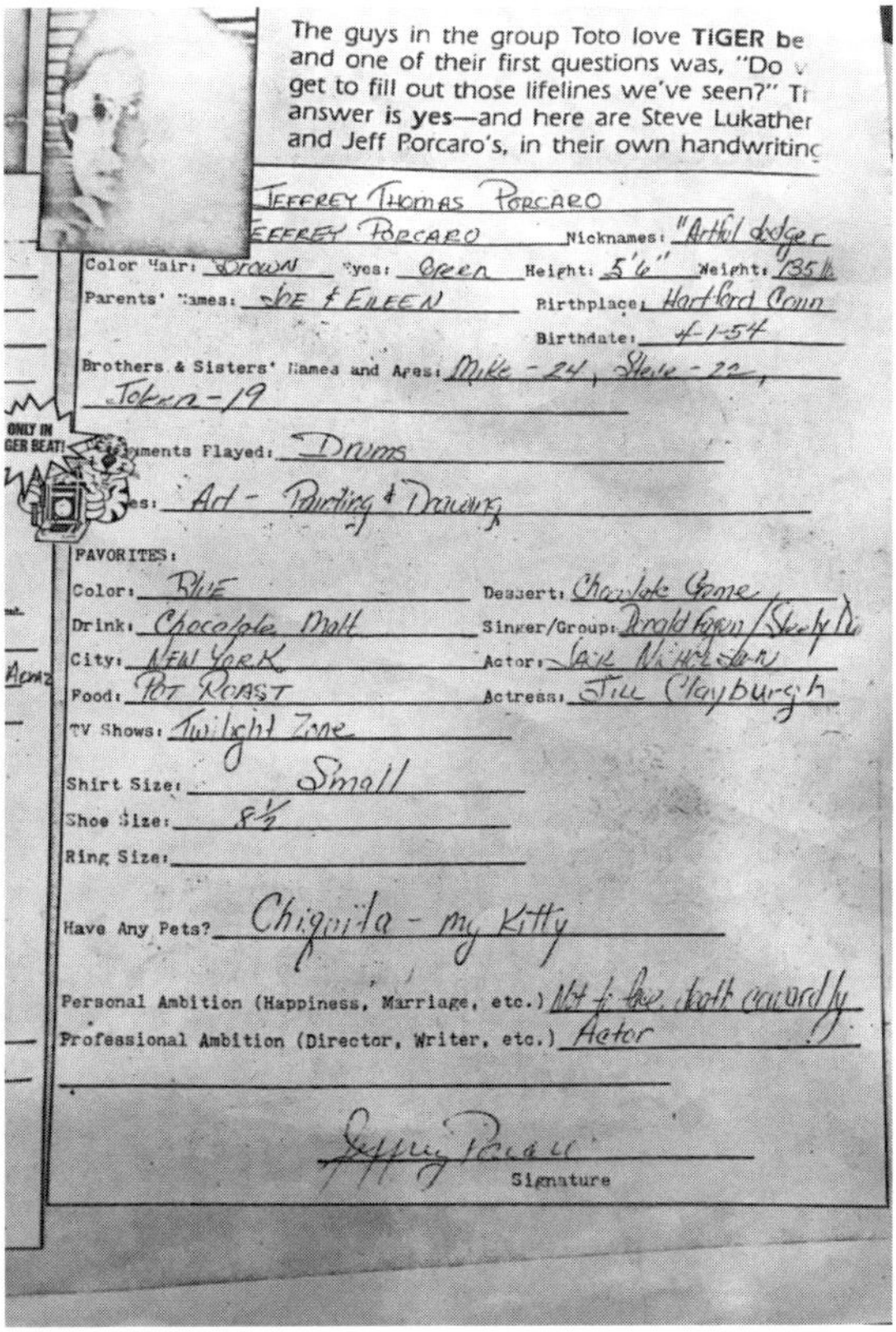

The guys in the group Toto love TIGER be
and one of their first questions was, "Do v
get to fill out those lifelines we've seen?" Tr
answer is yes—and here are Steve Lukather
and Jeff Porcaro's, in their own handwritinc

Jeffrey Thomas Porcaro
Jeffrey Porcaro Nicknames: "Artful dodger"
Color Hair: Brown Eyes: Green Height: 5'6" Weight: 135 lb
Parents' Names: Joe & Eileen Birthplace: Hartford Conn
Birthdate: 4-1-54
Brothers & Sisters' Names and Ages: Mike - 24, Steve - 22, Joleen - 19

ONLY IN TIGER BEAT!

...ments Played: Drums
...es: Art - Painting & Drawing

FAVORITES:
Color: Blue Dessert: Chocolate Creme
Drink: Chocolate Malt Singer/Group: Donald Fagen / Steely D...
City: New York Actor: Jack Nicholson
Food: Pot Roast Actress: Jill Clayburgh
TV Shows: Twilight Zone
Shirt Size: Small
Shoe Size: 8½
Ring Size:
Have Any Pets? Chiquita - my Kitty
Personal Ambition (Happiness, Marriage, etc.) Not to face death cowardly
Professional Ambition (Director, Writer, etc.) Actor

Jeffrey Porcaro
Signature

TOTOの初期、『タイガー・ビート』誌の質問に
ジェフが手書きで回答したもの

Courtesy of Joleen Porcaro-Duddy

フルネーム：ジェフリー・トーマス・ポーカロ
ステージ・ネーム：ジェフリー・ポーカロ
ニックネーム：アートフル・ドジャー
（逃げるのが上手い奴）
髪の色：茶
瞳の色：緑
身長：5フィート6インチ（約165センチ）
体重：135ポンド（約61.3キロ）
父・母：ジョー＆アイリーン
出生地：コネチカット州ハートフォード
生年月日：1954年4月1日
兄弟姉妹：マイク（24歳）、
スティーヴ（22歳）、
ジョリーン（19歳）

演奏楽器：ドラム
好きな学科：美術 – 絵画

■好きなもの
色：ブルー
デザート：クレーム・ショコラ
ドリンク：チョコレート・シェイク
シンガー／グループ：ドナルド・フェイゲン／
スティーリー・ダン
都市：ニューヨーク
俳優：ジャック・ニコルソン
料理：ポットロースト
女優：ジル・クレイバーグ
TV番組：『Twilight Zone』（日本では『ミステリー・ゾーン』の邦題で知られる）
シャツのサイズ：S
靴のサイズ：8-1/2
ペットは飼っていますか？：猫のチキータ
個人的な願望：死を前にしたとき
臆病者にならないこと
なりたい職業：役者

謝辞

まず私の心の拠りどころである双子の子どもたち、テイラーとジェイミーに感謝します。私が毎日を乗り越えていけるのも2人の愛のおかげです。

そしてジェフリーの家族、中でもジョー、アイリーン、ジョリーン、スティーヴ。私を信頼してくれてありがとう。私のせいで数年間ひどく煩わせてしまったし、特に最後の頃には彼らにしか答えられない質問をぶつけなくてはなりませんでした。記憶を呼び起こすのが辛いこともあったはずです。それでも彼らは愛と優しさでこの本の完成まで支えてくれました。

ジェフリーにとって兄弟同然のＴＯＴＯのメンバー、スティーヴ・ルカサー、デヴィッド・ペイチ、デヴィッド・ハンゲイトにも、感謝の気持ちを捧げます。この本を書いているうちに、私まで彼らが兄弟のように思えてきました。歴史から抜け落ちた部分を埋めるため、彼らにも頭がクラクラするような思いをさせてしまいましたが、彼らが助けてくれたおかげで少しずつその穴を埋めていくことができました。

ジェフを愛する思いから、私の電話に必ず応じてくれたゲイリー・カッツにもお礼を申し上げます。

それからダッシュ・クロフツ。ジェフリーを愛し、彼の主義を称え、彼を気遣っていた人。だからこそ、この本が企画されるまで私のことを知らなかったにもかかわらず、力になってくれました。

私に必要な人を引き合わせようといつでも力を尽くしてくれたジェフ・ウェーバーにも感謝しています。

ボブ・グラウブ、2年間、私が会えずにいたキー・パーソンに会わせてくれた恩人！

バーニー・ハーリーにも心からお礼を。

私の守護天使、カレン・ケント。あなたが私を信じ続け、ずっと助けてくれたからこそ、私はこの仕事を諦めずにいられました。そして実際、あなたがいたから住む場所を失わずにいられたの。助言してくれたエヴァン・ケントにも感謝しています。

心強い旗振り役になってくれたエド・エブレン、ありがとう。リック・マッティングリーの友情とアドヴァイスにも感謝の気持ちでいっぱいです。

私を支えてくれた最高のコンビ、ジョー・バーガミニーとロブ・ウォリスにもお礼を。この本を一緒に作っていく上で、あなたたち2人ほど素晴らしいパートナーは到底考えられませんでした。

そして最後に、ジェフを愛し、私をずっと励まし続けてくれた皆さん全員にお礼を申し上げます。

ロビン・フランズ

付録

Appendix

ジュニア・ハイ・スクール時代、ジェフが好きだった工作クラスの課題作。この作品のために家族は自宅の壁を1枚提供した
Courtesy of Joleen Porcaro-Duddy

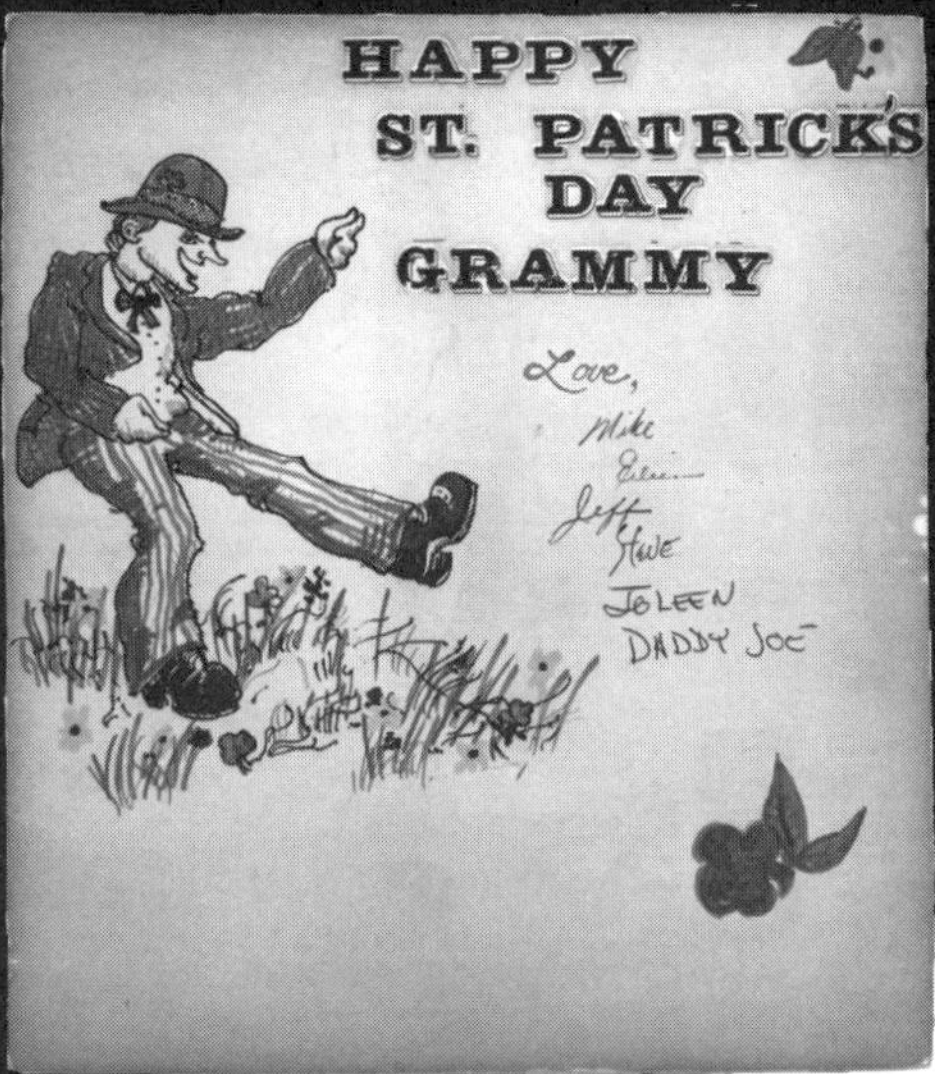

家族カードはすべてジェフが描いていた。これは1968年か69年頃にジェフが祖母のために描いた聖パトリックの日のカード
Courtesy of Joleen Porcaro-Duddy

Gallery

ジェフの描いたヒップスター。1971年頃
Courtesy of Joleen Porcaro-Duddy

ジェフの描いたジミ・ヘンドリックス。1970年頃
Courtesy of Joleen Porcaro-Duddy

ハイ・スクール時代の美術クラスの課題作

Courtesy of Joleen Porcaro-Duddy

南北戦争の兵士。1971年頃

Courtesy of Joleen Porcaro-Duddy

のちにジェフはスティーリー・ダンの歌にちなんだ一連の絵を描き、そのうち何枚かを弟に渡した。これは〈キング・オブ・ザ・ワールド〉を題材に、歌詞の“on this old ham radio(この古い無線ラジオで”の場面を描いたもの。画材はインクと鉛筆と思われる

Courtesy of Steve Porcaro

マティーニ好きの妙な男

Courtesy of Joleen Porcaro-Duddy

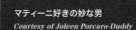

ドラム・テックが語る〝あの現場〟の機材

feat. ポール・〝ジェイモ〟・ジェイミソン

――ジェフがメインに使っていたスネア・ドラムは何ですか?

ポール・ジェイミソン(以下、**ポール**) 彼がよく使っていたスネア・ドラムは2つあって、どちらも僕がカスタマイズしたものだ。1つは1950年代のグレッチで、サイズは14×6・5インチ。もう1つは1930年代のスリンガーランドのラジオキングだった。ブロンドのグレッチが、彼の一番頼りにしていたスネア・ドラムでね。彼は他にも3つ4つ、さまざまなサウンドに対応するため(スネア・ドラムを)持っていた。彼が起用されていたのは、プレイはもちろんだけど、サウンドの面でも信頼されていたからなんだよ。

――シンバルはどんなものを使っていたのでしょう。

ポール 彼はパイステの14インチの602ハイハットと、20インチのパイステの602ライドを持っていた。クラッシュ・シンバルはそのときの気分によって2枚から4枚使っていて、それはパイステとジルジャンだった。だいたいシンバルは同じものをいつも使っていたね。

――TOTOのどのセッションでもいいですが、何を使っていたか覚えていますか？

ポール　〈ホールド・ザ・ライン〉では、僕が持っていた1970年代のラディックのブロンドのドラム・セットを使った。26インチのバス・ドラム、13インチと14インチのタム、16インチと18インチのフロア・タムという構成だったね。〈ロザーナ〉と〈アフリカ〉で、ジェフは自分のヤマハの試作品（モデル名はついていない）を使った。22インチのバス・ドラムに10インチ、12インチ、13インチのラック・タムと、16インチのフロア・タムだった。そのセットは、今僕が持っている。1984年に僕のものと交換したんだ。

［※著者注：本文で説明した通り、〈アフリカ〉ではジェフがプレイしたドラム・ループが使われている］

――ジェフがマイケル・ジャクソンの〈今夜はビート・イット〉で使ったセットを覚えていますか。

ポール　〈今夜はビート・イット〉でジェフが使ったのは、ラディックの22インチのバス・ドラムに、10、12、13インチのラック・タムと、16インチのフロア・タムだった。このフロア・タムは、ボズ・スキャッグスと組んでいた1977年から78年の頃、ジェフのために僕が用意したカスタム・サンバースト・グレッチ・キットに組み込まれていたものだ。1978年に（TOTOのデビュー・アルバムで）僕のドラムを使ってから、スタジオではグレッチを使っていた。ツアーでは彼の信頼しているものを使っていたね。ラディックと、それからパールのドラムだ。

――ドラム・ヘッドは何を使っていましたか？

ポール　スタジオで使うものとしては、ジェフはレモのコーテッド・アンバサダーが気に入っていたね。一度僕に『こういうのが買えたらなあ……』と言ったものがある。使い込まれていて壊れているけど、穴は空いていないヘッドだった。ツアーではレモのクリア・アンバサダーを使っていて、スネア・ドラムにはレモのコーテッド・ヘッドをつけていたね。スタジオでは僕が必要に応じてヘッドを交換していた。ツアーではスネアとタムのヘッドは毎日、キック・タムとフロア・タムは1日おきに換えていたよ。

――ジェフのチューニングはスタジオとツアー中で違いましたか？

ポール　ライヴのチューニングの方がオープンにしていたね。スタジオではもっと締める方が好みだった。

――ライヴのとき、ジェフはクリックを使ったのでしょうか。

ポール　僕らは小さなヤマハRXドラム・マシンを持っていてね。これにカウベル・サウンドが入っていて、ジェフはそれでテンポを合わせていた。ときどき（さほど頻繁ではなかったが）僕がスタートとストップを頼まれた。いつも彼は5秒くらい聴くと止めさせるんだ。そしてそれきり、その曲では一切使わなかった。

Index ● 索引

※本索引はミュージシャン、バンド、ユニット、プロデューサー、エンジニア、ドラム・テック、ボーカロ・ファミリー、役者、アルバム・タイトルをピックアップ。バンド名に入る「ザ(THE)」は省略。

【人物・バンド】

● ア

● イ

● ウ

● エ

●ヒ

●フ

●ヘ

●ホ

●ト

●ナ

●ニ

●ネ

●ハ

【アルバム】

著者略歴

ロビン・フランズ Robyn Flans

ジャーナリスト、執筆家。ロサンゼルスを拠点に米『モダン・ドラマー』誌のジャーナリストとして、ジェフ・ポーカロ、スティーヴ・ガッド、ジム・ケルトナー、ヴィニー・カリウタ、ビリー・コブハム、スチュワート・コープランド、リンゴ・スターなど数多くのドラマーたちへの取材を行い、信頼を得てきた。著書には、伝説的スウィング・ドラマーであるエド・ショーネシーの自伝『Lucky Drummer』(共著)の他、『Journey: The Band』『Inside Duran Duran』などがある。
https://www.robynflansmedia.com/

訳者略歴

島田陽子 しまだようこ

早稲田大学第一文学部英文学科、イースト・アングリア大学大学院翻訳学科卒。(株)ロッキング・オン勤務などを経て、現在フリー翻訳者としてさまざまなジャンルで活動。『キング・クリムゾン全史 混沌と錬修の五十年』『レディオヘッド/キッドA』『プリーズ・キル・ミー　アメリカン・パンク・ヒストリー無修正証言集』『ロード・オブ・カオス/復刊 ブラック・メタルの血塗られた歴史』(以上、ele-king books)、『ノー・エンジェル　ヘルズ・エンジェルズ潜入捜査官』(メディア総合研究所)、『ブラック・メタル　サタニック・カルトの30年史』(DU BOOKS)、『タランティーノ・バイ・タランティーノ』『フレディ・マーキュリーと私』『告白します』(以上、ロッキング・オン)他、訳書多数。

ジェフ・ポーカロ　イッツ・アバウト・タイム
伝説《でんせつ》のセッション・ワークをめぐる真実《しんじつ》のストーリー

初版発行　2022 年 4 月 1 日

著者　ロビン・フランズ
訳者　島田陽子
デザイン　早田二郎（ベラスタジオ）
日本版編集　大久保 徹
制作　稲葉将樹（DU BOOKS）

発行者　広畑雅彦
発行元　DU BOOKS
発売元　株式会社ディスクユニオン
東京都千代田区九段南 3-9-14
編集　TEL 03-3511-9970　FAX 03-3511-9938
営業　TEL 03-3511-2722　FAX 03-3511-9941
https://diskunion.net/dubooks/

印刷・製本　大日本印刷

ISBN978-4-86647-158-7
Printed in Japan

本書の感想をメールにてお聞かせください。
dubooks@diskunion.co.jp